儒家文明省部共建协同创新中心研究成果

生活儒学

郑治文 著

"后新儒学"时代
儒学重建的可能路径

Living Confucianism

A Probable Route
for the Reconstruction of Confucianism
following Modern Neo-Confucianism

中国社会科学出版社

图书在版编目（CIP）数据

生活儒学：" 后新儒学 " 时代儒学重建的可能路径 /
郑治文著． -- 北京：中国社会科学出版社，2024.10.
ISBN 978-7-5227-4143-7

Ⅰ．B222.05

中国国家版本馆 CIP 数据核字第 2024XT1396 号

出 版 人	赵剑英	
选题策划	宋燕鹏	
责任编辑	王正英	宋燕鹏
责任校对	李　硕	
责任印制	李寡寡	

出　　版	中国社会科学出版社	
社　　址	北京鼓楼西大街甲 158 号	
邮　　编	100720	
网　　址	http://www.csspw.cn	
发 行 部	010-84083685	
门 市 部	010-84029450	
经　　销	新华书店及其他书店	

印　　刷	北京明恒达印务有限公司	
装　　订	廊坊市广阳区广增装订厂	
版　　次	2024 年 10 月第 1 版	
印　　次	2024 年 10 月第 1 次印刷	

开　　本	710×1000　1/16
印　　张	17.5
插　　页	2
字　　数	246 千字
定　　价	98.00 元

凡购买中国社会科学出版社图书，如有质量问题请与本社营销中心联系调换
电话：010-84083683
版权所有　侵权必究

自　　序

　　儒家文明传统的思想根基由其创始人孔子纳"仁"于"礼"，以"仁"释"礼"而确立。作为以"仁"和"礼"为深层内核，以道德理想为主要关切的人文传统，儒家一方面可经由"仁"（心性）而通极于"天"（道、理），成其为一种心性与天道（理）相贯通的"道德教"（人文教），由此表现其宗教性和超越性之维；另一方面也可经由"礼"而通极于"政"（治），成其为一种以"礼义"（礼法）来建构社会政治秩序的治道方案，由此表现其社会性和政治性之维。孔子之后，儒学向孟、荀学派两个方向的发展，以及秦汉以后向汉唐经学和宋明理学两大学术范式的衍化，都大体对应儒家在"仁"和"礼"以及在超越性（宗教性）与政治性（社会性）之间的两种路向。

　　从荀子到董仲舒，儒家的政治性之维得以凸显，由此而弱化了孔孟儒学的道德理想主义色彩，为汉代以后儒学成为王官学，进而慢慢成为中国文化主流奠定了坚实的思想基础。可以说，儒学在荀子与董仲舒之间的这种政治化推进，在很大程度上解决了周秦之变后帝国时代国家治理的思想指导问题，为帝国时代的国家治理提供了一种礼法合用的治道方案。不过，儒学政治化发展与运作，在极大增强其影响力和渗透性的同时，却也使其面临着自家人文精神为政治所扭曲和异化的后果。从先秦到汉代，儒家核心价值观从"五伦"到"三纲"的转变即是明证。既如此，我们就不得不对所谓的"政治儒学"有所警惕和反省。

唐代以后，面对佛老二教的挑战，"儒门淡薄，收拾不住"，为改变这种文化局面，宋代儒林士人"出入佛老，返归六经"，重新向先秦"论孟易（大）庸"的学统回归，致力于阐发其贯通心性与天道的"内圣"的资源，由此以思孟之学为骨架，建构了以"天理"为中心，以天道（理）与心性相贯通的"内在超越"精神为特质的理学思想体系。宋明理学思潮的兴起，大幅提升了儒家的超越性和信仰性，在三教的竞争与对话中，维护了儒家的人文价值理想，巩固了儒家的文化主脉地位。不过，儒家人文精神从孟子到理学的这一线发展，却也因其对天道心性所代表的超越性（内圣）之维的过于关注，以至于使其政治性（外王）之维渐趋隐而不彰，慢慢失却了经世应世的思想活力。明清之际，顾炎武、黄宗羲、王夫之等对理学"空谈心性"的批评以及对经世致用之"实学"的积极倡导即是明证。既如此，我们也不得不对所谓的"心性儒学"（包括所谓宗教儒学、哲学儒学）有所警惕和反省。

诚然，我们当下谈儒学的现代转化与创新，势必需要对历史上的儒学形态及其义理精神和可能偏失等有所体认和省察，在对荀子、董仲舒等所代表的"政治儒学"传统以及孟子、程朱陆王、现代新儒家的熊、牟、唐等所代表的"心性儒学"传统辩证审视的基础上[①]，窃以为，"后新儒学"时代儒学重建的可能路径不是"政治儒学"，也不是"心性儒学"（宗教儒学、哲学儒学），而应是"生活儒学"。需要说明的是，笔者所谓"后新儒学"时代的"生活儒学"不同于已为学界所熟知的黄玉顺的"生活儒学"，我们所取鉴更多的是龚鹏程"生活的儒学"和李承贵"生活儒学"等方面的构想，以及林安梧、吴光、郭沂、梁涛、颜炳罡、涂可国、蒋国保、陈寒鸣等有关当代儒学重建的思考。

---

① 笔者并不同意"政治儒学"与"心性儒学"的截然二分，因为荀子等所代表的所谓"政治儒学"也有心性论；而孟子等所代表的所谓"心性儒学"也有政治论。不过，尽管如此，我们又不得不承认两者在"政治儒学"与"心性儒学"之间的不同偏重以及它们在义利精神上的较大差异。

笔者所谓"后新儒学"时代的"生活儒学",在辩证审视孟、荀等所代表的"心性儒学"(宗教儒学、哲学儒学)和"政治儒学"传统基础上,主张向孔子的仁礼合一之学回归,向儒家贯通超越理想与凡俗生活的"日用即道"(极高明而道中庸、即凡而圣)的生命精神回归,重新彰显原始儒家以道德理想主义为底色,道德、宗教、政治圆融为一体的生命态度,以期其可以成为一种最终指向生活世界(而非"天理世界")的成德之"教"和成治之"道"。详细讨论,本书后面有具体呈现,兹不赘言。妥当与否,期待就正于方家同道。当然,由于本书所涉话题过于宏达,难于面面俱到,一一展开详细论述,也敬请多鼓励和包容这一尝试性的研究成果。如本书所呈现的所谓"生活儒学"的种种构想,也仅仅是笔者个人的一己之见,窃以为,当代儒学重建的可能路径应是一个开放性的,仍有待继续观察和讨论的前沿话题,我们乐观其成,真诚希望更多的真知灼见涌现出来。

以上粗浅认识和体会,是为序。

目　录

绪　论 …………………………………………………………（1）

第一章　"后新儒学"时代儒学重建的路径抉择…………（8）
　　第一节　林安梧与"后新儒学"视域的开启…………（10）
　　第二节　何谓儒学重建？怎样重建儒学？……………（24）
　　第三节　徐复观的儒学创新论及其对"后新儒学"时代
　　　　　　儒学重建的启示 ………………………………（33）

第二章　日用即道——儒学传统生命智慧的追寻与定位………（48）
　　第一节　儒学传统生命智慧的追寻 ……………………（50）
　　第二节　比较文明视野下的儒学传统 …………………（64）
　　第三节　日用即道与儒学传统生命智慧的定位 ………（71）
　　第四节　"抽离"与"反转"——一点检讨和说明 ………（78）

第三章　生活儒学——回归周孔，重建儒学的当代构想………（85）
　　第一节　"仁礼合一"的道统论——从朱熹、牟宗三的
　　　　　　道统论说开去 ………………………………（93）
　　第二节　"形而中学"的哲理精神 ………………………（116）
　　第三节　"新四书"的经典体系 …………………………（124）

第四章　面向当代——儒学传统如何关联当代生活（一）……（171）
　　第一节　王阳明儒学革新的当代启示 …………………（175）

第二节 明代"生活儒学"从阳明学向泰州学展开的
　　　　当代启示 ································ (196)

第五章　面向当代——儒学传统如何关联当代生活（二）······ (212)
　第一节　梁漱溟论"儒学""学儒"及其当代意义 ········ (213)
　第二节　"儒道在人，尽伦为圣"——试论"儒学"
　　　　　与"学儒" ································ (230)

结　语 ·· (243)

参考文献 ·· (249)

后　记 ·· (270)

绪　　论

一　选题背景

现代新儒学是以熊十力、冯友兰、张君劢、唐君毅、徐复观、牟宗三等为代表的现代新儒家所建构的现代性的儒学形态。在"学绝道丧"之际，现代新儒家援西入儒、接续宋明重新架构儒学的道德形上学，重建了中华人文的价值理想，回应了西方文化的挑战，进一步延续了儒学的发展，展现了儒学传统的思想魅力。然而，现代新儒家以形上超越的路径而建构的新儒学，主要是以"形而上的保存方式"、以一种所谓"哲学"的形态而创新了儒学。这种偏重形而上学之思的儒家"哲学"，难免有偏重精神超越、疏离生活世界的偏失。在现代新儒学哲学化、形上化的言说方式下，儒学成了令人望尘莫及的高深"玄学"，其价值很难为"愚夫愚妇"与知能行。

1995 年，现代新儒学的集大成者牟宗三先生逝世，以林安梧为代表的新儒家开始对现代新儒学疏离生活世界的理论偏失进行深刻反省，试图思考牟宗三先生之后儒学发展新方向的问题。在"后牟宗三"时代，林安梧立足于对"新儒学"的批判继承，提出了儒学革命的主张，要求在"新儒学"之后开启一种"后新儒学"的思考。牟宗三先生的逝世、"后新儒学"的提出，很大程度上宣告了现代新儒学的"失效"，这也预示着一个儒学发展新时代的到来。在"后牟宗三"（后新儒学）时代，儒学发展的出路在于批判继承现代新儒学的思想遗产，在反思其"良知的傲慢"的理论困境的基础上，面向生活世界而思,重建儒学的理论范式。

无论有多少人非难现代新儒家"内圣开出新外王"的理论追求,亦不论有多少人讥讽其为"良知的傲慢",我们都不得不承认这样一个事实:今天我们在探求儒家思想新的发展动向时,现代新儒学都是一个不可逾越的儒学传统。换言之,所谓儒家思想新发展动向的问题,更准确地说就是"后新儒学"时代儒家思想何去何从的问题。对"后新儒学"展开之可能向度的探研,就有必要从"新儒学"的理论立场出发,对其做一番"批判继承,创造发展"的工夫,在深究其成败利钝的基础上,结合新的时代语境,去故取新,融化新知,以为儒家思想的新开展找到一可通可行之路径。追问现代新儒学之后儒学的发展路径、重建儒学的理论范式,成了"后新儒学"时代中国儒学发展的基本方向。

二 选题意义

"后新儒学""后牟宗三"的时代就是在现代新儒学之后重建儒学的时代。大致说来,所谓儒学重建就是通过对儒学思想系统和结构的再造,实现儒学理论范式的转换。"后新儒学"时代的儒学重建就是"越过"(批判性继承)现代新儒学,回向儒学传统本身,在充分思考儒学传统如何关联当代生活的基础上,实现儒学系统和结构的再造、理论范式的创新,同时又使儒学作为一活的传统,成为当代人的生命态度和生活方式。这种重建儒学理论范式的思想工作本身有助于推动实现儒学的创造性转化和创新性发展。

此外,我们所谓的儒学重建绝不只是建构一种儒家的行为,而是建构一种能够关联当代社会生活的新型儒学理论范式,使儒学作为一活的传统,能够回应当下的种种现实问题,成为当代人的生命态度和生活方式。这就是说,这种以"儒学传统如何关联当代社会生活"为主要问题意识的儒学重建的工作,本身就是针对当代社会存在的诸如生态危机、拜金主义、信仰迷失、道德滑坡、价值危机、人情淡薄等现实问题而发,试图对此有一种儒家式的回应。因此,这种以儒学传统关联当代社会生活（面向当代）为基本要求，以儒学资源回应当代社会问题为主要导向的儒学重建工作，其实践意义也就不证自明了。

三 研究现状

第一，直接对"儒学重建"这一主题进行的探讨和研究。

就"儒学重建"这一主题而言，目前学界对此关注和探讨较多的是郭沂、梁涛和黄玉顺等几位先生。以宋明儒学范式为主要参照，郭沂认为，道统论、核心经典系统和哲学体系构成一种儒学范式的主要组成。从道统、经典、哲学三个方面，郭沂提出了在原始儒学范式、宋明儒学范式之后建构以天人统和人天统为道统论、以五经七典为核心经典系统、以道哲学为理论形态的当代儒学范式的主张。①

梁涛提出，借鉴宋儒的方法实现当代儒学重建与创新的基本构想。他说："学习宋儒的做法，重新出入西学（黑格尔、康德、海德格尔、罗尔斯等）数十载，然后返之于'六经'，以新道统说（仁礼之学）为统领，以'新四书'（《论语》《礼记》《孟子》《荀子》）为基本经典，'六经注我，我注六经'，以完成当代儒学的开新与重建。"②

另有论者提出在"后现代"的语境下重建儒学的理论范式。③

---

① 参见郭沂《当代儒学范式——一个初步的儒学改革方案》，国际儒学联合会编《国际儒学研究》第十六辑，九州出版社2008年版，第214—232页；《道统·经典·哲学——当代儒学范式初探》，尼山圣源书院编《尼山铎声："当代儒学创新发展"专题》，人民出版社2013年版，第109页；郭沂《中国之路与儒学重建》，中国社会科学出版社2013年版。

② 参见梁涛《回到"子思"去——儒家道统论的检讨与重构》，《学术月刊》2009年第2期；《"新四书"与"新道统"——当代儒学思想体系的重建》，《北京行政学院学报》2014年第3期。

③ 参见夏光《在后现代状态下重建儒学传统》，《中国文化研究》2006年第4期；王宁《"全球本土化"语境下的后现代、后殖民与新儒学重建》，《南京大学学报（哲学·人文科学·社会科学版）》2008年第1期。

第二,"生活儒学"的几种理论范式以及当代儒学重建与创新中的"生活论"呼声。

黄玉顺的"生活儒学"构想。①

龚鹏程的"生活儒学"构想。②

李承贵的"生活儒学"构想。③

当代儒学重建与创新中的"生活论"呼声。④

第三,当代儒学(大陆新儒家)思潮中正在尝试建构的几种儒学范式。

郭沂《当代儒学十家撮要》一文,略述了当代儒学四种形态和十家儒学创新理论的要点。他认为,根据致思路径的不同,可以将

---

① 参见黄玉顺《复归生活,重建儒学——儒学与现象学比较研究纲领》,《人文杂志》2005年第6期;《儒学与生活:民族性与现代性问题——作为儒学复兴的一种探索的生活儒学》,《人文杂志》2007年第4期;《生活儒学与当代哲学》,《理论学刊》2010年第8期;《生活儒学关键词语之诠释与翻译》,《现代哲学》2012年第1期;黄玉顺《面向生活本身的儒学——黄玉顺"生活儒学"自选集》,四川大学出版社2006年版;《爱与思——生活儒学的观念》,四川大学出版社2006年版;《儒学与生活——"生活儒学"论稿》,四川大学出版社2009年版;《儒家思想与当代生活——"生活儒学"论集》,光明日报出版社2009年版;《生活儒学讲录》,安徽人民出版社2012年版。

② 参见龚鹏程《生活的儒学》,浙江大学出版社2006年版;《龚鹏程讲儒》,东方出版社2014年版;龚鹏程《迈向生活儒学的重建——儒家饮馔政治学新探》,《杭州师范学院学报(社会科学版)》2002年第4期;《生活儒学的新路向》,《社会科学战线》2008年第2期。

③ 参见李承贵《生活儒学:当代儒学开展的基本方向》,《福建论坛(人文社会科学版)》2004年第8期;《儒学当代开展的三个向度》,《中国文化报》2007年1月25日;《儒家思想的生活特质》,《江南大学学报(人文社会科学版)》2010年第4期;《活在生活中的儒学》,王国炎主编《"卧龙人生"文化讲演录》第一辑,江西人民出版社2011年版。

④ 参见林安梧《走向生活世界的儒学》,《国学论衡》编纂会编《国学论衡》第一辑,敦煌文艺出版社1998年版;李景林《儒学关联于民众生活的现实载体》,《河北学刊》2004年第6期;景海峰《重新定位儒学:从书本走向生活》,《社会科学报》2007年9月20日;干春松《儒学复兴需要重回生活》,《光明日报》2015年7月29日;聂民玉《去"形而上学化",回归生活儒学》,《河北大学学报(哲学社会科学版)》2011年第2期;刘少航《儒学核心价值与融入百姓生活设想》,《佳木斯大学社会科学学报》2008年第2期;马寄《以儒学重构当代日常生活》,《太原师范学院学报(社会科学版)》2010年第1期;《"生活儒家":儒学未来发展路向》,《湖州师范学院学报》2013年第5期。

当代儒学十家的创新理论分为四种形态："一是走出牟宗三，以杜维明、林安梧为代表；二是引入马克思，以李泽厚为代表；三是取法西方现代哲学，以成中英、刘述先、安乐哲、黄玉顺为代表；四是基于中国传统哲学，以张立文、牟钟鉴、郭沂为代表。"①

崔罡等人所著《新世纪大陆新儒家研究》中，列举了蒋庆的"政治儒学"思想、陈明的"即用见体"思想、张祥龙的"现象学儒学"、黄玉顺的"生活儒学"、盛洪的"经济儒学"思想和干春松的"制度儒学"思想六种形态的儒学。②

四 研究目标

"后新儒学"是林安梧在对整个中国儒学史进行考察的基础上，对现代新儒学之后儒学的新开展做出的定位。"后新儒学"作为儒学重建的一种论说，其意义在于指明了"新儒学之后"儒学重建的基本要求和方向，即面向广大的生活世界、面向丰富的历史社会总体。也就是说，林安梧"后新儒学"的提出，预示着现代新儒学之后，一个"后新儒学"时代（"后牟宗三"时代）的来临。"后新儒学"时代其实就是儒学重建的时代。在"后新儒学"时代重建儒学要重视"生活世界"这个概念，以广大的生活世界和历史社会总体为基底开启儒家哲学新的可能。概言之，在"后新儒学"这个重建儒学的时代，儒学这一文明传统所面临的最为宏大而切要的前沿课题是"什么是儒学重建，怎样实现儒学重建"。

为此，我们力图通过本书达到如下几个研究目标：其一，说明在现代新儒学之后（"后新儒学"时代）重建和创新儒学的必要性；其二，回答"什么是儒学重建，怎样重建儒学"这一基本问题；其三，说明"后新儒学"时代重建儒学为什么要取"生活儒学"的进

---

① 参见郭沂《当代儒学十家撮要》，陈炎、黄俊杰主编《当代儒学》第一辑，广西师范大学出版社2011年版；郭沂编《开新：当代儒学理论创构》，北京大学出版社2013年版。

② 参见崔罡等《新世纪大陆新儒家研究》，安徽人民出版社2011年版。

路；其四，提出"生活儒学"的基本理论框架；其五，思考儒学传统如何关联当代社会生活，即我们所谓的"生活儒学"如何"活"在当代的问题。

五　主要创新

第一，选题新。儒学重建是当下儒学研究的前沿课题，同时也是目前学术界研究较为薄弱的环节之一。尽管目前学界许多儒家学者都在自觉不自觉中从事着儒学重建的理论工作，较著名的有张立文的"和合学"、牟钟鉴的"新仁学"、吴光的"民主仁学"、陈来的"仁学本体论"、蒋庆等的"政治儒学"、李景林的"教化儒学"、黎红雷的"企业儒学"、黄玉顺的"生活儒学"、龚鹏程的"生活的儒学"、李承贵的"生活儒学"、干春松的"制度儒学"、颜炳罡等的"乡村儒学"、郭齐勇、颜炳罡等的"民间儒学"、陈寒鸣等的"平民儒学"、涂可国、谢晓东等的"社会儒学""文化儒学"、郭萍等的"自由儒学"，还有美国的"夏威夷儒学""波士顿儒学"等。此外，还有王学典提出的"与自由主义深度对话，推进现代儒学新发展"，郭沂、梁涛、刘悦笛等提出的"统合孟荀，创新儒学"等儒学重建的理论构想。然而，据笔者有限之所见，除郭沂《中国之路与儒学重建》一书外，直接以"当代儒学重建"作为选题进行系统研究和讨论的著述其实并不多见。我们将其作为研究对象，也正是希望借鉴前辈学者的研究成果，在儒学重建的问题意识下，试图对现代新儒学之后的当代儒学范式建构问题做出回应，以期为推动实现儒学的创造性转化和创新性发展提供一些粗浅思考。

第二，思路新。我们探讨"后新儒学"时代的儒学重建主要是在宋儒"理一分殊"的睿识启发下展开。在"理一分殊"的视域下，我们提出儒学重建要坚持面向传统（返本）、面向当代（开新）两个定向，在面向传统（返本）、面向当代（开新）两个定向的辩证互动中重新建构儒学的理论范式。概括起来说，"理一分殊"启示下"后新儒学"时代的儒学重建，就是以儒家思想关联当代生活为主要问题意识、重建要求，确立面向传统（返本）与面向当代（开新）的两个定向，对儒学传统的思想资源进行当代视野下的整合和重构，从而实现其创造性转化和创新性发展。

第三，观点新。在"理一分殊"的视域下，我们紧紧围绕"'后新儒学'时代儒学重建"这一主题提出了如下一些新观点：其一，目前学界主流倾向在"大陆新儒家"（相对于"港台新儒家"）、"当代儒学"（相对于现代新儒学）的时代语境下重建儒学，我们强调为避免"大陆新儒家""当代儒学"可能存在的割裂儒学发展脉络、自我抬高的嫌疑，应该在一种"后新儒学"时代的语境下重建儒学范式；其二，在宋儒"理一分殊"睿识的启发下，我们提出儒学重建要坚持面向传统（返本）和面向当代（开新）两个定向，在面向传统（返本）、面向当代（开新）两个定向的辩证互动中重新建构儒学的理论范式；其三，以儒学传统关联当代社会生活为主要问题意识，以面向传统（返本）和面向当代（开新）为基本要求，我们提出，切合孔子之为孔子、儒学之为儒学的生命智慧和精神特质，顺应现代新儒学之后（"后新儒学"时代）儒学生活化要求而重建的儒学应该是一种生活儒学；其四，以儒学传统关联当代社会生活为主要问题意识，以面向传统（返本）和面向当代（开新）为基本要求，我们进而提出了生活儒学的理论框架，即"仁礼合一"的道统论、"形而中学"的哲理精神和"新四书"的经典体系；其五，立足于对王阳明儒学革新当代意义的阐释以及对明代心学从阳明学到泰州学的考察，我们提出儒学传统切入当代社会生活宜走面向大众、面向民间（觉民）的"生活化"而非政治化的路径。其六，借鉴梁漱溟对儒学的理解和阐发，我们提出，儒学传统要面向大众、面向生活，关联当代社会，当代儒家学人要充分回答好"何为儒学""怎样学儒"这一关键问题。

第一章 "后新儒学"时代儒学重建的路径抉择

"后新儒学"是林安梧在对整个中国儒学史进行考察的基础上，对现代新儒学之后儒学的新开展做出的定位。"后新儒学"作为划分儒学时代的思想符号，其意义在于宣告了一个儒学新时代的到来，启迪儒家学人在"新儒学之后"的新历史起点上重建儒学。"后新儒学"作为儒学重建的一种论说，其意义在于指明了"新儒学之后"儒学重建的基本要求和方向，即面向广大的生活世界、面向丰富的历史社会总体。也就是说，林安梧"后新儒学"的提出，预示着现代新儒学之后，一个"后新儒学"时代（"后牟宗三"时代）[①]的来临。"后新儒学"时代其实就是儒学重建的时代。在"后新儒学"时代重建儒学要重视"生活世界"这个概念，以广大的生活世界和历史社会总体为基底开启儒家哲学新的可能。[②]

[①] 李翔海：《论后牟宗三时代新儒学的发展走势》，《孔子研究》2002年第3期。

[②] 目前学术界倾向于在"大陆新儒学"（与港台新儒学相对）、"当代儒学"（与现代新儒学相对）的视野下思考儒学复兴和重建的问题。我们探讨"儒学重建"则是在"后新儒学"的时代语境下展开的。在"后新儒学"，而不是在"大陆新儒学""当代儒学"的视野下进行儒学重建的思考，主要是处于这样一种考量：就中国儒学史发展的脉络而言，无论批评还是认同，现代新儒学业已成为中国儒学发展过程中的重要时代思潮，成为当下儒学新开展所不可绕开的传统。现代新儒学之后对儒学发展出路的追问，完全可以批判现代新儒学，但绝不可能完全绕开现代新儒学。既如此，儒学的创新与重建就应该在批判继承现代新儒学的基础上展开，在一种"后新儒学"的时代语境下探求。在"后新儒学"的时代语境下思考儒学重建的问题，既可以避免中国儒学发展史的断裂，更能摆脱"大陆新儒学""当代儒学"那种自我抬高、自我标榜的可能嫌疑。比如，黄玉顺

第一章 "后新儒学"时代儒学重建的路径抉择　　9

"后新儒学""后牟宗三"的时代就是在现代新儒学之后重建儒学的时代。大致说来，所谓儒学重建就是通过对儒学思想系统和结构的再造，实现儒学理论范式的转换。"后新儒学"时代的儒学重建就是"超越"（批判继承）现代新儒学，回到儒学传统本身，在充分思考儒学传统如何关联当代生活的基础上，实现儒学系统和结构的再造、理论范式的创新，同时又使儒学作为一活的传统，成为当代人的生命态度和生活方式。

回归儒学本真的精神（返本），以儒学本真的精神回应现实社会问题，实现儒学传统与当代生活的关联（开新），这也就是"后新儒学"时代以宋儒"理一分殊"的睿识为指引重建儒学的基本要求。在"理一分殊"的视域下，我们提出儒学重建要坚持回溯传统、面向当代两个定向①，在回溯传统、面向当代两个定向的辩证互动中

（接上页）就指出："事实上，大陆新儒家与现代新儒家（包括港台新儒家）之间不仅没有传承关系，倒毋宁说是一种'断裂''转型'的关系。"（黄玉顺：《论"大陆新儒家"——有感于李明辉教授的批评》，《探索与争鸣》2016 年第 4 期）李明辉也直言不讳地说："我对'大陆新儒家'的这个说法不认同。现在所谓的'大陆新儒家'是主要以蒋庆为中心，包括陈明在内的一小撮人的自我标榜。"（臧继贤：《专访台湾儒家李明辉——我不认同"大陆新儒家"》，澎湃新闻网，https：//www.thepaper.cn/newsDetail_forward_ 1295434？ ivk_ sa = 10243 20u，2015 年 1 月 24 日）

① "两种定向"是刘笑敢先生提出的诠释学理论。刘笑敢认为，从诠释者的心理活动来说，在经典诠释活动中必然存在着两种定向的紧张和冲突，这就是一个过程、两种定向。[刘笑敢：《从注释到创构：两种定向、两个标准——以朱熹〈论语集注〉为例》，《南京大学学报（哲学·人文科学·社会科学）》2007 年第 2 期]"大体上说，'我注六经'或'郭象注庄子'相当于客观的、历史的、文本的定向，这也就是对象性的纯学术研究的取向；'六经注我'或'庄子注郭象'相当于当下的、主观的、自我表达的定向，接近于主体性的思想建构的取向。"（刘笑敢：《"六经注我"还是"我注六经"：再论中国哲学研究中的两种定向》，载刘笑敢主编《中国哲学与文化》第五辑，广西师范大学出版社 2009 年版，第 45—46 页；参阅《诠释和定向——中国哲学方法论的思考》，《哲学动态》2008 年第 7 期；王金凤、李承贵《中国诠释学的个案研究——20 年来中国诠释学研究述评》，《现代哲学》2014 年第 5 期）两种定向的简单表述即是面向文本与历史的客观性定向与面向当下和现实的主观性定向。他说："两种定向在同一个理解、诠释、应用的过程中相互推移、纠结，其诠释作品就成了两种定向之间冲突、融合与妥协的结果，是内在的两种定向外化凝固的结果。一部诠释作品就是两种内在定向相互作用而产生的思想'化石'。"（刘笑敢：《诠释与定向——中国哲学研究方法之探索》，商务印书馆 2009 年版，第 227 页）这里，我们所谓儒学重建的面向传统（返本）和面向当代

重新建构儒学的理论范式。儒学重建一方面要回到儒学传统本身（理一），论证和坚持其最基本的性格、最关键的承诺；另一方面，又要面向当代社会生活（分殊），思考儒家这些最基本的性格、最关键的承诺同当代社会的相关性以及如何相关。具体地说，儒学重建就是以儒家思想关联当代生活为主要问题意识、重建要求，确立面向传统（返本）与面向当代（开新）的两个定向，对儒学传统的思想资源进行当代视野下的整合和重构，从而实现其创造性转化和创新性发展。这也就是我们在"后新儒学"时代重建儒学的总体设想。

就回溯传统，回归孔子、建构本真的儒学而言，现代新儒家中徐复观"消解形而上学，回归生活世界"重建现代儒学的儒学创新论，或可为"后新儒学"时代重建儒学提供有益的借鉴。与现代新儒家主流通过形上化的方式转化儒学不同，徐复观"自家体贴出"了生活化的儒学创新之路。他强调儒学是立足于生活体验和工夫实践的生活的学问，儒学创新要本于自身"形而中学"的精神特质，向孔子"道"的思想性格回归，以避免趋附西方形上学而没却儒家真精神的偏执。当代儒学重建要回应"儒家思想如何关联当代生活"的课题，正需要扭转熊、牟、唐等人形上化的儒学创新之路，把新儒学主潮下徐复观的"异端"之见转变为"后新儒学"时代的主流话语。也就是说，"后新儒学"应"接着徐复观讲"，消解形而上学，回归生活世界，建构形上追求与生活世界通为一体的新型儒学。

第一节 林安梧与"后新儒学"视域的开启

"后新儒学"是林安梧在对整个中国儒学史进行考察的基础上，

（接上页）（开新）的两个定向，虽在精神内涵上有与刘笑敢"两种定向"说一致之处，然它确是我们以宋儒理一分殊的睿识指引儒学重建而做出的新思考。在"理一分殊"的哲理精神启示下，我们认为，"后新儒学"时代的儒学重建要在面向传统（返本）和面向当代（开新）两个定向的辩证互动中实现。或可借用刘笑敢先生的话来说，"后新儒学"时代所重建的儒学范式是"两种内在定向相互作用而产生的思想'化石'"，

对现代新儒学之后儒学的新开展做出的定位。"后新儒学"的主体精神就是对"新儒学"的"革命"和"转向"。这集中表现在以"后新儒学"强调终极价值（道、良知、本心）在"生活世界"之中，天、地、人交与参赞的"存有三态论"取代"新儒学"那种强调现象与物自身对立，将终极价值引向超越一端的"两层存有论"。可以说，"两层存有论"和"存有三态论"分别是"新儒学"和"后新儒学"的精神内涵，从"两层存有论"到"存有三态论"是实现"新儒学"向"后新儒学"转轨的关键理论环节。具体而言，林安梧"后新儒学"的整体构想就是：重新把良知从超迈一切的高度拉回人间世，使其可以面向广大的生活世界和复杂的历史社会总体，进而重新开启新的实践概念，以"社会实践"（社会正义）取代"心性修养"。在此基础上，建构一种区别于"传统儒学"的"公民儒学"。

"后新儒学"作为划分儒学时代的思想符号，其意义在于宣告了一个儒学新时代的到来，启迪儒家学人在"新儒学之后"的新历史起点上重建儒学。"后新儒学"作为儒学重建的一种论说，其意义在于指明了"新儒学之后"儒学重建的基本要求和方向，即面向广大的生活世界、面向丰富的历史社会总体。也就是说，林安梧"后新儒学"的提出，预示着现代新儒学之后，一个"后新儒学"时代的来临。"后新儒学"时代其实就是儒学重建的时代。在"后新儒学"时代重建儒学要重视"生活世界"这个概念，以广大的生活世界和历史社会总体为基底开启儒家哲学新的可能。

一　"后新儒学"与现代新儒学之后的儒学新开展

"后新儒学"是林安梧在对整个中国儒学史进行考察的基础上，对现代新儒学之后儒学的新开展做出的定位。回顾中国儒学发展的历程，林安梧提出了"三波革命""三次转向"的论说，并强调在第三波革命、第三次转向下形成的现代新儒学之后，儒学发展又到了"革命"和"转向"的年代。在儒学新的"革命"和"转向"的年代，其发展出路是在现代新儒学之后开启一种崭新的儒学思考——"后新儒学"。

"三波革命""三次转向"是林安梧对整个中国儒学发展史的基本判分。何谓儒学的"三波革命""三次转向"？他指出，孔子完成了儒学的第一波革命，使得原先所重"社会的阶层概念"的"君子"转成了"德性的位阶概念"的"君子"，实现了儒学的第一次转向，即"道德君子转向"。第二波革命则发生于汉武帝的"帝国大一统"时代，儒家思想就在这两千年间逐步"他化"成"帝制式的儒学"，由此也实现了儒学的第二次转向，即"三纲规范转向"。1911年辛亥革命发生后，儒学迎来了第三波革命。林安梧认为，相对于过去帝制时代，"社会正义"应是第三波儒学的重心所在，第三波儒学革命所实现的儒学第三次转向，即"公民民主转向"，该是由"帝皇专制的心性修养"转而为"民主时代的公民正义"。[①] 可惜的是，在第三波革命和转向下形成的现代新儒学并没有完成这一期儒学所应有的使命，因此，在现代新儒学之后需要有新的儒学革命和转向。

在儒学第三波革命和转向下形成的现代新儒学之后，儒学的发展出路何在？正是基于对这一问题的回应和思考，林安梧提出了"后新儒学"的设想。所谓"后新儒学"主要就是在批判、反思儒学第三波"革命"和"转向"下所形成的现代新儒学的基础上，要求实现新一波的儒学革命、再一次的儒学转向，进而推动儒学由（现代）"新儒学"向"后新儒学"转轨。为什么要实现儒学发展由"新儒学"向"后新儒学"的转轨呢？这显然是林安梧在充分洞察了现代新儒学难于克服的理论困境之后而提出的。

在林安梧看来，儒学第三波革命、第三次转向下所形成的现代新儒学所承接的是宋明理学的理论谱系，主要是一种通过"形而上

[①] 林安梧：《说"儒学革命"的"三波"——"公民儒学"的诞生》，《社会科学报》2007年12月1日第6版。

的保存方式"而重建的，重视心性修养的"道德形而上学"。他指出，现代新儒家"在救亡图存阶段，为了面对整个族群内在心灵危机，强调的是以'心性修养'为主而开启了'道德的形而上学'"。因此，与宋明理学一样，"接着宋明讲"的现代新儒学也存在着重超越提升，轻"生活世界"、以"心性修养"取代"道德实践"、以"道德形上学"压倒"道德人间学"等诸多理论偏失，使其只能作为一股强势的哲学思潮，而不能面向广大的生活世界，表现落实于人间世里面。

林安梧深刻地观察到，"宋明理学家是在一个帝皇专制的高压底下，人作为一个人，其实不能够那么直接地作为一个'活生生的实存而有'进入这个历史社会里面，谈所谓的'道德实践'。由于有一些地方没有办法谈，所以那个时候的'道德实践'，它往往是比较往内收回去的，比较是境界形态的，比较是属于心灵修养的。那重异化状态所产生的实践，就不是一个所谓朝向圆满的实践，它会把它作为一个境界形态的方式，而境界形态的就变成一种形而上的保存，它不能够具体地、真实地落实在人间世里面，它很多事情不能处理，而且它忘了要处理"[①]。作为"接着宋明理学讲"的现代新儒学其实主要也是以形而上的保存方式重建的儒学，也有以境界形态的"心灵修养"替代社会生活的"道德实践"的偏执。

现代新儒学虽然实现了儒学的现代性重构，捍卫了中华人文的价值理想，回应了西学的强势挑战，进而在很大程度上克服了当时整个民族面临的"意义危机",[②] 然作为一种通过形而上的保存方式所建构的"道德形而上学"，它也难免有为人所诟病的"良知的傲慢"的理论困境。正如林安梧所指出的：

> 当代新儒学（现代新儒学）很重要的是完成了儒学智识化

[①] 林安梧：《论儒家的宗教精神及生活世界》，《儒教研究》2009年第1期。
[②] 张灏：《张灏自选集》，上海教育出版社2002年版，第114—119页。

与理论化的工作,当然伴随着其理论化与智识化,当代新儒学背后则是主体主义的,是道德中心主义的,而在方法上则是形式主义的、是本质主义的。正因如此,良知成了一最高而不容质疑的顶点,是一切放射的核心,是整个中国儒学中存在的存在,本质的本质,一切都由此转出,这么一来,就难免会被诬为良知的傲慢。①

当代新儒学(现代新儒学)对于中国文化发展出了一套"形而上保存的方式",但非常重要的是它必须要落实在整个历史社会总体间,作为一个实践的开启,这方面当代新儒学到目前为止,虽然意识到这个东西的重要性,但没有恰当展开。②

当以牟宗三为主要代表的现代新儒家将良知提到超越绝对的高度时,难免决定了现代新儒家(主流)哲学"高狂俊逸"(林安梧语)的基调。这种将良知提到超越世界的"高狂俊逸"的哲学,切断了儒家的终极价值(道、良知、本心等)与现实生活世界的关联,使其不能真切地表现、落实在人间世里面。由此,也使儒家的实践工夫(道德实践)为"心性修养"所取代,变为一种境界形态、心灵修养式的异化实践概念。基于这种对以牟宗三为主要代表的现代新儒学的批判性反省,林安梧注意到牟宗三之后儒学应该有新的路径选择,应该有一番新的开展。他说:"当代新儒学(现代新儒学)已经完成了它的某些使命,1995 年牟先生的过世代表一个里程碑,也即新儒学的完成。但是新儒学的完成并不代表儒学已经发展完成,而是代表新一波的儒学必须有新的发展。"③ 这就是说,为迎接"后

---

① 林安梧:《儒学革命——从"新儒学"到"后新儒学"》,商务印书馆 2011 年版,第 71 页。
② 林安梧:《儒学革命——从"新儒学"到"后新儒学"》,商务印书馆 2011 年版,第 286 页。
③ 林安梧:《孔子思想与公民儒学》,《文史哲》2011 年第 6 期;林安梧:《后新儒学及"公民儒学"相关问题之探讨》,《求是学刊》2008 年第 1 期。

牟宗三时代"①的来临，儒学发展需要在现代新儒学之后有新的"革命"和"转向"，从而实现新一波儒学的新发展。

立足于对现代新儒学的反省和超越，这新一波儒学的新发展不再强调良知的超越意义，而是重其在生活世界的表现和落实，这新一波的儒学"革命"主要就体现为由"道德形上学"到"道德人间学""心性修养"到"社会正义"（社会实践）、"君子"到"公民"等的转向。"现在该从'道德的形而上学'转为'道德的人间学'，由'心性修养'转而强调'社会正义'，在重视'君子'之前，更得重视'公民'这概念。一言以蔽之，该是第四波儒学革命的阶段了，这是'公民儒学'的革命。"② 由这种"公民儒学"革命引发的，现代新儒学之后的儒学新开展，林安梧将其称为"后新儒学"。他指出，儒学显然是到了又一该转向的年代了。这转向是依着儒学而开启新的转向，又依这样的转向而开启着一新的儒学。这样的转向，我们就称它为"儒学转向"，这样的儒学，在时序处在当代新儒学之后，我们就将它称为"后新儒学"③。

林安梧强调牟宗三之后儒学当有"后新儒学"的新开展，由此自然也就形成了他对中国儒学史三个阶段的认识和划分——"传统儒学"（老儒学）、"新儒学""后新儒学"。"传统儒学"（老儒学）、"新儒学""后新儒学"三阶段发展的论说，所体现的正是林安梧对中国儒学发展史做出的一种回顾和展望。他指出，所谓"传统儒学"，是从先秦一直到宋明之前，或者说时间更长一点，儒学一直到近代（清末民初）；民国之后有一大段新儒学的发展（新儒学），这些儒学的发展可以往前追溯到宋明理学，之后，到牟宗三整个体系

---

① 参阅李翔海《论后牟宗三时代新儒学的发展走势》，《孔子研究》2002 年第 3 期。
② 林安梧：《说"儒学革命"的"三波"——"公民儒学"的诞生》，《社会科学报》2007 年 12 月 1 日第 6 版；林安梧：《"内圣""外王"之辩——一个"后新儒学"的反思》，《天府新论》2013 年第 4 期。
③ 林安梧：《百年学术话语转换与儒学的命运——兼论"后新儒学"与 21 世纪多元文化的可能向度》，载尼山圣源书院编《尼山铎声："当代儒学创新发展"专题》，人民出版社 2013 年版，第 79—80 页。

有了一个总结。牟宗三 1995 年离开人世，从 1995 年以后的整个发展，代表了当代新儒学（现代新儒学）的一个里程碑。①"所谓的'后新儒学'乃是继牟先生之后的进一步反省与发展，是（在现代新儒学实现的儒学革命的基础上）第二波的儒学革命，是吾人进入二十一世纪于人类新文明所当有的献礼。"②

可见，林安梧的"后新儒学"论说是在回顾整个中国儒学的发展历程，追问现代新儒学之后（后牟宗三时代）儒学发展的新路径、新方向的基础上提出的。他之所以提出"后新儒学"的向度，所谋求的就是儒学在新儒学之后的新发展。③ 也正是在谋求"新儒学"之后儒学新开展的过程中，林安梧正努力建构着自己"后新儒学"的思想体系，并以此作为"吾人进入二十一世纪于人类新文明所当有的献礼"。

二 林安梧的"后新儒学"构想

随着对现代新儒学理论困境认识的日渐清晰和深入，林安梧敏锐地感受到儒学的新发展当在现代新儒学之后开始一种崭新的思考。他说："自上个世纪九十年代后期，我体会到整个时代已有了巨大的变化，原先的新儒学面对的存在处境及其所升起的问题意识已大有变革，我以为承继新儒学当有一崭新的开启，面对实存的新境域，寻到新的问题意识，这应是'后新儒学'的年代了。"④ 1994 年林安梧撰著《后新儒学论纲》，自此正式开始了"后新儒学"的思考。经过二十余年的不断丰富和完善，基本形成了林氏关于"后新儒学"

---

① 林安梧：《儒学革命——从"新儒学"到"后新儒学"》，商务印书馆 2011 年版，第 282 页。
② 林安梧：《"新儒学""后新儒学"、"现代"与"后现代"——最近十余年来的省察与思考之一斑》，《中国文化研究》2007 年第 4 期。
③ 林安梧：《儒学革命论：后新儒学哲学的问题向度》，学生书局 1998 年版，第 245—280 页。
④ 林安梧：《"内圣""外王"之辩——一个"后新儒学"的反思》，《天府新论》2013 年第 4 期。

的整体设想。

我们知道,"后新儒学"是林安梧在对现代新儒学通盘反省的基础上逐步提出和建构的。追问"新儒学"之后儒学发展的出路,如何批判继承现代新儒学而开启一种新的儒学思考,是"后新儒学"主要的问题意识所在。因为有承继和肯定,"新儒学"与"后新儒学"之间表现出某种连续性;因为有反省和批判,从"新儒学"到"后新儒学"又确乎表征着儒学新的"革命"和"转向"。也就是说,"'后新儒学'并非对'新儒学'的颠覆、瓦解,而是一种'转折''回返''承继''批判''发展'的连续发展"。

其实所谓"转折""回返""承继""批判""发展"的连续发展,无非就是要在批判继承"新儒学"的基础上开出儒学发展的崭新思考,重建一种新的儒学理论范式——"后新儒学"。基于对"新儒学"整个义理结构的通盘反省,对"新儒学"各个理论偏失的全面"诊断",在"新儒学"和"后新儒学"各项要义一一对比的视域下,林安梧提出了"后新儒学"的整体构想:"新儒学所重在'心''主体性',而后新儒学则重在'气''生活世界'。在方法论上,新儒学重在'方法论上的本质主义'(methodological essential-ism),而后新儒学则为'方法论上的约定主义'(methodological nominal-ism)。在道德哲学上,新儒学强调'道德先验论',以'陆王哲学'为主导,后新儒学则强调'道德发展论',以'船山哲学'为主导,前者重在'超越的分解',而后者重在'辩证的综合'。新儒学最关心的是'如何开出现代化',主张'良知的自我坎陷以开出民主科学';后新儒学则强调'在现代化学习过程里,以调剂民主科学'。新儒学所重在'心灵修养的境界圆善',并'以圣贤教言之诠释为核心';后新儒学则重在'社会正义的公民道德',并渐转'以历史社会总体之诠释为核心'。在宗教哲学方面,新儒学偏向于'否定巫教之信仰价值',并主张'巫教'与儒学之断裂性,主张'良知'超迈一切;而后新儒学则偏向于'肯定巫教之信仰价值',主张巫教与儒学之连续性,主张'良知、专制、咒术'有其纠结。

新儒学强调'主体的开出',这是由'内圣'而'外王';后新儒学则强调要厘清'道的错置',并主张由'外王'而'内圣'。"① 对此,特征引表 1-1,借以直观说明林安梧"后新儒学"的理论要义和原创精神。

表 1-1　　　　　　新儒学与后新儒学对比②

新儒学	后新儒学	附注
主体性	生活世界	
主"心"	重"气"	
方法论上的本质论	方法论上的唯名论	
道德先验论	道德发展论	
以"陆王哲学"为主导	以"船山哲学"为主导	
重"超越的分解"	重"辩证的综合"	
重"如何开出现代化"	重"如何调剂后现代"	
主"良知的自我坎陷"	以开出民主科学	
重"文化的互动与融通"	以调剂民主科学	
重"心灵修养"的境界圆善	重"社会正义"的公民道德	
以圣贤教言之诠释为核心	渐转以历史社会总体之诠释为核心	
偏向于否定巫教之信仰价值	偏向于肯定巫教之信仰价值	
主张"巫教"与儒学之断裂性	主张巫教与儒学之连续性	
主张"良知"超迈一切	主张"良知、专制、咒术"有其纠结	
强调主体的开出	强调要厘清"道的错置"	
强调"内圣—外王"	强调"外王—内圣"	对比不是相反

以上"新儒学"与"后新儒学"的比较虽涉及多方面、多层次的理论内容,然在我们看来,其实"后新儒学"的主体精神就是对"新儒学"理论困境的"诊断"和"救治"。这集中表现在以"后新

---

① 林安梧:《"内圣""外王"之辩——一个"后新儒学"的反思》,《天府新论》2013 年第 4 期。
② 林安梧:《"新儒学""后新儒学"、"现代"与"后现代"——最近十余年来的省察与思考之一斑》,《中国文化研究》2007 年第 4 期。

儒学"强调终极价值（道、良知、本心）在"生活世界"之中，天、地、人交与参赞的"存有三态论"取代"新儒学"那种强调现象与物自身对立，将终极价值引向超越一端的"两层存有论"。"从这总体之根源上来说，即是从中国人的'道'上来说，这时候的'道'就不是我们生活世界之外的道，不是一个挂空的形而上之道，而是'天、地、人交与参赞所构成的总体'，并落到存有实践这一层；换种提法，就是要以'存有三态论'取代原来《现象与物自身》的'两层存有论'。"① 可以说，"两层存有论"和"存有三态论"分别是"新儒学"和"后新儒学"的精神内涵，从"两层存有论"到"存有三态论"是林安梧实现"新儒学"向"后新儒学"转轨的关键理论环节。

具体而言，现代新儒学作为一种对儒学"形而上的保存方式"，过于强调良知的超越意义，使得儒家的终极价值（道、良知、本心）很难与现实的生命、生活体验相关。林安梧在全面反省、批判继承"新儒学"基础上而建构的"后新儒学"，其主体精神在于：重新把良知从超迈一切的高度拉回人间世里面，使其可以面向广大的生活世界和复杂的历史社会总体，进而重新开启新的实践概念，以"社会实践"（社会正义）取代"心性修养"。在此基础上，建构一种区别于"传统儒学"的"公民儒学"。林安梧提出的这种"后新儒学"构想在儒学发展史上的意义也正在于试图在"新儒学"之后，面向广大的"生活世界"重建儒学。

三　林安梧"后新儒学"思想的儒学史意义

"后新儒学"作为应对现代新儒学之理论困境而开启的崭新儒学思考，它在中国儒学发展史上的意义在于，扭转了现代儒学形上超

---

① 参阅林安梧《孔子思想与"公民儒学"》，《文史哲》2011 年第 6 期；林安梧《后新儒学及"公民儒学"相关问题之探讨》，《求是学刊》2008 年第 1 期；林安梧《关于经典诠释及中国哲学研究方法的一些省察》，《求是学刊》2009 年第 6 期。

越的发展方向,使现代儒学思潮下的主流话语实现了从"良知""心性修养"向"生活世界""道德实践"的转变。更为重要的是,"后新儒学"的大胆提出在很大程度上宣告了现代新儒学的"失效",这预示着在"新儒学之后"的时代,儒家学人不必再以"新儒学"为限,而应在儒学发展新的历史起点上重建儒学,实现现代儒学理论范式的转换。

概括地说,作为划分儒学时代的思想符号,林安梧"后新儒学"的儒学史意义在于启迪当代儒家学人超越现代新儒学,重建儒学理论新典范;就其"后新儒学"本身的思想内容来说,其儒学史意义则在于启发当代儒家学人重建儒学时要面向"生活世界",并以"生活世界"为场域开启新的实践概念。很显然,林氏"后新儒学"作为划分儒学时代的思想符号所引发的思想解放的"革命"意义远比其理论内容本身所具有的借鉴价值要重要得多。毕竟在"后新儒学"的时代重建儒学,我们完全可以"仁者见仁,智者见智",在不同的问题意识下以不同的路径来重建儒学。即便对于面向"生活世界",关联"生活世界"而开启新的实践概念这一总体要求,在儒学重建中也大可以有不同的思考和表现。

其一,"生活世界"的重新"发现"。以牟宗三为主要代表的现代新儒学之所以会有为人诟病的"良知的傲慢"的理论困境,其"症结"乃在于把良知(道、本心)作为"放射一切的顶点",将其引向形上超越的极端,使儒学不能面向生活世界,落实在历史社会的总体之间。"后新儒学"对"新儒学"革命的首要表现就是以"生活世界"取代"良知"作为"第一序"的概念,强调儒学要面对广大的生活世界和丰富的历史社会总体。对此,林安梧明确指出:

> 当代新儒学(现代新儒学)之为当代新儒学,是因为这样的儒学具有当代性,它是走到整个当代的生活世界之中,而产生一互动的参与及调节的作用。这么一来,当代新儒学最重要

的概念可能不再只是"良知"（或者"道德主体"），而更重要的可能是"生活世界"这个概念。①

我们不宜再以一本质主义式的思维方式，将一切传统文化归结为心性主体（良知）上来立言，我们应面对广大的生活世界，及丰富的历史社会总体。②

对生活世界的格外重视，以"生活世界"取代"良知"（"道德主体"），进而以"存有三态论"代替"两层存有论"，构成了林安梧"儒学革命"的基本立场。他强调，"哲学革命"就是要使哲学既是"追求根源性的智能之学"，更要是"迈向生活世界的实践之学"。这意味着，"'思考'不是范限在饾饤考据、锱铢必较，而是面对生活世界，回到事物自身！'哲学'不是某某哲学家讲说了什么；而是为什么他这么讲，如我所言，又能怎么样？关联着这个生活世界，我当如何讲，不只如何讲，而且是如何做"③。

哲学是"迈向生活世界的实践之学"，林安梧对"生活世界"这个概念的重新提出和深度阐明，是其实现新的儒学革命的关键环节。可以说，林安梧的"后新儒学"主要就是以"生活世界"这个概念为基底而构筑的。正如林氏所指出的将"良知""智的直觉"拉回生活世界之中后，儒学的整个思想系统就会不一样。他说："牟先生讲这个'良知''智的直觉'，讲到后来变成越讲越绝对、越形式化，它变成一个主智主义与形式主义的倾向。我一直觉得要把它拉回来，拉到生活世界中来，正视存在有其物质性在，就某一个意义下，这是'唯物论'。其实，'唯物'有时候也不是那么物质性，

---

① 林安梧：《儒学革命——从"新儒学"到"后新儒学"》，商务印书馆2011年版，第73页。
② 林安梧：《儒学革命——从"新儒学"到"后新儒学"》，商务印书馆2011年版，第72页。
③ 林安梧：《"新儒学""后新儒学"、"现代"与"后现代"——最近十余年来的省察与思考之一斑》，《中国文化研究》2007年第4期。

它也是心物不二的辩证，其实应把它拉回一个具体的器世界中来感通，因而整个安排的言说系统就完全不一样了。"①

其二，以整个生活世界为场域，开启以历史社会总体为依归的实践概念。林安梧"后新儒学"将"生活世界"这个概念提到最重要的位置，其理论旨趣是要以面向"生活世界"作为思想基底，思考一种以广大生活世界为场域的新实践概念。他说："我们之将'生活世界'这概念引到最为重要的地位来理解，并不是说对于原先的儒学理论作了一基础性的转换；倒是说我们应着意到儒学之所重并不是一理论基础当如何奠立的问题，而是实践当如何展开的问题。"② 为什么要面向"生活世界"重新思考儒家实践如何展开的问题呢？这是林安梧为"对治"现代新儒学以"心性修养"取代"社会实践"的偏失而提出的。现代新儒学体系中之所以出现这种异化的实践概念，原因在于将"良知"引向超越极端，使其脱离真实的生活世界。事实上那种完全超绝于人的生活世界真实体验之上的终极价值（道、良知、本心）本身已失却了其最本真的意义。正如林安梧所指出的：

> 儒学所说的道德本心、怵惕恻隐，全然需得置放于生活世界来处理，但当代新儒学（现代新儒学）所强调的"智的直觉"却接近于将超越的神圣性以本质化的方式内化于人性之中来处理，并以为此人性之本质即具此超越的神圣性，这便是将人作了一抽象而孤离的处理，它使得人性与具体的生活世界无关，即或有关，亦只是空洞而抽象的关联而已。③

---

① 林安梧：《儒学革命——从"新儒学"到"后新儒学"》，商务印书馆2011年版，第211—212页。
② 林安梧：《儒学革命——从"新儒学"到"后新儒学"》，商务印书馆2011年版，第73页。
③ 林安梧：《儒学革命——从"新儒学"到"后新儒学"》，商务印书馆2011年版，第100页；另见林安梧《解开"道的错置"——兼及于"良知的自我坎陷"的一些思考》，《孔子研究》1999年第1期。

基于这种深刻的认识，林安梧强调唯有将"良知"重新拉回生活世界，才能开启一种以生活世界为场域，面向历史社会总体的道德实践，而避免以"心性修养"取代"社会实践"。他概括说："后新儒学（或者'批判的新儒学'）不同于原先的当代新儒学（现代新儒学）之以'主体性'为核心的思考，而特别强调'生活世界'（life world）一概念。……再者，关联着生活世界这个概念，批判的新儒学强调'历史社会总体'的全面理解与诠释，并以为唯有如此，才可能对于人有一深化之理解与诠释；如此，才能开启一面向历史社会总体之道德实践，而免于以'心性之修养'替代'社会实践'。"①

与"新儒学"强调良知的超越世界和以"心性修养"替代"社会实践"的异化实践概念适成一鲜明对比，林安梧"后新儒学"通过对"生活世界"的重新"发现"，提出了关联"生活世界"的新的实践概念。从良知本心（道德本心）、心性修养（道德自觉）到"生活世界""社会实践"（道德实践），主流话语的变化标志着儒学发展由"新儒学"到"后新儒学"的理论转轨。当然，需要进一步说明的是，"后新儒学"的提出不仅是对"新儒学"的补偏纠弊，更重要的是它在很大程度上宣告了"新儒学"的"失效"，预示着儒学发展一个新时代的来临。也就是说，林安梧"后新儒学"最重要的意义不在于其理论体系本身，而在于它是一个划分儒学时代的思想标识。"后新儒学"的这种划时代意义体现在，它的提出意味着儒家学人需要重新追问"新儒学"之后的儒学出路，即在"后新儒学"的视域下重建儒学。

其三，在"后新儒学"的视域下重建儒学。通过对现代新儒学"良知的傲慢"的反省批判，以"生活世界"代替"良知本心"成为儒学发展潮流中的主流话语，林安梧努力实现着儒学发展由"新儒

---

① 林安梧：《解开"道的错置"——兼及于"良知的自我坎陷"的一些思考》，《孔子研究》1999年第1期。

学"到"后新儒学"的转轨。就儒学的"革命"和"转向"而言,"后新儒学"的重要意义或不在于其思想内容本身,而是代表着在"新儒学"之后重建儒学的一种探索和努力。"我们在说'生活世界'这概念时,或有受于当今西方哲学,如现象学、解释学之启发,但并不是一种援引与附会,而是希望借此去开启儒家哲学的新的可能。"①"后新儒学"就是试图通过"生活世界"之思,在"新儒学"之后开启一种"批判的新儒学"。所谓"批判"就是在通盘反省"新儒学"理论缺失的基础上,超越"新儒学",重建儒学理论新典范。这也正是林安梧所强调的,"批判的新儒学"一词所强调者,在于对当代新儒学(现代新儒学),特别是牟宗三之儒学展开全面之反省与考察,盖"批判"并不是对抗之义,其所取义在诠释而重建之也。

"批判"取义在"诠释而重建","批判的新儒学"(后新儒学)就是在"新儒学"之后重建儒学。"新儒学"之后所说明的是"后新儒学"超越"新儒学"的划时代意义,"重建儒学"则指明了"新儒学"之后(后新儒学时代)儒学发展的出路。在"后新儒学"时代,不必再以现代新儒学为限,更无须以现代新儒家作为完全不可逾越的思想高峰,而应大胆地把现代新儒学视为一过去的儒学传统,在批判和承继的基础上,另寻儒学的发展路径,重建新型儒学的理论范式。在"后新儒学"这个重建儒学的时代,儒学这一文明传统所面临最为宏大而切要的前沿课题是"什么是儒学重建,怎样实现儒学重建"。

第二节 何谓儒学重建?怎样重建儒学?

"后新儒学""后牟宗三"的时代就是在现代新儒学之后重建儒学的时代。大致说来,所谓儒学重建就是通过对儒学思想系统和结

---

① 林安梧:《儒学革命——从"新儒学"到"后新儒学"》,商务印书馆2011年版,第73页。

构的再造,实现儒学理论范式的转换。"后新儒学"时代的儒学重建就是"超越"(批判继承)现代新儒学,回向儒学传统本身,在充分思考儒学传统如何关联当代生活的基础上,实现儒学系统和结构的再造、理论范式的创新,同时又使儒学作为一活的传统,成为当代人的生命态度和生活方式。

回归儒学本真的精神(返本),以儒学本真的精神回应现实社会问题,实现儒学传统与当代生活的关联(开新),这也就是"后新儒学"时代以宋儒"理一分殊"的睿识为指引重建儒学的基本要求。在"理一分殊"的视域下,我们提出儒学重建要坚持回溯传统、面向当代两个定向,在回溯传统、面向当代两个定向的辩证互动中重新建构儒学的理论范式。儒学重建一方面要面向儒学传统本身(理一),论证和坚持其最基本的性格、最关键的承诺;另一方面,又要面向当代社会生活(分殊),思考儒家这些最基本的性格、最关键的承诺同当代社会的相关性以及如何相关。具体地说,儒学重建就是以儒家思想关联当代生活为主要问题意识、重建要求,确立面向传统(返本)与面向当代(开新)的两个定向,对儒学传统的思想资源进行当代视野下的整合和重构,从而实现其创造性转化和创新性发展。这也就是我们在"后新儒学"时代重建儒学的总体设想。

一 何谓儒学重建?

林安梧"后新儒学"的提出已经在很大程度上宣告了现代新儒学的"失效",牟宗三先生的逝世也预示着一个儒学发展的"后牟宗三时代"的到来。"后新儒学""后牟宗三"的时代就是在现代新儒学之后重建儒学的时代。事实上,"儒学在今日中国,已由学术研究进入儒学创新或儒学重建的时代,创建当下的儒学思想体系,出现当代的董仲舒、朱子、阳明,已成为儒学研究者的共识"[1]。大致

---

[1] 梁涛:《"新四书"与"新道统"——当代儒学思想体系的重建》,《北京行政学院学报》2014年第3期。

说来，所谓儒学重建就是通过对儒学思想系统和结构的再造，实现儒学理论范式的转换。"后新儒学"时代的儒学重建就是在现代新儒学之后力图重新开显和"激活"儒学这一精神传统的慧命，重新确立儒学的核心话语、言说方式、哲理精神和经典体系，从而实现儒学理论范式的转换和义理精神的创新。当然，重新"激活"儒学传统的慧命，不仅是对儒学思想系统和结构的再造，更要使儒学的价值资源可以关联当代的社会生活，回应当下的时代问题。[①] 正如成中英所指出的，所谓"重建"应该有以下三层含义：

> 重建的第一层含义，是系统和结构的再造。不仅重新建构，还要把不合乎"重建"标准（这个"重建"的标准是：达到一个经验知识的实用运作目标，并促进更广泛更实用的经验模式和知识的建立）的传统哲学命题予以扬弃；对合乎重建目标的传统哲学命题，则予以实用主义的解释。
>
> 重建的第二层含义是，要把以往的哲学投射到现在的和未来的平面，使之具有现代性和未来性。中国哲学的重建，是针对现代哲学及由现代哲学所启发的方法和本体哲学所作的一种重建。所有的重建都是相对于一个时代的趋势、一个哲学发展的潜力。重建的目标是把一个哲学传统体现为一种现代生活中的、具有时代意义的哲学思考。

[①] 目前学术界倾向于在"当代儒学"（与现代新儒学相对）的视野下思考儒学复兴和重建的问题，这方面尤以黄玉顺先生为代表。[参阅黄玉顺、张杨《儒学复兴的两条路线及其超越——儒家当代主义的若干思考》，《西南民族大学学报（人文社会科学版）》2009年第1期] 这里，我们所谓的"当代"则无这种特殊的内涵，我们是在一般意义上来使用这个概念的，我们强调任何历史时期的人们都可以将其所身处的时代称为"当代"。我们讲"儒学传统关联当代社会生活"，主要就是指当代社会的人们对儒学价值能够"与知能行"，使儒学成为一种生命的学问、一种生活的方式。可以说，"儒学传统关联当代社会生活"是任何时期人们重建儒学都要思考的永恒主题。特此说明，主要是为了突出，我们探讨"儒学重建"是在"后新儒学"的时代语境下展开的。在"后新儒学"，而不是在"大陆新儒学""当代儒学"的视野下提出儒学重建的思考，主要是为了避免儒学发展史的断裂，更要摆脱"大陆新儒学""当代儒学"那种自我抬高、自我标榜的可能倾向。

重建的第三层含义，是创造一个条件，使过去的哲学家回答现代的问题，并作批评，因而能在现代的背景下进行对话。①

我们所谓"儒学重建"正是完全以上述"三层含义"为出发点而展开的儒学当代转化和创新的工作，即儒学重建就是以把儒学传统投射到现在的和未来的平面，使其具有现代性和未来性为目标和要求，对儒学传统的思想资源（主要包括过去儒家哲学家的思想观念、概念范畴）进行系统和结构的再造，使过去的儒家哲学家可以回答当代的问题，儒家的价值理想可以体现在当代生活世界中。

很明显，以上只是对"儒学重建"的笼统界定，"后新儒学"时代的儒学重建还应有其特殊的内涵。我们认为，"后新儒学"时代的儒学重建就是"超越"（批判继承）现代新儒学，回到儒学传统本身，在充分思考儒学传统如何关联当代生活的基础上，实现儒学系统和结构的再造、理论范式的创新，同时又使儒学作为一活的传统，成为当代人的生命态度和生活方式。需要说明的是，作为现代新儒学之后重建的儒学范式，"后新儒学"时代重建儒学立足于对现代新儒学"良知的傲慢"的理论偏失的批判，特别强调"生活世界"这个概念，重视思考儒学精神关联生活世界这个问题；基于对现代新儒学"援西入儒"的反省，又强调儒学重建要回归儒学传统本真的精神。或许这也正切合范瑞平提出的"重构主义儒学"（Reconstructionist Confucianism）的基本主张。他认为，重构主义儒学至少包含摒弃妖魔化的儒学、告别殖民化的儒学、构建本真的当代儒学三层意思：首先，摒弃"五四"、"文化大革命"时期激进知识分子把儒家的仁义道德描绘成"吃人的礼教"的偏激态度；其次，告别现代新儒家以西方自由主义价值（自由、平等、民主、科学）置

---

① 成中英：《中国哲学的重建》，载郭沂编《开新：当代儒学理论创构》，北京大学出版社2013年版，第96—98页。

换儒学中心理念的"援西入儒"的做法,避免儒学传统被现代西方思想殖民化;① 最后,在上述两个要求下,提出回归儒学传统本真精神,建构当代儒学的设想。

在我们看来,"后新儒学"时代的儒学重建,既要反思"五四"知识精英"打倒孔家店"的偏激态度,又要对现代新儒家那种使儒学可能发生变异的"援西入儒"的理论创造保持自觉。在超越否定传统、异化传统两种极端立场的基础上,构创回溯传统、面向当代两个定向同时兼顾,既有其"本"又有其"新"的当代儒学。"摒弃妖魔化的儒学",对"五四"、"文化大革命"时期的儒学"反思"进行新的当代再反思,是"后五四时代"重建儒学的首要要求。"后五四时代"的儒学重建先要为孔子、儒学正名,大胆打破"礼教吃人"的怪论,②"讲清楚"儒学传统作为中华民族独特精神标识、文化认同之思想基础的重要地位。在反思"五四"、"文化大革命"妖魔化儒学,现代新儒家殖民化(部分地)儒学的基础上,回归儒学传统本身,面向当代社会生活,建构本真的当代儒学。也就是说,我们应在回向儒学传统本身(返本)和儒学传统面向当代社会生活(开新)的辩证关系中思考"后新儒学"时代怎样重建儒学的问题。

二 怎样重建儒学?

"后新儒学"时代的儒学重建是在现代新儒学之后重新建构新

---

① 当然,这里范瑞平有明确指出,"这绝不是说当代儒学不应该借鉴西方学术资源来展开自己的论述,但借鉴不能不以儒学的根本信念、义理、和目的为基础,也不能替换儒学的关键词"(范瑞平:《当代儒家生命伦理学》,北京大学出版社2011年版,前言第2页)。

② 即使在孔子热、儒学热的今天,这种理论工作仍然急切需要。一方面,大众对孔子、儒学还隔膜甚深,如把"三纲"的发明权归于"孔老二",把"三纲"误当作儒学全部精神的民众还不在少数;另一方面,"礼教吃人"的思想惯性还在,这主要表现在:现代儒学研究者多喜谈、善谈仁学,公开宣扬"礼教",不少专家、学者多少还心有余悸;普通民众还难于"自然地"接受礼教,也时常怀疑这是不是又要重新带上"精神的枷锁"。

型儒学的理论范式。在"后新儒学"的视域下,这种儒学重建的理论工作应立足于对"新儒学"的批判继承,既不能完全切断与"新儒学"的思想关联,又不能以"新儒学"自限。基于对现代新儒学"良知的傲慢"的理论困境的回应,"后新儒学"时代重建儒学强调"超越"(批判反省)新儒学的理论范式,回归儒学传统本身的思想特质,使儒学不再是体大精思的哲理论说,而是关联着生活世界的一种人的生活方式。这就是说,"后新儒学"时代重建儒学时要重视面向"生活世界"的思考,并以"生活世界"为场域开启新的实践概念。概括起来说,"后新儒学"时代的儒学重建一方面要超越新儒学,回归儒学传统本真的思想精神;另一方面,又要突出"生活世界"这个概念,避免新儒学将良知引向超越极端、疏离广大生活世界的偏执,着力思考"儒学传统如何关联生活世界"的问题。

回归儒学本真的精神(返本),以儒学本真的精神回应现实社会问题,实现儒学传统与当代生活的关联(开新),这是"后新儒学"时代重建儒学要坚持的两个基本方向。可以说,"后新儒学"时代重建儒学既要以儒学传统本身的思想资源来观照当代社会生活,又要以一种当代的视野反观儒学传统,在儒学传统和当代生活的交互关系中思考儒学的理论创新。正如成中英所说:"儒学的重建意涵着现代性的改造,现代性的改造也意含着儒学的重建。这是一个辩证转化的过程,此一转化的前提就在正确地理解现代性与正确地理解儒学,站在现代性的观点看儒学缺失什么,也站在儒学的观点看现代性缺失什么。"[1] 回归儒学传统本真精神的同时,又重视儒学传统与当代社会生活的关联,可避免原教旨主义的危险;而以儒学资源回应现实问题的同时,又强调切合儒学传统本身的思想特质,则可避免没却儒家真精神的偏失。

---

[1] 成中英:《儒学与现代性的整合:探源与重建》,载国际儒学联合会编《国际儒学研究》(第二辑),中国社会科学出版社1996年版,第92—128页。

因此,"后新儒学"时代重建儒学仍要坚持现代新儒学"返本开新"的文化纲领,所谓"返本"就是回溯传统,回归孔子建构本真的儒学,所谓"开新"就是面向当代,使儒学传统可以关联当代社会生活。或如有论者指出的,在理论层面上,如何完成现当代转型的问题是当代儒学发展面临的根本困限。如何走出这种困限?需要回应如下三个问题:"第一,如何处理传统儒学的问题,或者说,如何解决传统儒学对于当代社会的不适应又能保持其性质或基本精神不变的问题。实际上也就是当代儒学如何确证自己是儒学的问题。第二,如何对待西学(从古至今)的问题,即如何汲取其优秀成分又能有效回应其挑战的问题。第三,如何面对当代人类尤其是中国社会实践的问题,即如何从儒学立场统摄、整理当代经验的问题。其中,第一个问题解决的是当代儒学作为'儒学'的问题,后面两个问题解决的是当代儒学如何能称其为'当代'的问题。"[①] 其实,这三个问题集中起来就是我们所谓儒学重建要坚持回溯传统和面向当代两个定向的问题。回溯传统是要解决所重建的儒学还作为"儒学"的问题;面向当代是要解决所重建的儒学能关联当代社会生活的问题。

这就是说,我们在"后新儒学"时代重建儒学,也应取法前贤阐扬、创新儒学的基本经验,在追问了儒学传统的原创生命智慧,确认儒家的本真精神之后,着力思考儒学传统如何回应现实社会问题,关联当代社会生活的问题。在此基础上,实现儒学重建,建构切合当代社会需要的新型儒学。也就是说,"重建的可能性一方面决定于哲学体系本身的溶容度、完整性、系统性等,更重要的是决定于今天社会对它的需要程度,决定于经过今天改造后它对现实社会的适应性和有效性。所以哲学重建的立足点、出发点应是现实社会"[②]。因

[①] 刘韵冀、刘东超:《当代儒学的困境和出路》,孔子2000网,http://www.cccrx.com/2006-8/2006830115838.asp,2007年12月7日。

[②] 赵吉惠、刘东超:《中国哲学的重建——成中英新儒学述评》,《人文杂志》1993年第4期。

此,"后新儒学"时代重建儒学应该面对当代社会的政治、经济和人生现实,综合地领会和把握儒学的核心主张,通过分析和比较的方法找到适宜的当代语言来把这些核心主张表述出来,以为当今的人伦日用、公共政策和制度改革提供直接的、具体的儒学资源。这意味着,我们并不认为传统儒学是全真的或十全十美的,而是要论证和坚持其最基本的性格、最关键的承诺以及它们同当代社会的相关性。[①]

儒学重建既要回到儒学传统本身(理一),论证和坚持其最基本的性格、最关键的承诺;又要面向当代社会生活(分殊),探讨和回应儒家这些最基本的性格、最关键的承诺同当代社会的相关性以及如何相关。儒学重建抓儒学传统"最基本的性格、最关键的承诺",追问儒学传统本真的精神不难,难在如何使它们同当代社会相关。"儒学传统如何关联'当代'社会生活"可以说是重建儒学要面对的永恒主题,我们当代人所不同于董仲舒、程朱陆王、熊牟唐徐者,乃在于需要从当代社会生活的实际出发,在当代性的诉求下重新去理解、诠释儒学传统的义理精神,对其进行系统和结构的再造,重新构建能为当代人"与知能行"的新型儒学理论范式。

综上所论,我们探讨"后新儒学"时代的儒学重建其实是在宋儒"理一分殊"的睿识启发下展开的。[②]"理一分殊"是伊川在解答杨时有关《西铭》的问题时所提出的睿思,他说:"《西铭》之为书,推理以存义,扩前圣所未发,与孟子性善、养气之论同功。岂墨氏之比哉!《西铭》明理一而分殊,墨氏则二本而无分。"[③] 朱子以禅宗"月印万川"之喻释"理一分殊",形象地说明了理一分殊

[①] 范瑞平:《当代儒家生命伦理学》,北京大学出版社2011年版,前言第2—3页。

[②] 景海峰认为:"从诠释学的观点来看,'理一分殊'的思想包含了十分重要的方法论内容,对于我们理解当代文化的多样性和复杂性,以及思考儒学的未来发展,都有着直接的启迪意义。"(景海峰:《从"理一分殊"看当代新儒学的发展》,《学术月刊》2012年第7期)

[③] (宋)程颢、程颐著,王孝鱼点校:《二程集》,中华书局2004年版,第609页。

即"一理而多相",也就是说,经验界之百理纷呈(众理)不过本体界之天理(理一)的各种"相",作为"理一"的天理与分殊的众理并非两个理,亦非整体与部分的关系。"本只是一太极,而万物各有禀受,又自各全具一太极尔。如月在天,只一而已,及散在江湖,则随处而见,不可谓月已分也。"① 刘述先致力于给予"理一分殊"以全新的现代诠释,在宰制划一的"绝对一元主义"与分崩离析的"相对多元主义"的对立的两极之外,另觅第三条路。既寻求通贯的共识,又鼓励多样的表现,在两方面找寻一种动态的辩证的均衡。② "通贯的共识"与"多样的表现"之间觅求一种辩证动态的均衡就构成了"理一分殊"之旨的主要意涵,这也正是刘先生自己所说的"容许表现层面的差异与矛盾,而不会妨碍精神层面上的契合与感通"③。在"理一分殊"的哲理内涵下,儒学重建的"理一分殊"是指:追寻孔子之为孔子、儒学之为儒学的本真精神(理一),思考儒学传统的本真精神如何关联当代社会生活,表现(分殊)于当代人的"生活世界",成为当代人的生命态度和生活方式。在"理一分殊"的视域下,我们提出儒学重建要坚持回溯传统、面向当代两个定向,在面向传统、面向当代两个定向的辩证互动中重新建构儒学的理论范式。这也就是我们在"后新儒学"时代重建儒学的总体设想。

具体地说,儒学重建就是以儒家思想关联当代生活为主要问题意识、重建要求,确立回溯传统(返本)与面向当代(开新)的两个定向,对儒学传统的思想资源进行当代视野下的整合和重构,从而实现其创造性转化和创新性发展:一方面,以儒家思想关联当代

---

① 《朱子全书》(第十七册),上海古籍出版社、安徽教育出版社2010年版,第3167—3168页。

② 刘述先:《理想与现实的纠结》,吉林出版集团有限责任公司2011年版,自序第1页。

③ 刘述先:《"理一分殊"与道德重建》,载刘述先著,东方朔编《儒家哲学研究——问题、方法及未来开展》,上海古籍出版社2010年版,第182页。另参阅拙文《理一分殊与儒学重建——兼与蒋国保先生商榷》,《孔子研究》2014年第2期。

生活为基准回溯传统，是要求对儒学传统中合乎此重建标准的思想观念、概念命题予以实用主义的梳理和解释；另一方面，以儒家思想关联当代生活为基准面向当代，是要求把合乎此重建标准的思想观念、概念命题予以当代视野下的光大和发扬。简言之，"中国哲学的重建，也就是把中国哲学体现在现代世界里面"，儒学重建正是要以"儒学生活化"为目标，对儒学传统进行"生活化"的诠释和解读，并充分考虑以这些"生活化"的思想资源来回应"儒家思想如何关联当代生活"的时代课题，最终使儒家价值得以表现、落实于当代社会生活中。

就回溯传统、回归孔子、建构本真的儒学而言，现代新儒家中徐复观"消解形而上学，回归生活世界"重建现代儒学的儒学创新论，或可为"后新儒学"时代重建儒学提供有益的借鉴。与现代新儒家主流通过形上化的方式转化儒学不同，徐复观"自家体贴出"了生活化的儒学创新之路。他强调儒学是立足于生活体验和工夫实践的生活的学问，儒学创新要本于自身"形而中学"的精神特质，向孔子"道"的思想性格回归，以避免趋附西方形上学而没却儒家真精神的偏执。当代儒学重建要回应"儒家思想如何关联当代生活"的课题，正需要扭转熊、牟、唐等人形上化的儒学创新之路，把新儒学主潮下徐复观的"异端"之见转变为后新儒学时代的主流话语。也就是说，"后新儒学"可以"接着徐复观讲"，消解形而上学，回归生活世界，建构形上追求与生活世界通为一体的新型儒学。

第三节 徐复观的儒学创新论及其对"后新儒学"时代儒学重建的启示

现代新儒学是推动儒学传统向现代转型的主要思想潮流。与熊十力、牟宗三、唐君毅等现代新儒家的主流通过"形上化"的方式保存儒学不同,[①] 徐复观另辟蹊径偏重以"生活化"的向度来对儒学传统进行现代疏释。徐复观"生活化"的诠释路径强调:孔子不是以思辨为立足点的思想家,而是以"实践"为立足点的思想家;儒学是生活化的日用常行的学问,不是形上化的抽象思辨的哲学,它所立足的是生活世界的"用"与"行",并非观念世界的"思"与"知";现代儒学创新要回归孔子之"道",依着儒学传统本身"形而中学"的精神特质而展开,切不可趋附宗教、形而上学而没却了自家重实践工夫、生活体验的思想性格。由是,追寻孔子、儒学自身的思想性格,依此孔子之为孔子、儒学之为儒学的精神特质而创造转化儒学传统,构成了徐复观儒学创新论的主体内容。

我们认为,徐复观的这种返归儒学本根,开显儒学现代意义的儒学创新论,对当代儒学的重建极具借鉴意义。当代儒学重建要回应"儒家思想如何关联当代生活"的根本课题,就不能延续现代新儒家的主流对儒学传统"形上化"的保存方式,而应在"后新儒学"的视域下,以"生活化"的路径来创新和阐扬儒学。在"后新儒学"的视野下,徐复观消解形而上学,回归生活世界,依循孔子、儒学自身性格转化儒学传统的儒学创新论不再是一种"异端"之见,而是"孤明先发"的深刻睿智。当代儒学重建要回应"儒家思想如何关联当代生活"的课题,正需要扭转熊、牟、唐等人形上化的儒学创新之路,把新儒学主潮下徐复观的"异端"之见转变为后新儒学时代的主流话语。也就是说,"后新儒学"时代("后牟宗三"时代)的儒学重建之路可以"接着徐复观讲",向孔子"道"之中庸的思想性格和儒家形而中学的精神特质回归,消解形而上学,回归生活世界,以期建构一种形上追求与生活世界通为一体的"生活儒学"。

[①] 林安梧:《儒学革命——从"新儒学"到"后新儒学"》,商务印书馆2011年版,第286页。

一 中庸之"道"——徐复观论孔子的思想性格

徐复观儒学诠释创新的起点性的理论工作是对孔子思想性格的深切体认和把握。他说:"离开儒家,便无法谈中国文化。离开孔子,便无法谈儒家文化。"① 徐复观认为,儒家文化是中国文化的主要代表,而孔子是儒家文化的创始人,孔子的思想性格很大程度上决定了中国文化的精神基调。那么,孔子的思想性格是怎样呢?徐复观说:"孔子思想为中心的中国文化,它主要不是表现在观念上,而是浸透于广大社会生活之中。"② 因此,对孔子为代表的中国文化的了解不能放在抽象思辨的"知解"上,而应落实在生活世界中去体认,因为"孔子不是以思辨为立足点的思想家,而是以'实践'为立足点的思想家"③。这就是说,孔子的思想不是仅表现为观念世界的"知",其重点应落实在生活世界的"行","见之于行事"是孔子思想的主要表达方式。④ 徐复观指出:

> "空言",是理论的、抽象性的概念语言。"见之于行事",是在行事中发现它所含蕴的意义及其因果关系。"载之空言",是希腊系统哲学家的思想表达方式。"见之于行事",是孔子思想的主要表达方式。⑤

如何理解孔子思想"见之于行事"的表达方式?对此,我们把

---

① 徐复观:《儒家思想与现代社会》,《徐复观全集》,九州出版社2013年版,第171页。
② 徐复观:《文化与人生》,载李维武编《徐复观文集》(第一卷),湖北人民出版社2009年版,第27页。
③ 徐复观:《儒家思想与现代社会》,《徐复观全集》,九州出版社2013年版,第214页。
④ "我欲载之空言,不如见之于行事之深切著明也。"(《史记·太史公自序》)
⑤ 徐复观:《儒家思想与人文世界》,载李维武编《徐复观文集》(第二卷),湖北人民出版社2009年版,第65页。

徐复观的诸多深刻见解稍加条贯就会发现，他主要是从以下两方面入手来进行说明的：第一，孔子思想源于其个人真切的生命生活体验，并非依靠逻辑思辨推演出来。徐复观认为，"孔子思想的合理性，不是形式逻辑的合理性，而是具体生命中的理性所展现的合理性"①。孔子对他所求得的知识，不是通过逻辑去推演它，而是把与自己生活生命有关的部分，由实践而在自己的生活生命中体现出来，证验出来，以求不断地开辟自己的生命，提高自己的人格。对孔子来说，他所成就的不是哲学思想，而是具体存在的人格。②尽管《论语》中所涉及的问题，都有上下浅深的层次，但这不是逻辑上的层次，而是行在开辟中的层次；它是生命的层次，是生命表现在生活中的层次。③

在徐复观看来，一部《论语》是由孔子的伟大人格所透露出的生命生活的语言。"由人格中所透露出的语言，也必然是与生命连结在一起，而不容'索隐行怪'的。所以这种语言，必是眼前现成而具体的语言，使'夫妇之愚，可以与知''可以能行'的语言，也可以说是'与万人同在'的语言。"④ 由此，读《论语》我们所感受的不是一套精致思辨、逻辑谨严的"哲学"，而是孔子及其弟子活泼泼的生活世界。

第二，对孔子思想不应取"思辨"的进路去"说"，而当由"实践"的要求去"做"。比如，"仁"作为孔子思想的核心概念，徐复观指出，孔子却从不曾把仁描写系如何如何的东西，而只是按

---

① 徐复观：《儒家思想与人文世界》，载李维武编《徐复观文集》（第二卷），湖北人民出版社2009年版，第67页。
② 徐复观：《儒家思想与现代社会》，《徐复观全集》，九州出版社2013年版，第196—197页。
③ 徐复观：《儒家思想与人文世界》，载李维武编《徐复观文集》（第二卷），湖北人民出版社2009年版，第64页。
④ 徐复观：《儒家思想与现代社会》，《徐复观全集》，九州出版社2013年版，第198页。

着大家所能开始实践的层次与方面,加以指点。① 因此,对于"仁",我们理应顺着孔子自身的思想性格,在视听言动、日用常行的"实践"中来体认仁、落实仁,而无需纠缠于仁之为何,更不必为孔子另立一套所谓"仁学体系"。换言之,在徐复观开出的"实践"的进路下审视孔子思想,我们自当承认:孔子虽未定义仁之为何,也没有建构仁学体系,然它所证明的不是一个哲学家理论上的偏失,而是一位生活家生命智慧的高妙。如是这样,孔子于生活体验中识得了仁,又教人在当下的生命实践中去落实仁,决定了孔子思想"见之于行事"的表达方式。

对于孔子思想这种"见之于行事"的主要表达方式,徐复观认为孔子自己言说的"道"就最能开显这种精神特质。可以说,"道的基本性格,即是孔子思想的基本性格"②。在徐复观看来,孔子所说的"道"是落在人身上而言的人伦日用之道,不是指向天地宇宙的高深玄远的道;这个"道"是孔子从人伦日用中体验出来,又教人在日常生活去实践。因此,孔子所谓的"得道""弘道"是教人在行为世界、生活世界去"行"道,而非在观念世界、精神世界去"知"道。"行"正是孔子言说的"道"的基本性格。徐复观说:

> 孔子追求的道,不论如何推扩,必然是解决人自身问题的人道,而人道必然在"行"中实现。行是动进的、向前的,所以道也必是在行中开辟。③
>
> 从纯知识、纯艺能的角度看这种道是不能弘人的。但一进入人类的行为世界,进入由人类行为所积累的历史世界,它所

---

① 徐复观:《儒家思想与现代社会》,《徐复观全集》,九州出版社2013年版,第35页。
② 徐复观:《儒家思想与人文世界》,载李维武编《徐复观文集》(第二卷),湖北人民出版社2009年版,第64页。
③ 徐复观:《儒家思想与人文世界》,载李维武编《徐复观文集》(第二卷),湖北人民出版社2009年版,第64页。

含的意义才可以彰著出来,此之谓"人能弘道"。①

孔子之所谓道,主要是指向生活、行为的意义,由这种意义来提升人生的价值,使人真能成为一个人,亦即《论语》中的所谓"成人",所谓"君子"。②

按徐复观的理解,"行"作为"道"的基本性格,也正是孔子思想的基本性格。孔子开出的这个教人在人伦日用中提升人生价值的"道",确立了孔子思想"道不远人"的中庸的基本性格。"孔子所志的道,是从行为经验中探索提炼出来,则学道的人,自必要求在行为中落实贯通下去。于是孔子之所谓道,必然是'道不远人'的中庸的性格。"③他认为,所谓"中",是恰到好处;"庸",是寻常中可以实现。因为是中,故能在寻常生活中实现。如果我们说很大很高的道理,而不能在寻常生活中实现,那么,他与我们的生命生活就没有任何关系,因此,中国的道理都是与生活、生命连在一起的。徐复观以中庸之"道"界定孔子的思想,就是要凸显其"生活化"的面向,强调孔子思想重行为实践轻逻辑思辨、价值理想与生活日用通为一体的基本性格。确认了孔子"道"之中庸的思想性格后,徐复观进而展开论证了儒家"形而中学"的精神特质。

二 "形而中学"——徐复观论儒家的精神特质

在把握孔子"道"之中庸的思想性格的基础上,徐复观以此为依据深入分析了儒家的精神特质。徐复观认为,儒家的整个义理规

---

① 徐复观:《儒家思想与人文世界》,载李维武编《徐复观文集》(第二卷),湖北人民出版社2009年版,第67页。
② 徐复观:《儒家思想与人文世界》,载李维武编《徐复观文集》(第二卷),湖北人民出版社2009年版,第67页。
③ 徐复观:《儒家思想与人文世界》,载李维武编《徐复观文集》(第二卷),湖北人民出版社2009年版,第65页。

模，可以概略为以下两个方面：一为由性善的道德内在说，以把人和一般动物分开，把人建立为圆满无缺的圣人或仁人，对世界负责。另一为将内在的道德，客观化于人伦日用之间，由践伦而敦"锡类之爱"，使人与人的关系、人与物的关系，皆成为一个"仁"的关系。性善的道德内在，即人心之仁。而践伦乃仁之发用。所以二者是内外合一（合内外之道），本末一致而不可分。① 在他看来，由上述两个要点切入，最能准确揭示儒家的精神特质。

首先，性善的道德内在说，其所体现的是儒家挺立道德主体、价值根源于心（性）的精神特质，这是儒家之所区别于宗教和形而上学之处。对此，徐复观指出：

> 中国文化，主要表现在道德方面。但在很长的时间中，对道德的价值根源，正如其他民族一样，以为是在神、天。到孔子才体认到道德根源乃在人的生命之中，故孔子说："仁远乎哉？我欲仁，斯仁至矣。"又说："为仁由己。"这些话都表明价值根源不在天，不在神，亦不是形而上的，否则不能这样"现成"。②

其次，将内在的道德性外化出来落实于人伦日用中，其所体现的是儒家将价值理想落实于生活世界的精神特质，这亦是儒家之所区别于宗教和形而上学之处。徐复观认为，儒家之用心除了点出道德本源的仁之外，更重视通过"践伦"以显仁之用。他说："儒家内在的道德实践，总是归结于人伦。"③ 只有把人性中的道德性客观化到物的上面来，落实到物的上面来，方可收道德性在人伦日用中

---

① 徐复观：《儒家思想与现代社会》，《徐复观全集》，九州出版社 2013 年版，第 16—17 页。
② 徐复观：《文化与人生》，载李维武编《徐复观文集》（第一卷），湖北人民出版社 2009 年版，第 21 页。
③ 徐复观：《儒家思想与现代社会》，《徐复观全集》，九州出版社 2013 年版，第 20 页。

的功效，使道德性得以不断地充实。这就是说，儒家讲"仁"的内外合一之道，是教人在生活世界的人伦日用中去体验此仁、笃行此仁，不是要人在言语文字的知解层面立定一个名曰"仁"的道德本体。徐复观说：

> 内在的道德性，若不客观化到外面来，即没有真正的实践。所以儒家从始即不采取"观照"的态度，而一切要归之于"笃行"的。……要笃行，即须将内在的道德性客观化出来。于是儒家特注重"人伦""日用"。①
>
> 圣贤教人，只是从实践上去指点。若仅凭言语文字，将道德根源的本体构画出来，这对于道德而言，纵使所构画者，系出于实践之真实无妄，但人之接受此种说法，亦只是知解上的东西。从知解上去领会道德的本体……且易使道德的根基走样。②

在徐复观看来，只有将儒家的道德价值真切地落实在人伦日用的"行"上，方可言道德的实践和人格的完成，如此亦不至于使儒家义理沦为"托之于空言"的观念游戏。他说："儒家的精神，其所以不同于宗教，因为他本是要道德不离开物与事，落在物与事上面，从物与事上面来完成人格。"③

合此二义，徐复观指出，孔子之教，不是宗教，不是形而上学，而只是从人的生命自身，从人的生活自身，所体验出的作为人生基源价值之教。此基源价值，内蕴于每一个人的生命之中，与生命不可分离，所以《中庸》说"可离非道也"。它必然实现于日常生活之上，而成为庸言庸行，所以鄙弃索隐行怪，而为匹夫匹妇所能与

---

① 徐复观：《儒家思想与现代社会》，《徐复观全集》，九州出版社2013年版，第19页。
② 徐复观：《儒家思想与现代社会》，《徐复观全集》，九州出版社2013年版，第35页。
③ 徐复观：《儒家思想与现代社会》，《徐复观全集》，九州出版社2013年版，第33页。

知与行。① 儒家所讲的是切中人的生命、生活本身而开出，又教人在当下的人伦日用中去实现的道理，徐复观进而认为，以儒家为代表的中国文化所内蕴的是一种"形而中"的人文精神。"我常笑说，西方柏拉图的哲学是形而上学，沙特等所说的道理是形而下学，中国的人文精神可说是'形而中学'。"② 徐复观的所谓"形而中"，既相对于"形而上"而言，也相对于"形而下"而言：相对于"形而上"，"形而中"注重经验界、现象界和人的实存，排斥宗教以及神秘的倾向；相对于"形而下"，"形而中"强调精神境界的"中和"之美，贬抑物质性、实证性及"工具性"宰制。③

为何以"形而中学""中庸之道"界定儒家的精神特质，徐复观还专门从如下几个方面进行了系统的论证：其一，儒家这些道理不是从推理中推出来的，而是在生命中、生活中体验得来的，又在生活、生命中得到证明。这种道理自然是中庸之道。其二，这些道理从生命、生活中来，还要在生命、生活中落实。也可以说，它是从实践中来，向实践中去，而不是只唱高调。凡实践的道理，应当是中庸之道。其三，主宰性和涵融性同时呈现，故儒家这些道理本身就有社会性，不是只由个人来实行，要社会大众都能实行的。社会性的道理，应当是中庸之道。④ 正因为儒家所讲的是从生命、生活中得来，在生命、生活中验证的实践性、社会性的道理，徐复观确认其所开显的应是平衡价值理想和生活日用的"形而中"的人文精神。这种定位儒之为儒的精神特质的理论工作，构成徐复观儒学创

---

① 徐复观：《儒家思想与现代社会》，《徐复观全集》，九州出版社2013年版，第181页。
② 徐复观：《文化与人生》，载李维武编《徐复观文集》（第一卷），湖北人民出版社2009年版，第127页。
③ 程志华、孙宁：《形而中学乃中国的人文精神》，《河北大学学报（哲学社会科学版）》2013年第1期；王政燃：《消解形而上学与"即自的超越"》，《河北大学学报（哲学社会科学版）》2013年第1期。
④ 徐复观：《文化与人生》，载李维武编《徐复观文集》（第一卷），湖北人民出版社2009年版，第127页。

新论的一个重要思想环节。

三 返归儒学性格，消解形而上学——徐复观的儒学创新论

在厘定孔子"道"之中庸的思想性格、儒家"形而中学"之精神特质的重要前提下，徐复观提出了他对儒学现代创新的基本看法。我们知道，现代新儒学是推动儒学传统实现现代转化的主要思想潮流。虽是现代新儒家的重要代表，然徐复观的贡献不在于像现代新儒家的主流那样通过"形上化"的转化路径建构了诸如"新理学""新心学""道德形上学"等体大精思的儒家哲学体系，而是扣住孔子、儒学本身之思想性格另辟了一条"生活化"的儒学诠释、创新之路。依照徐复观的见解，现代新儒家诸多师友所确立的"形上化"的开展方向，不过是套用西方形而上学来"激活"儒学传统，有失却儒家真精神的危险；其所开出的"生活化"路径正欲消解形而上学的趋向，① 返归儒学本身的思想性格而开其现代之新。

"返归儒学性格而言其现代创新"是徐复观儒学创新论的主要内容。徐复观认为，以孔子为代表的儒学是重生活体验和工夫实践的生活、生命的学问，工夫理论是最能体现儒家哲学特质的一种思想，② 儒学现代创新要"向孔子的思想性格回归"，依循儒家"生活化"的性格而展开，切不可违逆个性迎合西学，以另一套性格的东西去讲儒学。像冯友兰等那样以儒家思想来硬套西方思辨系统和形而上学，"这种比附多系曲说，有没却儒家真正精神的危险"③。对此，徐复观直言道：

> 冯友兰要按照西方的逻辑系统在中国找哲学，找来找去，只发现孔子不过是一个老教书匠，孟子、庄子是神秘主义者，

---

① 参阅朱理鸿、张梦飞《刍议形而上学的消解》，《湘潭大学学报（哲学社会科学版）》2005 年第 1 期。
② 谢永鑫：《徐复观的工夫理论》，《武汉大学学报（人文科学版）》2005 年第 3 期。
③ 徐复观：《儒家思想与现代社会》，《徐复观全集》，九州出版社 2013 年版，第 34 页。

未免太幼稚可笑了。①

把孔子的思想,安放到希腊哲学系统的格式中去加以解释,使其坐上形而上的高位,这较之续凫胫之短,断鹤胫之长,尤为不合理。因为凡是形而上的东西,就是可以观想而不能实行的。②

当然,徐复观虽批评比附西方思辨系统和形而上学的做法,但他却并不反对"思辨"和形而上学本身。在徐复观看来,儒家并不抹杀思辨的意义,而是要在行为实践的基础上而言思辨;儒学也有自己的形而上学,但它是一种向下落实的"实践的"形而上学,而非西方那种向上翻腾的"知解的"形而上学。③他说:"一切民族的文化,都从宗教开始,都从天道天命开始;但中国文化的特色,是从天道天命一步一步地向下落,落在具体的人的生命、行为上。……如熊师十力,以及唐君毅,却是反其道而行,要从具体生命、行为,层层向上推,推到形而上的天命天道处立足,以为不如此,便立足不稳。"④儒家这种"由道德发展上去的形而上学,与西方由知性推演上去的形而上学,虽有相同的语言,而决不是相同的性格"⑤。因此,儒学创新要重视"思辨",但那是"为实践而思辨"⑥;现代儒学要说"形而上学",但那是依自身性格而开出的形

---

① 徐复观:《儒家思想与现代社会》,《徐复观全集》,九州出版社2013年版,第197页。
② 徐复观:《儒家思想与人文世界》,载李维武编《徐复观文集》(第二卷),湖北人民出版社2009年版,第65页。
③ 参阅程志华《道德的形而上学与"后形而上学时代"——牟宗三对传统形而上学困境的化解与超越》,《哲学研究》2009年第11期。
④ 徐复观:《儒家思想与人文世界》,载李维武编《徐复观文集》(第二卷),湖北人民出版社2009年版,第62—63页。参阅李维武《儒学生存形态的历史形成与未来转化》,《中国哲学史》2000年第4期;李维武《徐复观研究中国思想史的基本方法》,《思想与文化》2006年第1期。
⑤ 徐复观:《儒家思想与现代社会》,《徐复观全集》,九州出版社2013年版,第33页。
⑥ 徐复观:《文化与人生》,载李维武编《徐复观文集》(第一卷),湖北人民出版社2009年版,第4页。

而上学。徐复观说:

> 研究中国文化,应在工夫、体验、实践方面入手,但不是要抹杀思辨的意义。思辨必须以前三者为前提,然后思辨的作用才可把体验与实践加以反省、贯通、扩充,否则思辨只能是空想。①

> 儒家也可以有其形而上学。但儒家的形而上学,须由儒家的基本性格上做工夫去建立的。②

如何具体落实上述要求呢?徐复观认为,那就需要我们明确儒学现代创新的工作应从"实理"上做工夫,而不能仅在"玄谈"上做工夫。这就是说,徐复观所谓的儒学创新,就是要深度追寻孔子之为孔子的思想性格、儒家之为儒家的精神特质,用现代有逻辑结构的、能为今人听明知晓的语言表达出来。确保所建构的新儒学既不丢了儒学传统的"魂",又能为现代人"与知能行"。以此为追求,徐复观提出了他对儒学现代创新的基本看法,即回到孔子、扣紧《论语》,着力思考如何把孔子"道"之中庸的生命智慧具体表现、落实于现代社会的问题。他特别指出:

> 今日中国哲学家的主要任务,是要扣紧《论语》,把握住孔子思想的性格,用现代语言把它讲出来,以显现孔子的本来面目。③

> 研究孔子的人,应当把这种由内在关系而来的有机体,用现代有逻辑结构的语言表达出来,使内容的统一系统,表现为形式的统一系统。这当然是一件难事。但不可因畏难而另以一

---

① 徐复观:《中国思想史论集》,《徐复观全集》,九州出版社2013年版,第302页。
② 徐复观:《儒家思想与现代社会》,《徐复观全集》,九州出版社2013年版,第37页。
③ 徐复观:《儒家思想与人文世界》,载李维武编《徐复观文集》(第二卷),湖北人民出版社2009年版,第63页。

套性格不同的思想去代替它。①

综上，以"返归儒学性格"为首要要求，徐复观在现代新儒家主流的"形上化"路径外，重新开辟了一条"生活化"的儒学转化、创新之路。此种"生活化"的诠释路径强调不趋附西方文化、哲学及其形而上学，②在维护民族文化个性的基础上而言其现代转化创新。展开来说，就是认为"中国文化的性格是重现实生命的，是重生活、实践、文化创造的，而对中华民族的精神世界的把握，不在于重新建构形上儒学体系，而在于回到中国人的现实生命活动中去，回到中国人的文化创造中"③。简言之，"返归儒学性格、消解形而上学、回归生活世界、建构现代儒学"构成徐复观儒学创新论的主要内容。徐复观这种"孤明先发"的儒学创新构想，正是"后新儒学"时代重建儒学亟待开发的宝贵思想资源。正如韦政通指出的，现代新儒家如果继续沿着牟宗三的思路走下去，就势必陷入朱熹所说的"一轮转，一轮不转"的困境，"假如我们不希望当代新儒家的影响，仅局限于学院和少数知识分子，而希望深入社会大众和日常生活，这将是必须面对的问题。在这个问题之前，我觉得徐复观先生《向孔子的思想性格回归》的呼声，对儒家发展的现阶段，的确有一番新义，值得我们重新体会"④。

四 "接着徐复观讲"——"后新儒学"时代的儒学重建之路

在现代新儒家主流对儒学传统的"形上化"的保存方式之外，

---

① 徐复观：《儒家思想与人文世界》，载李维武编《徐复观文集》（第二卷），湖北人民出版社2009年版，第68页。
② 黄熹：《略论徐复观"心的文化"》，《武汉大学学报（人文科学版）》2002年第1期。
③ 李维武：《徐复观对中国道德精神的阐释》，《江海学刊》2002年第3期。
④ 韦政通：《孔子成德之学及其背景》，载李明辉主编《儒家思想的现代诠释》，台北"中央"研究院中国文哲研究所筹备处1977年版，第34页。另参阅李维武《牟宗三对"存在"问题的探寻与未来中国哲学的发展》，《孔子研究》1999年第1期。

徐复观另开出了一条"生活化"的儒学诠释创新之路。这种要求消解形而上学,依循孔子、儒学本身之思想性格而实现其现代转化的儒学创新论的合理意义在于:"力图改变重建形上儒学所导致的现代新儒学与生活世界的疏离,开辟现代新儒学由抽象的形而上学走向现实的生活世界之路,体现了现代新儒学开展的另一种方向,这为未来儒学开展处理好形上儒学与生活世界的关系提供了有益的启示。"① 在我们看来,徐复观儒学创新论的重要意义首在于确立了一条"返归儒学性格而言其现代创新"的儒学重建的路径。正是因为"回归"而接上了儒学传统的慧命,他才能识得沟通形上追求和生活世界的思想睿智。

当代儒学重建正应"接着徐复观讲",一方面追寻孔子、儒学本身的生命智慧;另一方面,又思考如何将这种生命智慧具体落实、开显于当代。概言之,当代儒学重建既要向孔子、儒学的思想性格回归,追问儒之为儒的原创生命智慧,又要充分回应当代社会问题,考虑如何将儒学传统的原创生命智慧表现、落实于当代生活世界。② 这也正是徐复观儒学创新论对当代儒学重建的主要启示。

"后新儒学"时代重建当代儒学,可以"接着徐复观讲",回归孔子之"道"、切中儒家原创生命智慧,③ 最终建构起依循儒学传统本身之思想性格,面向当代社会生活的新型儒学。当然,就回溯传统、面向当代的两个要求而言,我们需要承认的是,徐复观的新儒学思想主要只照顾到了前者,对儒学如是这样的生命智慧如何表现、落实于现代社会生活的问题还未及充分回应。也就是说,徐复观对孔子思想性格、儒学精神特质的追问无疑可堪典范、值得借鉴,我们在此借鉴的基础上还要充分思考"儒学传统如何关联当代社会生

---

① 李维武:《开辟现代新儒学走向生活世界之路——关于徐复观消解形而上学思想的再思考》,《孔子研究》2013 年第 2 期。
② 参阅拙文《形中"生活儒学"与儒学的重构》,《文史哲》2014 年第 3 期。
③ 参阅拙文《孔子之"道"与儒学重构——从朱熹、牟宗三的道统论说开去》,《湖南大学学报(社会科学版)》2014 年第 6 期。

活"的问题,我们所谓"接着讲"而非"照着讲",意义正在于此。然瑕不掩瑜,"接着徐复观讲",重建当代儒学首先正需要我们接续徐氏的思想,确立"生活化"的儒学创新路径,深度追问孔子之为孔子、儒之为儒的原创生命智慧。在此种儒学创新论启示下,"后新儒学"时代所重建的儒学应该是"向孔子思想性格回归",以儒之为儒的原创智慧为普遍规约,以人伦日用的生活实践为第一要义的当代儒学。

"依其本身之性格而创新儒学"是任何时代发展儒学所要坚持的根本原则。按照徐复观儒学创新论的要求,唯有追寻到了孔子之为孔子、儒学之为儒学的原创生命智慧后,我们始能进一步展开儒学传统当代转化创新的思考。就返归儒学传统本身的思想性格而创新儒学来说,现代新儒家主流的那种形上化的儒学显然未能切中儒学传统的生命智慧,失却了儒家的真精神。那种形上化儒学最大的偏失在于对"生活世界"的遗忘,从而使其流为难为大众亲近的理论儒学、"哲学儒学"。我们知道,"就哲学的层面而言,对经验世界的关注,是避免各种抽象思辨的重要途径;如果完全无视经验世界,便很容易陷入思辨的幻觉。在这一意义上,道和器的统一、形上和形下的沟通,是我们理解现实世界的一个重要方面"[①]。因此,"后新儒学"时代重建儒学须先扭转现代新儒学主流之形上化的儒学诠释创新路径,在"生活化"的方向指引下,重新回归孔子、面向儒学传统本身,深度追问儒学传统的原创生命智慧,充分开显和光大儒家道器为一、即体即用、形上与形下相圆融、超越世界和生活世界相贯通的精神特质。

---

① 杨国荣:《哲学的视域》,生活·读书·新知三联书店2014年版,第76页;杨国荣:《形上学·成人·规范·知识·价值——对"史与思"学术会议中若干问题的回应》,《哲学分析》2011年第5期;杨国荣、戴兆国:《哲学形上学的返本与开新——杨国荣教授学术访谈录》,《安徽师范大学学报(人文社会科学版)》2015年第1期。

第二章 日用即道——儒学传统生命智慧的追寻与定位

在"理一分殊"的视域下,"后新儒学"时代重建儒学的基本要求是回溯传统、面向当代,回归儒学本真的精神(返本),以儒学本真的精神回应现实社会问题,实现儒学传统与当代生活的关联(开新)。在"理一"的哲理精神启示下,儒学重建起点性的理论工作就是追寻孔子之为孔子,儒之为儒的生命智慧、精神特质(理一)。具体地说,就是回到儒学传统本身,回归孔子,深度追问儒学这一文明传统的原创生命智慧,准确把握孔子儒学的"思想性格",论证和坚持其最基本的性格、最关键的承诺。正如成中英所认为的,重建儒学"必须面对如何了解传统儒家的特质和功能""必须认识古典儒学的思想与根源"[①]。

为此,我们先在一种纵向的叙事下,从孔子儒学"即凡而圣"的义理精神说到《中庸》"极高明而道中庸"的思想睿智;从阳明、王艮"不离日用常行"话良知讲到现代新儒家点出的"内在超越"论,追寻到了儒学传统贯通超越理想和生活日用(日用即道)的生

[①] 成中英:《知识与价值》,载李翔海编《成中英新儒学论著辑要》,中国广播电视出版社1996年版,第329、323页。

命智慧。① 另外，我们还通过与轴心时代其他文明传统的横向比较，进一步凸显出儒家这种"即凡俗而神圣"的精神特质。就儒家"天人合一""极高明而道中庸""道不远人""道器不离""日用即道"等话语而言，我们认为，"日用即道"一语最能切中儒学传统的这种独特精神魅力。"日用即道"虽是明代泰州学派开创者王艮明确提出的思想主张，但它却是儒家这一精神文明传统本身所内蕴和传承的独特生命智慧。若以"日用"代表生活世界，以"道"代表超越世界，那么，一个"即"字最是分明地点明了儒家兼顾"超越性"（宗教性）和"生活性"（世俗性）的生命智慧。

可以说，儒学传统以"日用即道"为内在规约，其精神特质主要在于"百姓日用"和"道"的相即不离、圆融无碍：一方面，是以"道"来升华"百姓日用"，使庸碌平凡的"百姓日用"获得意义支撑；另一方面，又教人在"百姓日用"中来感悟"道"，使"道"可以真切得寻。概而言之，儒学就是以"日用即道"为内在生命智慧的百姓日用之学，它既为人伦日用开出一个价值理想方向（道、仁、圣贤、君子），使凡俗生活获得意义提升，同时又为实现这一价值理想开出一个切己在人的工夫路径（克己复礼为仁、尽伦为圣、事上磨炼、即事是道），"使得人人有个作圣之路"。儒学传统这种超越理想与生活日用通而为一，超越与内在平衡互动的精神特质中所蕴藏的，正是当下建构面向生活的儒学所亟待开发的思想资源。接续儒家兼顾超越性和生活性的生命智慧，创造性诠释其"日用即道"的思想睿智，势必能对我们思考和回应"儒家思想如何关联当代生活"的问题提供有益的借鉴和指引。

---

① 应该说，这种义理精神不仅在孔子、阳明、王艮、现代新儒家那里得到了淋漓尽致的演绎和发挥，它在孟荀、董子、程朱等大儒的思想系统中也有相当的表达和展现。孟子谓"圣人，人伦之至"，荀子说"尽伦为圣"，明道讲"道器为一"，朱熹对"日用工夫"的重视等皆是例证。可以说，这是儒家一以贯之、相沿不辍的思想传统，是儒之为儒的真精神所在，完全离却这一深层内核我们很难想象儒家是否还成其为儒家。对此，下文还有进一步的说明。

第一节 儒学传统生命智慧的追寻

"后新儒学"时代重建儒学的基本要求是回溯传统和面向当代。所谓回溯传统,就是回归孔子,深度追问儒学这一文明传统的原创生命智慧,准确把握孔子儒学的"思想性格",论证和坚持其最基本的性格、最关键的承诺。为此,我们在一种纵向的叙事下,从孔子儒学"即凡而圣"的义理精神说到《中庸》"极高明而道中庸"的思想睿智;从阳明、王艮"不离日用常行"话良知讲到现代新儒家点出的"内在超越"论,追寻到了儒学传统贯通超越理想和生活日用(日用即道)的生命智慧。

一 "即凡而圣"——孔子与儒学生命精神的奠基

在周文疲敝、礼乐不兴的时代语境下,孔子"述而有作",纳仁于礼开创了儒学。"礼"是其"述"中得,"仁"是"自家体贴出来",而所谓"纳仁于礼"就是指孔子为日用常行的"礼"开出了"仁"的价值理想方向。"一方面以仁释礼,另一方面又强调以礼来外化仁、落实仁。仁、礼不偏废,内外合为一;'仁'是内化的'礼','礼'是外化的'仁',两者和谐互动、感通为一。"[①] 由此,仁礼合一构成孔子儒学的主要思想精神,而这种仁礼合一之学所包蕴的是儒家"即凡而圣"的生命智慧——"仁"的价值理想与"礼"的日用常行既有所分际又圆融为一。这主要表现在:一方面,"仁"(圣)作为一种超越的道德理想和价值追求,孔子并不轻易地以之许人,更不以之自许。他说:

> 子曰:"圣人,吾不得而见之矣;得见君子者,斯可矣。"

[①] 参阅拙文《孔子言说的"道"》,《光明日报》2014年8月26日第16版。

第二章 日用即道——儒学传统生命智慧的追寻与定位

子曰："若圣与仁，则吾岂敢？"①

另一方面，孔子从未把"仁"概念化、现成化，而是在生活世界的具体情境和行为实践中来指点"仁"，教人把"求仁"（成圣成贤）的道德理想落实于视听言动之间。②《论语》记载如是：

仲弓问仁。子曰："出门如见大宾，使民如承大祭。己所不欲，勿施于人。在邦无怨，在家无怨。"

司马牛问仁。子曰："仁者，其言也讱。"曰："其言也讱，斯谓之仁已乎？"子曰："为之难，言之得无讱乎？"

樊迟问仁。子曰："居处恭，执事敬，与人忠。虽之夷狄，不可弃也。"

子贡问为仁。子曰："工欲善其事，必先利其器。居是邦也，事其大夫之贤者，友其士之仁者。"

颜渊问仁。子曰："克己复礼为仁。一日克己复礼，天下归

---

① 杨伯峻译注：《论语译注》，中华书局1980年版，第73、76页。
② 史华兹指出："'仁'之中最为令人惊奇的新内容，是它并不专门指那些仅仅是潜在地存在于人身上的道德能力。它还是一种实存性的（existential）目标，孔子试图通过他的自我修养而达到。"（[美]本杰明·史华兹：《古代中国的思想世界》，程钢译，江苏人民出版社2008年版，第101页；另参见段炼《古代中国的自我认同——以"仁"为中心的考察》，《浙江学刊》2008年第2期）在孔子那里，"仁"既是内在的德性（人而不仁如礼何），又是外在的目标（仁人，或者说是圣贤、君子），而"仁"的德性的涵养，"仁"（人）的目标的实现都离不开日用人伦中"克己复礼"的礼仪实践。当然，需要特别指出的是，"仁"作为一种理想目标和价值追求，它并不是一个纯粹外在于人的对象。所谓"求仁""得仁""成仁"与其说是去达成"仁"这个目标（结果），毋宁说是表征着一个实现"仁"的无限上进的过程。人们正是在日常生活的礼仪实践中不断向"仁"靠近，进而不断实现着生活世界的超越提升和意义生成。或如有论者所说的，"'仁'作为人们追求的理想和目标并不是一个单纯的追求对象，而更多地体现为这一追求过程本身，即人的'道德努力'。如果把'仁'视为某种外在的目标，就失去其本初的意义了。……人的'道德努力'即描述了人对于'仁'的理想追求过程，是'仁者'或者'君子'在日常生活中的一种持续和积极的生存方式。也就是说，'仁'是一种理想目标，具有超越性意义，但同时又是经验性产物，是人们在日常的'道德努力'中逐渐获得的"（邵明：《孔子与人的"形上自由"》，载杨永明主编《当代儒学》第七辑，广西师范大学出版社2015年版，第64—65页）

仁焉。为仁由己,而由人乎哉?"颜渊曰:"请问其目。"子曰:"非礼勿视,非礼勿听,非礼勿言,非礼勿动。"①

所谓"克己复礼为仁"就是指在日常生活的视听言动之间来实现"仁"、成就"仁"。而正因为"仁"的达成不过是在切己的一言一行、待人接物之间"约我以礼",故人人皆可"求仁得仁""从容中道"。孔老夫子讲:"为仁由己,而由人乎哉!""人能弘道,非道弘人。""仁远乎哉?我欲仁,斯仁至矣。"②此之谓也。其实,这也是芬格莱特所说的礼的"神奇魅力"和"魔术效应"。他认为,人们纯熟地实践人类社会各种角色所要求的礼仪行为,最终便可以从容中道,使人生焕发出神奇的魅力。圣人境界就是人性在不离凡俗世界的礼仪实践中所透射出的神圣光辉。③概而言之,"即凡而圣"四字恰切地表述了孔子仁礼合一之学的生命智慧,凡俗与神圣、价值理想与生活日用相即不离是其最为显著的特点。

可见,所谓孔子"纳仁以礼""以仁释礼",并非将生活世界的礼仪实践引向主观内在的心性修炼,而是在贯通生活世界之"礼"的前提下开辟了"仁"的价值之源。或如有论者指出的,"孔子时代,礼坏乐崩,礼乐所支撑的意义之源、价值之泉已然塌陷。作为站在时代前沿的孔子,面临着的最大挑战是如何重构意义之源、价值之泉,以使生民能安其分、守其己,行有所规,动有所范,从而安顿生活、坚定自身。既然由礼乐所撑开的意义之源、价值之泉已'崩坏'、塌陷,孔子必须另辟蹊径,以重新开拓意义之源、价值之泉。从何处开拓意义之源、价值之泉?孔子恰恰从最平凡、最庸常处——'日常生活'开启了意义之源、价值之泉。在此意义上,孔

---

① 杨伯峻译注:《论语译注》,中华书局1980年版,第123、124、140、163、123页。

② 杨伯峻译注:《论语译注》,中华书局1980年版,第168、74页。

③ [美]赫伯特·芬格莱特:《孔子——即凡而圣》,彭国翔、张华译,江苏人民出版社2002年版,第1—13页。

子思想的宗旨就是开拓'生活场域'"①。美国学者安乐哲也说："儒家思想有重要的理论建构，但其真正价值仍然在于它直接本于人生的实际生活本身。……因为它不依靠形上学的假设或信仰，反而本着日常活动去寻求增加个人价值之机遇。……孔夫子本着日常生活中最为基本而又持久的事情建立其学说，诸如父子、兄弟、朋友之间的孝、悌、信用活动之类。"②

孔子的以上思路在《中庸》中得到了更加淋漓的体现。人与道的关系是《中庸》所关注的中心问题之一，而其立论的基点，则是道非超然于人。"道不远人。人之为道而远人，不可以为道。"道并不是与人隔绝的存在，离开了人的为道过程，道就只是抽象思辨的对象，难于呈现其真切实在性。而所谓为道，则具体展开于日常的庸言庸行："君子之道，造端乎夫妇；及其至也，察乎天地。"道固然具有普遍性的品格，但它唯有在人的在世过程中才能扬弃其超越性，并向人敞开。正是在此意义上，《中庸》强调"极高明而道中庸"。中即无过无不及，"庸者，常也"。极高明意味着走向普遍之道，道中庸则表明这一过程即完成于人在生活世界中的日用常行。③可见，《中庸》"极高明而道中庸"的思想精神亦最能体现儒家传统"即凡而圣"的生命智慧。

二 "日用即道"——良知学从阳明到王艮的发展

孔子、子思以后，儒学传统内较能接上儒家"极高明而道中庸"之思想睿智的是明儒王阳明和王艮。与孔子的仁礼合一之学一样，以"良知"和"致良知"的和合为一为内在特质的阳明学所透显出的正是儒家这种"即凡而圣""日用即道"的生命智慧。首先，王

---

① 马寄：《"生活场域"——孔子"乐"思想探微》，《信阳师范学院学报》2011年第5期。
② [美] 安乐哲：《儒学与杜威实用主义关于"人"概念的对话》，载尼山圣源书院编《尼山铎声："当代儒学创新发展"专题》，人民出版社2013年版，第200—201页。
③ 杨国荣：《儒学的形上意义》，《时代与思潮》1998年第1期。

阳明强调"良知即天理",这同程朱一样是把天理(良知)作为儒家价值的终极依据和超越根源,也是程朱陆王同属宋明理学这一思想潮流的主要理由。阳明说:

> 良知是天理之昭明灵觉处,故良知即是天理。①
> 吾心之良知,即所谓天理也。②

其次,与程朱不同的是,阳明"致良知"之教所实现的是本体与工夫的圆融,③ 是教人事上磨炼,于日用常行中实现良知,这更突出真切可行的实践工夫,更贴近庶民大众的日常生活。也就是说,阳明"致良知"的工夫路径完全不同于程朱"即物穷理""格物致知"的体验,亦不是专为公卿大夫设教立言。他说:

> 若鄙人所谓致知格物者,致吾心之良知于事事物物也。……致吾心良知之天理于事事物物,则事事物物皆得其理矣。致吾心之良知者,致知也。事事物物皆得其理者,格物也,是合心与理而为一者也。④
> 随时就事上致其良知,便是"格物"。⑤
> 我这里言格物,自童子以至圣人,皆是此等工夫。如此格物,虽卖柴人亦是作得,虽公卿大夫以至天子,皆是如此作。⑥

---

① 《王阳明全集》卷二《答欧阳崇一》,上海古籍出版社2011年版,第81页。
② 《王阳明全集》卷二《答顾东桥书》,上海古籍出版社2011年版,第51页。
③ 张立文先生指出,阳明讲"吾平生讲学,只是致良知三字",此三字确揭出了王氏孜孜追求本体与工夫一齐收摄的简易贴切的表述形式。致良知,即本体即工夫,本体与工夫和合,一齐圆融,双双呈现。"合著本体,方是工夫;做得工夫,方是本体。"(张立文:《宋明理学研究》,人民出版社2002年版,第520、528页)
④ 《王阳明全集》卷二《答顾东桥书》,上海古籍出版社2011年版,第51页。
⑤ 《王阳明全集》卷二《答聂文蔚》,上海古籍出版社2011年版,第94页。
⑥ 《王阳明全集》卷三《传习录下》,上海古籍出版社2011年版,第137页。

第二章　日用即道——儒学传统生命智慧的追寻与定位

阳明的"格物"可以遍及童子、卖柴人，就是因为他能专就日常生活处指点"致良知"。他说："故致此良知之真诚恻怛以事亲，便是孝；致此良知之真诚恻怛以从兄，便是弟；致此良知之真诚恻怛以事君，便是忠，只是一个良知，一个真诚恻怛。"① "以此纯乎天理之心，发之事父便是孝，发之事君便是忠，发之交友治民便是信与仁，只在此心'去人欲，存天理'上用功便是。"② 这里，"致良知"所关联的是"事亲""从兄""事君""交友""治民"的日用常行。阳明所谓的"事上磨炼"，正是要教人将致良知落实于人情俗事、衣食住行之间，在人伦日用与洒扫应对进退之间进行工夫实践。其言如是：

良知只在声色货利上用功，能致得良知，精精明明，毫发无蔽，则声、色、货、利之交，无非天则流行矣。③

盖日用之间，见闻酬酢，虽千头万绪，莫非良知之发用流行，除却见闻酬酢，亦无良知可致矣。④

今时同志中，虽皆知得良知无所不在，一涉应酬，便又将人情物理与良知看作两事，此诚不可以不察。⑤

他还明言："人须在事上磨炼，做工夫乃有益。"所谓"事"上做工夫就是在自家生活日用、凡事俗物上实现"圣"的提升（即凡而圣）。农人通过播种耕作，工匠通过生产制造，商贾通过商业经营，官吏通过行政公务来修行，"虽终日做买卖，不害其为圣为贤"；"何尝教尔离了簿书讼狱，悬空去讲学？尔既有官司之事，便从官司的事上为学。……簿书讼狱之间，无非实学，若离了事物为

---

① 《王阳明全集》卷二《答聂文蔚》，上海古籍出版社2011年版，第95—96页。
② 《王阳明全集》卷一《传习录上》，上海古籍出版社2011年版，第3页。
③ 《王阳明全集》卷三《传习录下》，上海古籍出版社2011年版，第139页。
④ 《王阳明全集》卷二《答欧阳崇一》，上海古籍出版社2011年版，第81页。
⑤ 《王阳明全集》卷六《答魏师说》，上海古籍出版社2011年版，第242页。

学,却是着空。"① 人人皆可通过士、农、工、商之业,分别在各自日常行为的环境中正确地发挥其社会作用,将生活常态纳于道德修养内,将社会关系纳入道德秩序中,这就是事上磨炼的目的。阳明提出在事上磨炼的"致良知"为"愚夫愚妇"开具了一条真切实际、平实切近、贴近经验生活的修德路径,而在日用常行中展开的道德实践显然比程朱格致用敬的玄妙工夫要来得亲切自然,来得简易直接。

由此,阳明不仅为"愚夫愚妇"确立了天理良知的价值理想,更重要的是,同时为此开出了"致良知""事上磨炼"这样一条平实切己、贴近百姓生活的实现路径。黄宗羲说:"自姚江指点出'良知人人现在,一反观而自得',便人人有个作圣之路。"② 意义在此。既然人人都能在凡俗生活的人伦日用中致得"良知",有此"良知"的依凭,有此"致良知"的具体路径,自然是"满街圣人""人皆尧舜"。因此,实现生活世界与价值世界的贯通,于人伦日用中点出一条成圣成贤之路,是阳明良知学最主要的思想贡献。"阳明思想的一个重要特征正是,它可以诉诸每个人的日常生活经验来解读之、体验之、践履之。"③ 阳明讲"不离日用常行内,直造先天未画前",不仅是其学问精神的最好注脚,也道出了儒家超越理想与生活日用通为一体(日用即道)的生命智慧。

王阳明以后,王门高弟王艮将王阳明那种"不离日用常行"话良知的思想精神推向极致,倡言"日用即道""日用良知",更加拓展和深化了阳明良知学的平民化、生活化方向,使其可以遍及平民大众,为"愚夫愚妇与知能行"。一方面,王艮接续阳明,以"百姓日用"来指点、发挥良知,强调"日用"与"良知"(道)的圆

---

① 《王阳明全集》卷三《传习录下》,上海古籍出版社2011年版,第107—108页。
② 《明儒学案》卷十《姚江学案》,浙江古籍出版社1985年版,第197页。
③ 林丹:《日用即道——王阳明哲学的现象学阐释》,光明日报出版社2012年版,第69页;林丹:《日用即道——王阳明思想中的"形而上"与"形而下"在生活中的贯通》,《中州学刊》2010年第2期。

第二章　日用即道——儒学传统生命智慧的追寻与定位

融。据《年谱》记载：

> 四十二岁……多指百姓日用，以发明良知之学。大意谓百姓日用条理处，即是圣人条理处。
>
> 四十六岁……集同门讲于书院，先生言百姓日用是道。初闻多不信。先生指童仆之往来，视听持行泛应动作处，不假安排，俱是顺帝之则……一时学者有省。
>
> 四十九岁。是年，四方从游日众，相与发挥百姓日用之学，甚悉。
>
> 五十一岁……以日用见在指点良知。①

这里，王艮继承发展了阳明良知学所开显的"日用即道"的生命智慧，"以日用见在指点良知"，发挥百姓日用之学，教人将"致良知"（求道）的工夫实践具体落实于人伦日用之间。"良知天性，往古来今，人人具足，人伦日用之间举措之耳。"② 为此，他在阳明"事上磨炼"思想的基础上，提出了"即事是学，即事之道"③的著名命题。因为人们可以在人伦日用的具体事务中实现"良知"和成就"道"，所以王艮不仅像王阳明一样也主张"满街都是圣人""人皆可为尧舜"，而且还另有"圣学好学""即乐是学"等思想主张。其言如是：

> 天下之学，唯有圣人之学好学，不费些子气力，有无边快乐；若费些子气力，便不是圣人之学，便不乐。④

---

① 《明儒王心斋先生遗集》卷三《年谱》，江苏教育出版社2001年版，第71—73页。
② 《明儒王心斋先生遗集》卷二《诗文杂著·答朱思斋明府》，江苏教育出版社2001年版，第47页。
③ 《明儒王心斋先生遗集》卷一《语录》，江苏教育出版社2001年版，第13页。
④ 《明儒王心斋先生遗集》卷一《语录》，江苏教育出版社2001年版，第5页。

乐是乐此学，学是学此乐。不乐不是学，不学不是乐；乐便然后学，学便然后乐。乐是学，学是乐。①

另一方面，王艮其学不同于阳明，而较为泰州学派之思想特色者，是将精英化与大众化并存的阳明学彻底扭向"愚夫愚妇"一边，使其所开创的泰州学派真正成为一个平民化的儒学派别。我们知道，阳明虽在理想层面承认愚夫愚妇也有"良知良能"，他说："良知良能，愚夫愚妇与圣人同。"② "与愚夫愚妇同的，是谓同德；与愚夫愚妇异的，是谓异端。"③ 但在现实层面他又强调圣与凡的区隔，认为只有圣人能致得良知，"惟圣人能致其良知，而愚夫愚妇不能致，此圣愚之不所由分也"④。与阳明不同，王艮强调"自身之日用条理处与圣人同"，认为在生活日用的现实层面亦没有圣人、百姓的巨大差异，"愚夫愚妇"同样也能知能行"圣人之道"。他说：

圣人之道无异于百姓日用。凡有异者，皆谓之异端。⑤

愚夫愚妇与知能行便是道，与鸢飞鱼跃同一活泼泼地，则知性矣。⑥

百姓日用条理处，即是圣人之条理处。⑦

这样，出身平民的王艮以"愚夫愚妇"的立场来体证"道"、发挥"道"，进一步消解了"百姓之道"与"圣人之道"的对立，⑧

---

① 《明儒王心斋先生遗集》卷二《诗文杂著·乐学歌》，江苏教育出版社2001年版，第54页。
② 《王阳明全集》卷二《传习录中》，上海古籍出版社2011年版，第56页。
③ 《王阳明全集》卷三《传习录下》，上海古籍出版社2011年版，第121页。
④ 《王阳明全集》卷二《传习录中》，上海古籍出版社2011年版，第56页。
⑤ 《明儒王心斋先生遗集》卷一《语录》，江苏教育出版社2001年版，第10页。
⑥ 《明儒王心斋先生遗集》卷一《语录》，江苏教育出版社2001年版，第6页。
⑦ 《明儒王心斋先生遗集》卷一《语录》，江苏教育出版社2001年版，第10页。
⑧ 参阅蒋国保《消解"百姓之道"与"圣人之道"的对立——王艮儒学民间化蕲向之新探讨》，《石河子大学学报（哲学社会科学版）》2013年第2期。

使王阳明的良知学打开了面向庶民大众的思想通道。可以说，王艮所承自阳明者主要是就日用生活处指点良知的思想智慧，而其所超越阳明者是使良知学的范围由少数知识精英（圣人）而推及庶民大众。平民百姓能够接受王艮的生活日用之学，从其教学中获得生命启示，除了学习的内容简易平实，接近于百姓日常生活现实之外，更重要的是王艮的教学满足了农工商群体的精神需求。平民阶层通过学习，不仅认识了仁爱、孝悌的道德伦理，主动承担起家庭与社会的责任，也形成了乐天达观的人生观，找到了从事农工商活动、应对艰苦生活的思想武器。从此，繁重琐碎的日常生活不再庸庸碌碌，不再单纯是为了满足个人或小家庭的利欲而奔走，随着良知的觉醒，个人的自我意识极大地扩展了，人生有了新的目标和动力。[①]

从王阳明于百死千难中寻得"良知"到王艮以平民立场"发明"百姓日用之学，宋明理学终于实现了"生活化儒学"（能知）到"儒学生活化"（能行）的转变。也就是说，阳明比之于朱熹是开显了宋明理学的"生活化"基调，而王艮比之于阳明是在其"生活化"外，又别开宋明理学的"平民化"（民间化）基调。王艮讲"百姓日用即道"[②]，这里，"百姓"二字甚为关键，一语点明了阳明、心斋的学术差异。然二者完全一致的是，无论是阳明讲"不离日用常行内"，还是王艮说"百姓日用即道"，他们所接续和阐扬的正是儒家这一精神文明传统本身所深蕴的"日用即道"的生命智慧，是对先秦孔子儒学"即凡而圣"之思想精神的复归。

三 "内在超越"——新儒家诠释儒学传统的思想范式

作为"接着宋明讲"的儒学新思潮，现代新儒家也多能切中阳明、王艮日用即道的睿智，这集中体现在其所阐发的"内在超越"

[①] 宣朝庆：《泰州学派的精神世界与乡村建设》，中华书局2010年版，第94页。
[②] "百姓日用即道"出自黄宗羲的记述，《心斋年谱》原文为"百姓日用是道"。（《明儒王心斋先生遗集》卷三《年谱》，江苏教育出版社2001年版，第72页）

(Immanent Transcendence) 说上。"内在超越"是新儒家学人诠释儒学传统的常用思想范式，张君劢、唐君毅、牟宗三、杜维明①、成中英、刘述先等对此皆有创发。其中，尤以牟宗三先生所论最为精彩深刻而颇具代表性。在牟看来，儒学作为一种讲求性命与天道贯通、兼具宗教与道德的精神传统，"内在而超越"是其所深蕴的独特生命智慧所在。他说："天道高高在上，有超越的意义。天道贯注于人身之时，又内在于人而为人的性，这时天道又是内在的。……天道一方面是超越的，另一方面又是内在的。天道既超越又内在，此时可谓兼具宗教与道德的意味，宗教重超越义，而道德重内在义。"② 还说："必其（儒学）不舍离人伦而经由人伦以印证并肯定一真善美'神性之实'或'价值之源'，即一普遍的道德实体，而后可以成为宗教。此普遍的道德实体，吾人不说为'出世间法'，而只说为超越实体。然亦超越亦内在，并不隔离。"③

不难发现，牟氏"内在超越"说所开显和接续的，正是儒家从孔子、子思开始，经由明道、阳明、心斋等拓展的，超越世界与现实世界沟通为一的义理精神。单就儒学传统本身所体现这种思想智慧而言，新儒家"自家体贴出来"的"内在超越"说，无疑与古典儒学的传统话语"天人合一""道器不离""日用即道"等一样，也颇能扼要表达出这样一层意蕴。然而这里尤其需要注意的是，囿于回应西方基督教文化挑战的特殊历史机缘，现代新儒家所阐扬的"内在超越"说，事实上更多凸显的是儒学传统的宗教性、超越性的面向。④

---

① 参阅周红《儒学宗教性问题研究》，博士学位论文，黑龙江大学，2010年，第111—132页。

② 牟宗三：《中国哲学的特质》，学生书局1974年版，第30—31页；另参见郑家栋《儒家思想的宗教性问题（下）》，《孔子研究》1996年第3期；徐福来、林辉、李雪《从孔子的"仁与天道"看儒家的"内在超越"精神》，《江西社会科学》2007年第9期。

③ 牟宗三：《生命的学问》，三民书局1970年版，第74页。

④ 白诗朗也认为："对儒家之道宗教向度的详尽检讨和解释，从未像在儒家传统的第六阶段（现代新儒学）那样，成为如今被称为现代新儒家的那一批学者们研究主题的当务之急。"（[美]白诗朗：《普天之下——儒耶对话中的典范转化》，彭国翔译，河北人民出版社2006年版，第154页）

也就是说，新儒家学人费思劳神证明儒家"内在超越"的系统性格，其主要理论追求在于确认儒家表现超越的"别样性"，争取与外在超越式的基督教有同属于"教"的平等对话资格。正如有论者指出的，在面临西方以基督教传统为主的文化的冲击和思索中国社会及文化整合和发展方向等问题时，新儒家不得不对"儒学是否为宗教"做出回应，而不断强调和凸显儒家思想的超越意识和宗教精神就是这样一种"应对之策"。此两者的关系在新儒家那里可以表述为：儒学的宗教性，乃是立足于儒学"内在超越"的特性，而不是立足于西方宗教的标准。①

无论是牟宗三揭示儒家"内在超越"的精神特质，还是杜维明从《中庸》切入讨论儒家的宗教性，抑或刘述先创造性地诠释"理一分殊""两行之理"等论旨，皆应同纳于上述视野下来考察理解。直接来说，现代新儒家的"内在超越"说虽在概念表述上深合儒家超越世界与生活世界相贯通的生命智慧，然就内容实质来看，新儒家本身的学说体系中并未充分展现儒家这种兼摄"超越性"和"生活性"的义理精神。相比而言，倒是杜维明的"内在超越"说，在阐明儒家宗教超越精神的同时，更多地关照到了其贴近生活日用的一面。由此，以下我们仅以杜的"内在超越"说为讨论对象，为儒家传统圆融人伦日用和超越理想的生命智慧寻求一种现代表现上的例证。

杜维明的"内在超越"说多有承自牟氏之处，他继承了牟宗三"（儒家）兼具宗教和道德""人文教"等说法，以"即宗教即哲学"释儒学传统。最重要的是，他还深化了牟氏"经由人伦以印证并肯定'价值之源'"的论说，扭转其从天道论"超越又内在"的方向，而改由从生活世界中的"人"的角度展开论说，从而进一步拓展了新儒家"内在超越"说"生活化"的面向，使其能够更加彰显儒学传统超越世界与生活世界相贯通的智慧。

---

① 奚刘琴：《第三代新儒家的儒学诠释与创新》，中国社会科学出版社2011年版，第25页。

杜维明常以宗教和哲学两个维度来考察儒家思想,认为它是"非宗教、非哲学,亦宗教、亦哲学"的精神传统。"如果仅把儒家当作一种哲学,一种理智的思辨,一种纯智的解析,一种逻辑的争论,一种思想的厘清,那么儒家的体验精神就会被忽略;如果仅把儒学当作一种宗教,一种直觉的体验,一种灵魂的信仰,一种绝对的皈依,一种感情的超升,那么儒家的学术精神就会被贬低。"[1] 其所以如此立说,就是要强调儒家统一哲学思辨和宗教体验,兼顾理智解析和精神皈依的特质。他还说:"儒家哲学的思辨是'实学',是要在具体生命的气质变化中表现出来的。儒家的宗教体验,是要在人性的智慧关照之下成就人伦社会的圣贤大业的。这种'极高明而道中庸'的体验哲学或智性哲学——也就是'宗教—哲学'(Religion-philosophy),只能在哲学与宗教的交汇处与共通处找到安心立命的'场所'。"[2] 这种"极高明而道中庸"的体验哲学具有上求契合于天,下不离"百姓日用"的思想特征,体现出一种"超越而内在"[3]的独特生命智慧。

何为"内在超越"?杜维明不同于牟宗三由"性命天道"处说,而是改从生活日用处立言。杜维明认为,儒家的"内在超越"是指儒家哲学把最高的哲理和最平实、最简单、最容易为大家所理解的凡世的日常生活结合起来。一方面,儒家是离不开世俗生活的,具有世俗主义的倾向;另一方面,"儒家的宗教性就是要在这个所谓凡俗的世界里面体现其神圣性,把它的限制转化成个人乃至群体超升

---

[1] 杜维明:《儒家心性之学——论中国哲学和宗教的途径问题》,载《人文心灵的震荡》,《杜维明文集》(卷1),武汉大学出版社2002年版,第166页。

[2] 杜维明:《儒家心性之学——论中国哲学和宗教的途径问题》,载《人文心灵的震荡》,《杜维明文集》(卷1),武汉大学出版社2002年版,第166页。另参阅奚刘琴《杜维明论"内在超越"与儒学的宗教性》,《福建论坛(人文社会科学版)》2009年第8期。

[3] 杜维明:《超越而内在——儒家精神方向的特色》,载《儒学第三期发展的前景问题》,《杜维明文集》(卷1),武汉大学出版社2002年版,第340页。

的助源，把 conditionality 变成 re-source"①。也就是说，一个具体的人，总要生活在凡俗世界之中，但对一个真正的儒者而言，要求他内在于凡俗世界之中，实现"终极的自我转化"②。这种转化，就是通过日常生活返躬求证的内在体验，以及现实社会里的修身齐家治国平天下，从而达到"赞天地之化育""天人合一"的境界。如是这样，儒家在人伦日用间体现终极关怀的价值取向，在日常生活中体现生命的终极意义，显示了一种极其开阔与包容的人文精神。③ 可以说，"在人伦日用间体现终极关怀，在日常生活中体现终极意义"正是杜氏"内在超越"说的主要内涵所在。

杜维明还以《中庸》为例，系统论证了儒家的这种内在超越的特性。他从"君子""政""诚"三个概念入手，将之分别与儒家的"圣贤人格""信赖社群"和"道德形而上学"三种人文精神相对应。其中，"君子"推崇人道与天道的合一，将天道一方面体现于人间的日常事务之中，另一方面又植根于天所赋予的人性之中，而君子的所作所为，就是要在日常生活中"体现人的普遍存在中所蕴涵的终极意义"。在杜看来，"君子"要把社群的所有层面（家庭、邻里、宗族、民族、世界、宇宙）都整合进自我转化的过程之中，在人伦关系（社群）中完成修身，实现内在道德和精神的转化，最终达到合一天人的形上境界，使人伦日用的日常存在本身焕发终极意义。他说："如果君子想要体现人的日常存在的终极意义，他就不能轻视人际关系。"④ 其言下之意在于强调，"君子"要完成内在而超越，使日常存在开显神圣意义，应将修身（尽性）置于生活世界具

---

① 杜维明：《儒学的超越性及其宗教向度》，载《宗教问题》，《杜维明文集》（卷4），武汉大学出版社2002年版，第536页。
② 杜维明：《论儒学的宗教性——对〈中庸〉的现代诠释》，《杜维明文集》（卷3），武汉大学出版社2002年版，第461页。
③ 奚刘琴：《杜维明论"内在超越"与儒学的宗教性》，《福建论坛（人文社会科学版）》2009年第8期。
④ 杜维明：《论儒学的宗教性——对〈中庸〉的现代诠释》，《杜维明文集》（卷3），武汉大学出版社2002年版，第409页。

体而实存的人伦关系中（尽伦），把成圣成贤的修养工夫落实于日用人伦之间。正是有鉴于此，我们认为，杜维明的"内在超越"说更能切中儒家传统兼顾超越性和生活性的精神特质，可谓儒家生命智慧的一种现代回响。[①]

第二节 比较文明视野下的儒学传统

上面我们从孔子一直说到现代新儒家，在纵向叙事下基本厘清了儒家贯通超越理想和人伦日用的义理精神。倘再将儒家思想与轴心时代的其他文明传统做一番横向比较，就更能彰显其独特的思想魅力。大致说来，一种精神传统（哲学、宗教）要有批判现实、改造社会、提升人格的向上动力，就需要掘发和护持一个超乎经验世界和现实生活之上的"理想世界"。倘无此超越期向，我们的人生便没有动力和方向可言。在凡俗世界之外另寻这样一个神圣世界，正是轴心时代的文明特色所在。轴心文明共同的价值取向，就是提出了"超越突破""第二序思考"等观念。柏拉图的"理念论"哲学，犹太教对信仰的终极关切的反思，基督教讲"上帝是绝对的他在"，印度文化中的"梵天"以及佛教"空"的哲学……所表达的正是这样一种超越性的诉求。

专就西方文化而言，以柏拉图主义为代表，西方哲学从柏拉图到黑格尔所发展的形上学，其主要特点就是感性（现象）与超感性（本体）"两个世界"的划分，并强调超感性世界（本体界）的绝对性和第一性。怀特海说，"一部西方哲学史都是柏拉图的注脚"，其着眼点正在于强调柏拉图理念论的"二世界"哲学奠定了西方哲学的基调。其中，笛卡尔、康德的哲学最是这种"注脚"的有力说明。

[①] 杜维明对儒学宗教性"内在而超越"的特点的论述，可参阅魏彩霞《全球化时代中的儒学创新——杜维明的现代新儒学思想》，博士学位论文，浙江大学，2003年，第85页。

笛卡尔理性主义的二元论哲学，神圣与凡俗、身与心、灵魂和形体、精神和物质等都是截然二分的。他把上帝称为绝对的实体，说它用一个模子即天意创造了两个相对的实体：灵魂和形体。灵魂的属性是思想，形体的属性是广延。这两个相对实体彼此独立，互不依赖，各行其是。"我们清清楚楚地理会到心灵，即思想的本体，并不带着形体，即伸张的本体；另一方面我们也清清楚楚地理会到形体，并不带着心灵。"① 柏拉图"理念论"的"二世界"哲学，强调美、善的东西和美、善本身的区分。"就是一方面我们说有许多美的东西、善的东西存在，并且说每一种美的、善的东西又都有多个，我们在给它们下定义时也是用复数形式的词语表达的；另一方面，我们又曾说过，有一个美本身、善本身，以及一切诸如此类者本身；相应于上述每一组多个的东西，我们又都假定了一个单一的理念，假定它是一个统一者，而称它为每一个体的实在。"② 与此相类，康德哲学的整个架构也表现出这种对现象和"物自体"的区分（借用牟宗三的话语是"现象"和"物自身"），最能反映西方哲学两个世界紧张与分裂的特质。他既承认人受经验世界一切规律的支配，又划出一个自由、自主的价值世界。这两个世界，一方面是事实世界、必然世界，另一方面是价值世界、自由世界，最后统一在"上帝"这个观念之下。他还认为，"智的直觉"只能归于上帝，只有上帝才能完全知道本体或"物自体"，人的理性只能使人知道现象界而不能及本体界，这便是其著名的"物自体不可知"论。在为上帝保留地位的同时，两个世界的紧张与分裂也愈加突出而明显。

另外，从西方宗教来看，基督教"上帝绝对他在"（wholly other）的论断是其超越精神的主要表达。在这种宗教文化传统中，"上帝之城"与"俗世之城"是二分的，它一定要把宗教的活动与俗世

---

① ［法］笛卡尔：《谈谈方法》，王太庆译，商务印书馆2000年版，第94页。
② ［古希腊］柏拉图：《理想国》，郭斌和、张竹明译，商务印书馆2013年版，第266—267页。另参阅李革新《止于至善——论柏拉图政治哲学中的善恶观》，《同济大学学报（社会科学版）》2012年第2期。

的活动分开,"上帝的归上帝,凯撒的归凯撒";并认为要靠对基督的信仰、通过他力才能够得到救赎,而追随耶稣基督就得放弃自己的家庭父母,两方面形成了互相对立的两极,他世的追求与现世的眷恋变得难于两全其美。因为此"绝对他在"的上帝是西方的价值源头,意义保障,因此当尼采宣布"上帝死亡"时,不少宗教道德哲学家要积极做出回应,毕竟如果上帝不存在,价值之源被斩断,生命便无意义可言,那么整个西方的价值系统就会崩溃。

然而,在儒家思想之中,我们却找不到这种"二世界"分离、对立的思想痕迹。儒家的精神特质似乎不合乎轴心文明的普遍动向,它没有犹太教、基督教文化表现的排斥性二分法,排斥性二分法是非此即彼,而非排斥性二分法是亦此亦彼。① 儒家虽有"超越世界"和"现实世界"的区分,却以之为一种既分际又统一的关系。儒家强调"即凡而圣""日用即道",一个"即"字就形象贴切地表达出了这样一重意涵。也就是说,儒家的"天人合一""道器不离"②、"即凡而圣""日用即道",意味着"天""道"(理)、(神)圣等所象征的超越世界与"人""器""日用""凡"(俗)等所代表的生活世界是平衡互动、感通为一的。从孔子的"克己复礼为仁"到孟子的"圣人,人伦之至"再到荀子的"尽伦为圣";从阳明的"事上磨炼"到王艮的"日用即道",其所体现的无不是儒学传统超越理想与人伦日用相即不离的义理精神。用现代新儒家的常用表述来说就是,儒教

---

① 杜维明:《现代精神与儒家传统》,生活·读书·新知三联书店2013年版,第88页。

② 明道言:"形而上为道,形而下为器。须著如此说。器亦道,道亦器。但得道在,不系今与后,己与人。"(《二程集·河南程氏遗书》卷一,中华书局1981年版,第4页)上引此条原本没有注明谁语,冯友兰、牟宗三、张岱年等皆公认其为明道语。(参见冯友兰《中国哲学史新编》第五册,人民出版社1988年版,第106页;牟宗三《心体与性体》第二册,正中书局1968年版,第22页;张岱年《中国哲学大纲》,中国社会科学出版社1982年版,第54页)朱熹也说:"器亦道,道亦器,有分别而不相离也。"(《朱子全书》第十六册,《朱子语类》卷七十五,上海古籍出版社、安徽教育出版社2010年版,第2571页)又说:"有道须有器,有器须有道,物必有则。"(《朱子全书》第十六册,《朱子语类》卷七十五,上海古籍出版社、安徽教育出版社2010年版,第2572页)

第二章 日用即道——儒学传统生命智慧的追寻与定位

的超越是与基督教"外在超越"不同的"内在超越"。

当然，我们以儒释西，可以凸显儒家的"内在性"；然若以西释儒，儒家难免受到缺乏超越信息的质疑。从黑格尔、韦伯开始到孙隆基、郝大维、安乐哲等当代学人对孔子、儒学都有这样的"诊断"。有强烈"欧洲中心主义"立场的黑格尔在其《哲学史讲演录》中写道："孔子只是一个实际的世间智者，在他那里思辨的哲学是一点也没有的，只有一些善良的、老练的、道德的教训。"[1] 与黑格尔对孔子儒学"通俗道德"的定位一致，韦伯则在《中国的宗教——儒教与道教》中将"儒教"理解为摆脱形而上学的入世伦理，"儒教，就像佛教一般，只不过是种伦理——道，相当于印度的'法'（Dhamma）——罢了。不过，与佛教形成强烈对比的是，儒教完全是入世的（innerweltlich）俗人道德伦理。并且，儒教是要求去适应这个世界及其秩序与习俗"[2]。它缺乏超越精神，没有那种"入世苦行"改造世界的强大动力，而是力求与现实世界相妥协。他说："儒教（在意图上）是个理性的伦理，它将与此一世界的紧张性降至绝对的最低点——无论是对现世采取宗教性的贬抑、还是实际上的拒斥，都减至最低的程度。"[3] 美籍华裔学者孙隆基则对以儒家为主流的中国文化做了"没有超越，没有拯救"的判断。他认为，中国文化在结构上已经决定：它除了缺乏外求的意向之外，也同时缺乏超越的意向（二者其实是同一物）。"中国文化的现世取向，使人把生存的意向集中在世俗中，不像世界上其他的高级宗教那般，具有'超越'与'拯救'的因素"[4]，即便士大夫有一点超越的意向，也

---

[1] [德]黑格尔：《哲学史讲演录》（第1卷），贺麟、王太庆译，商务印书馆1996年版，第119页。

[2] [德]马克斯·韦伯：《中国的宗教——儒教与道教》，康乐、简惠美译，广西师范大学出版社2010年版，第213页。

[3] [德]马克斯·韦伯：《中国的宗教——儒教与道教》，康乐、简惠美译，广西师范大学出版社2010年版，第303页。

[4] [美]孙隆基：《缺乏超越和拯救——中国人的生活意向》，《书摘》2004年第10期。

不是要超越这个世界,而不过是各人自扫门前雪式的"安身"之举。① 另外,郝大维、安乐哲还从检讨现代新儒家"内在超越"说的角度,对以"超越"范式诠释孔子、儒学提出了批评和商榷。郝大维、安乐哲明确批评了"内在超越"说,认为它并不足以真正反映儒家思想的特质。安乐哲说:"孔子思想的基本预设假定是'内在性',而非'超越性'。把'超越性'应用于诠释孔子思想,其结果难免'圆凿方枘'、格格不入。"② 任剑涛在系统比较内在超越和外在超越"两类超越"后指出,断定儒家思想的特质是"内在超越"主要是迫于基督教的宗教压力和政治压力。他说:"其实,传统儒家既不追求宗教意义的超越,也不追求本体论—知识论意义上的超越。与宗教超越重视上帝与人的关系、本体论—知识论重视超验—经验架构相比,儒家思想乃是高度看重人的德性修养与境界提升的伦理体系。在现代处境中,没有必要将儒学的宗教性引为儒家价值辩护的方式。"③

上述种种论说无非是以基督教(犹太教)的"先见之明"为依据对儒学的评判。④ 倘若抛开这种单向的"文化比较",专就儒学传统本身的精神特质而言,我们虽承认以"内在超越"来确认儒家的宗教性确有"格义比附"之嫌,但这并不等于说儒学传统自身无宗教超越的意义而言。也就是说,儒耶的对话、比较应该是"双向互

---

① [美] 孙隆基:《中国文化的深层结构》,广西师范大学出版社2004年版,第389、394、395页。

② [美] 安乐哲:《孔子思想中宗教观的特色——天人合一》,《鹅湖月刊》1984年第108期;另见杨泽波《儒家天人合一思想的道德底蕴——以孟子为中心》,《天津社会科学》2006年第2期。对此,还可参阅郝大维、[美] 安乐哲《殊途同归——诠释孔子思想的三项基本预设假定》,《大陆杂志》1984年第5期;郝大维、[美] 安乐哲《孔子思想中"义"概念涵义的再检讨》,《史学评论》1984年第8期;[美] 安乐哲《中国式的超越和西方文化超越的神学论》,载[美] 安乐哲等《和而不同——中西哲学的会通》,温海明等译,北京大学出版社2009年版,第145页及以下。

③ 任剑涛:《内在超越与外在超越——宗教信仰、道德信念与秩序问题》,《中国社会科学》2012年第7期。

④ 新儒家对郝大维、安乐哲"质疑"的回应,参阅李明辉《儒家思想中的内在性与超越性》,载李明辉《当代儒学的自我转化》,中国社会科学出版社2011年版。

释"的,若只以儒释耶,批评其不能兼顾"内在";只以耶释儒,质疑其超越信息不能透显,这种"自说自话"的比较研究其实并无多少意义可言。立足于儒耶的双向比较,我们应该看到,儒家表现超越和救赎虽不及外在超越的基督教那样直接而强烈,但能将超越理想寄寓于凡俗的人伦日用中确乎是儒学传统的主要文明特色所在。就整体而言,儒学的一个基本特征恰是将关注的焦点放在世俗世界的人伦日用,但其实却并非缺乏超越的向度,而是认为超越性、神圣性以及无限的意义就寓于世俗世界之中,上引阳明"不离日用常行内,直造先天未画前"一语,最能体现儒学传统"即凡俗而神圣"的独特精神与价值取向。①

儒家强调"道不远人""极高明而道中庸""即凡而圣"和"日用即道",这意味着在儒学传统内,人伦日用的俗世活动本身就充满了神圣光辉;儒家的圣人也只是以身教来形成一种启发,令人通过自力就可以找到自我的实现(得道成圣)。这与基督教传统的"二分世界"和他力救赎形成了强烈的对比。换句话说,在"当下即是"中实现"自我圆成"正是儒家的独特生命智慧所在。无论是荀子说的"尽伦为圣"还是王艮讲的"日用即道"都是教人在生活常态、"人之常情"中实现"圣"的升华。人伦日用可以焕发神圣光辉,道德实践可以通极于宗教超越,正是中国儒学的原创智慧所在。正如唐君毅、徐复观等在《为中国文化敬告世界人士宣言》中所指出的,中国文化中虽无西方那种制度化的宗教,但这不表示中国民族只注重现实的伦理道德,缺乏宗教性的超越感情,反而证明"中国民族之宗教性的超越感情,以及宗教精神,因与其所重之伦理道德,同来源于一本之文化,而与其伦理道德之精神,遂合一而不可分"。牟宗三也说:"在儒家,道德不是停在有限的范围内,不是如西方者然以道德与宗教为对立之两阶段。道德即通无限。人而随时

---

① 彭国翔:《重建斯文——儒学与当今世界》,北京大学出版社2013年版,第106页。

随处体现此实体以成其道德行为之'纯亦不已',则其个人生命虽有限,其道德行为亦有限,然而有限即无限,此即其宗教境界。"①

伦理道德通极宗教精神(即宗教即道德),生活日用则透显出超越神圣(日用即道、即凡而圣),成就了儒家这一介于宗教和人文主义之间的"宗教性人文主义"②的传统。如果用儒家传统中"天""人"这两个核心观念来说,"天"象征着宗教性而"人"象征着人文性,则儒学最为基本的特征就是:"儒家的'天人之际'不会像西方近代的主流思想那样在'宗教'与'人文'之间建立非此即彼的二元对立关系,而是在肯定'天'与'人'之间具有本体论的一致性这一前提下,承认现实层面'天'与'人'之间存在的紧张,由此始终谋求'天''人'之间的动态平衡。在这个意义上,无论视儒家为'人文主义与宗教之间',还是将儒家传统称为一种'宗教性的人文主义',都是为了凸显其所兼具的人文主义和宗教的某些特征,同时又避免将其化约为近代西方以来居于主流地位的'人文主义'或'宗教'的其中之一。"③

可见,儒家并非拒斥超越与神圣的世俗人文主义(secular humanism),而是既有轨(人)道伦常又有宗教精神,既讲超越理想又兼顾生活日用,在世界文明系统中独树一帜的"正宗大教"(牟宗三语)。何谓"正宗大教"?王邦雄这样来定义它,其一是要开启无限向上的超越精神。超越精神就是天道、基督、佛陀,这是一定要有的;其二是安顿人间社会的轨(人)道伦常。你一方面要启发他向上超越,另一方面给他轨(人)道伦常。所以讲五伦,也可以讲第六伦,讲第七伦,甚至可以讲第八伦。我们靠儒教来安顿人间社会的轨(人)道伦常,这就叫安身立命。④ 毫无疑问,儒家(教)

---

① 牟宗三:《心体与性体》(一),正中书局1968年版,第6页。
② 彭国翔:《儒家传统——宗教和人文主义之间》,北京大学出版社2007年版。
③ 彭国翔:《重建斯文——儒学与当今世界》,北京大学出版社2013年版,第94页。
④ 王邦雄:《生命的学问十讲》,中国人民大学出版社2008年版,第73页。

就是这样一种一方面发人向上超越、成圣成仁，另一方面开出轨道伦常，"使得人人有个作圣之路"的"正宗大教"。可以说，儒家的"道"既是神圣超越之"道"，又是人伦日用之"道"（路）。圣门之精神特质恰在于它能"大开方便之门"，为每个生活世界的平凡人提供一条成圣的"简易"工夫路径——尽伦。

第三节 日用即道与儒学传统生命智慧的定位

以上我们通过纵向叙述和横向比较的综合研究方法，阐明了儒家贯通超越理想和日用常在的精神特质。历代儒家"天人合一""极高明而道中庸""道器不离""日用即道""内在超越"等论说，无不是对此种精神特质的注解。当然，比较而言，我们认为还是"日用即道"一语更能清楚直接地表现儒家兼顾"超越性"和"生活性"的特质，更能准确定位儒家传统所开显的生命智慧①。很明显，我们可以"日用"来代表现实的生活世界，而以"道"来代表超越的理想世界，一个"即"字最是分明地揭示了儒家"两个世界"圆融贯通、平衡互动的思想精神。

以"日用即道"来定位儒学传统后，我们接下来有必要对其深层意蕴进行详细深入的阐发。先要澄清的是，所谓"日用即道"，并

---

① 我们提倡以"日用即道"来定位儒学传统开显的生命智慧，除了这个理由外，还别有其他考量：其一，由于现代新儒家的"内在超越"说过于突出儒家宗教超越的意义，更何况"内在超越"说是否能成立仍是存在争议的问题。比如，安乐哲就从"超越"的严格定义出发，怀疑儒家思想是否具有这样的超越特质。（［美］安乐哲：《中国式的超越和西方文化超越的神学论》，载［美］安乐哲等《和而不同——中西哲学的会通》，温海明等译，北京大学出版社 2009 年版，第 145 页及以下）冯耀明从分析哲学的视野，论证了新儒家内在超越说的困难。（冯耀明：《"超越内在"的迷思——从分析哲学观点看当代新儒学》，香港中文大学出版社 2003 年版，第 179 页及以下）如承认内在超越说的困难，我们就有必要另立"日用即道"论来定义儒学传统贯通超越理想和生活日用的精神特质。其二，以"日用即道"论定义儒学，所体现的是一种"回顾"和"展望"双向结合的视野，既对儒学传统之精神特质做了"历史性"总结，又能对儒学的当代生活化开展提供一种"前瞻性"的指引。

非指凡俗的生活日用本身就等同于"道"。正如吴震所指出的，"即"是"相即不离"这一表示关联性的描述含义。这样一来，我们应该把"百姓日用即道"之命题理解为是对"道"的存在状态的一种描述，是对"道"与"百姓日用"之关联性的一种描述，而非实指"日用＝道"。道存在于百姓日用当中，并在人的日常行为中"如其所是"的当下呈现。尤应注意的是"如其所是"的当下呈现并不意味着"行为本身等同于道"，而应当理解为"道在行为之中而成为行为的依据"①。这就是说，"日用即道"作为儒家传统最具特色的思想标识，其真义在于"百姓日用"和"道"的相即不离、圆融无碍：既以"道"来升华"百姓日用"，使庸碌平凡的"百姓日用"获得意义支撑，又教人在"百姓日用"中来感悟"道"，使"道"可以真切得寻。以"道"注百姓日用，又在百姓日用中悟"道"方是"日用即道"的完整内涵。

具体来说，我们可以从"工夫"和"本体"两个方向来理解儒家"日用即道"的全副意义。一方面，当明"日用"本身不等于"道"，如此儒家的修养工夫才有其必要。当我们把"克己复礼"的修养工夫真诚无欺地落实于日用常行时，方能"从容中道""求仁得仁"。当然，要在"日用"中寻"道"，所需要的修养工夫不只是"尽伦为圣"的道德实践，还应辅以"尽心知性知天"的心性开悟。心性开悟与道德实践相辅相成，不相偏废，以道德实践增进心性开悟，以心性觉悟指引道德实践。儒家"知行合一"之教要义在此，"依觉悟而生实践，依实践而更增觉悟，知行二者，相依而进"。由于强调"知行合一"，"故心性之学不可悬空去拟议其无限量，而只可落实于伦常日用，透过伦常日用的实践，无限之事物自然展现于吾人眼前，吾人关切之、参赞之，以印证吾人与天地万物实为一体，而更由此印证而说此心此性同时即通于天，于是人能尽心知性则知

---

① 吴震：《泰州学派研究》，中国人民大学出版社2009年版，第90—91页。

天，人之存心养性所以事天"①。在"尽心（性）"下"尽伦"，方能使"尽伦"不至于沦为被动压抑的艰苦修行；在"尽伦"下"尽心（性）"，方能使"尽心（性）"不至于变成难于践履的神秘体验。如此，以"尽心（性）"指引"尽伦"，在"尽伦"中"尽心（性）"，进而可以"知天""穷理""得道"。唯有"尽心（性）"和"尽伦"兼修，②合一"天""人"、贯通"天道""日用"，才有其现实意义可言。

另一方面，当明"道"依"人"（人伦日用）立，如此儒家的成圣成贤才有其可能。在本然意义上，道即日用，圣凡无异，天人不隔，如此儒家教人的修行和工夫不过是在习以为常、天天如是、年年如斯的伦常日用中"实实落落地做去"，得道成仁、成贤成圣不过如此。所谓"圣贤"并非实现了人性到神性的异质跳跃，而只是人性光辉的充分焕发和展现。由此我们是不是可以这样来理解儒家"人皆可以为圣"的主张，"在过程性世界中，人类经验在社会、自然和文化背景下是真正有创造性的、至高无上的，在日常事务中当下自然生发的意义本身即是神圣多样性的意义及其内容。那些成功地赋予生命以重要意义的人就是圣人，我们所有的人都有可能使自己的生命变得举足轻重"③。这就是说，也许我们永远也不可能得道成仁，不可能成为圣贤君子，但它却可以为平凡世界中的每个个体提供一种无限向上的道德实践的动力，为我们凡俗庸常的现实生活提供一种意义上的支撑和方向上的指引。诚如杜维明所指出的，儒

---

① 林安梧：《儒学革命——从"新儒学"到"后新儒学"》，商务印书馆2011年版，第37—38页。
② 方朝晖认为，儒家的修己、修身、是在人伦关系中进行的，在君臣、父子、夫妇、兄弟、朋友关系的建设中实现的。（方朝晖：《人伦重建是儒学复兴必由之路——兼论中国文化的核心价值》，载陈炎、黄玉顺主编《当代儒学》第二辑，广西师范大学出版社2012年版，第63页；方朝晖：《人伦重建是中国文化复兴的必由之路》，《文史哲》2013年第3期）上述论断，有助于我们更深入地理解"尽心"和"尽伦"的关系："尽心（性）"并非自我封闭的主观精神修炼，而是在"尽伦"过程中实现的开悟和觉解。
③ ［美］安乐哲、郝大维：《切中伦常——〈中庸〉的新诠与新译》，彭国翔译，中国社会科学出版社2011年版，第200页。

学所讲的是做人的道理。它的价值取向,在于如何使人深入身、心、灵、神各个层面进行通盘的反省;在于促进人格的无穷无尽的发展,从个人修身一直到成贤……它的意义,绝对不仅仅限于道德实践的范畴,而是有着相当浓厚的宗教内涵。因为在现实世界中,任何人都不可能成为圣人,即使孔子也不敢以圣人自居。但是,圣贤人格作为体现其超越性的最高理想,却可以激励人们进行长期不断的奋斗,成为现实世界中的人体其生命价值的内在动源。所以,真正的圣贤人格虽然我们永远也无法达到,但是它能够具体地落实到现实世界的修养工夫上来。①

孔子云:"人能弘道,非道弘人。"《中庸》谓:"道不远人,远人非道。"离却人伦日用而寻"道",无异于是舍本逐末,出不由户。得悟"道"不离人(人伦日用)之旨,方能"收拾精神,自做主宰","人"作为"弘道者"的主体性才能充分挺立起来。恰如林安悟所指,"人之弘道",是"人"之作为一个活生生的实存而言,进到世界之中,使得这世界成为一个"源泉滚滚,沛然莫之能御"的生活世界,这生活世界即是道德彰显与流出。若说"道"之彰显与流出是即寂即感的,那我们可进一步说此生活世界实不外乎此道,如此一来,我们实可以说"人"作为一个"弘道者",同时也就是契合于道,并因之而彰显此道的。在这里,我们可以发现"人""道""天地"是打成一片的,是浑然一体的,不宜分、不可分、不当分。② 牟宗三喜言:"开辟价值之源,挺立道德主体,莫过于儒,儒家之所以为儒家的本质意义就在这里。"③ 杜维明常以"终极的自我转化之道"(a way of ultimate self-transformation)来说明儒家的宗教性,其所以在斯狷恩的"终极转化之道"说外另加"自我"两

---

① 杜维明:《儒学第三期发展的前景问题——大陆讲学、答疑和讨论》,生活·读书·新知三联书店2013年版,第115—116页。
② 林安梧:《儒学革命——从"新儒学"到"后新儒学"》,商务印书馆2011年版,第180页。
③ 牟宗三:《中国哲学十九讲》,吉林出版集团有限责任公司2010年版,第54页。

字，非为标新立异，实有突出儒家重视主体性的深意所在。儒家讲"人能弘道""为仁由己""欲仁斯仁至""道不远人""人皆为圣"……最为上述论断之注脚。何以能如此立言，不正是因为儒家的"道"依"人"而立，与"人伦日用"相即不离吗？

合起来说，"日用"与"道"之间的一个"即"字所点出的是儒家和合本体和工夫的高妙智慧。即：在肯定"天"与"人""日用"和"道"之间具有本体论的一致性（所谓"天人合一""日用即道"主要就此而言）这一前提下，又承认现实层面"天"与"人""道"和"日用"之间存在的紧张，由此始终谋求"天"与"人""道"与"日用"之间的动态平衡（凸显工夫向度）。这正是安乐哲、郝大维在诠释《中庸》的"天""人"关系时所说的，"这两个范畴远不是将自身融化到那种排斥性的'自然/培养'（nature/nurture）的两分法之中，而是共生（symbiotic）和彼此蕴涵的（mutually/entailing），并且富有成果地聚合在'君子之道'之中并最终汇聚在'圣人之道'之中"[①]。

"道"和"日用"也正是这种"共生而彼此蕴涵"的关系，"道"既源于百姓日用，又高于百姓日用。一方面，因为儒家的价值理想（"道"）本于百姓日用而发，它才能为"愚夫愚妇，与知能行"，从而调节、运转、安顿每个平凡个体的生命，[②] 使儒学成为一种生命的学问，而不至于流为一套虚玄空想、晦涩难懂的高明哲理。梁漱溟讲"程明道、王阳明等绝不是想出许多道理告诉人，他们传给世人的只是他们的生活"[③]，说的就是这个道理。另一方面，因为

[①] ［美］安乐哲、郝大维：《切中伦常——〈中庸〉的新诠与新译》，彭国翔译，中国社会科学出版社2011年版，第83页。

[②] 牟宗三说："中国哲人的学问是生命的学问，而不是知识的学问。""中国哲学，从它那个通孔所发展出来的主要课题是生命，就是我们所说的生命的学问。它是以生命为它的对象，主要的用心在于如何来调节我们的生命，来运转我们的生命、安顿我们的生命。"（牟宗三：《中国哲学十九讲》，吉林出版集团有限责任公司2010年版，第14页）

[③] 梁漱溟：《孔家思想史》，《梁漱溟全集》（卷七），山东人民出版社2009年版，第74—75页。

儒家的价值理想（"道"）超于百姓日用之上，它才能作为我们的终极托付，从而开启调节生命、运转生命、安顿生命的无限向上的精神动力，使柴米油盐酱醋茶的凡俗生活获得一种精神上的注解和意义上的提升。正如刘述先所论，人困在眼前的现实之中，是难于安身立命的。我们的终极托付只能在"道"的层面，不能在"器"的层面。只有找到值得我们追求的终极关怀，我们的精神才能安顿下来，找到自己的安身立命之所。但光只顾超越而不顾内在，则不免有体而无用，浮游的超越而罔顾世人的痛苦与烦恼，如杨朱之拔一毛而利天下不为，并不能带给人真正的满足。超越与内在的两行兼顾，使我有双重的认同：我既认同于超越的道，也认同于当下的我。我是有限的，道是无限的。道的创造结穴于我，而我的创造使我复归于道的无穷。是在超越到内在、内在到超越的回环之中，我找到了自己真正的安身立命之所。①

其实，儒学的整个架构就是既开出仁、道、君子、圣贤、天理、良知的价值理想方向，又教人在现实生活的日用常行中来实现这一价值理想。在人伦日用的生活世界中落实成圣成贤的修养工夫正是儒家"日用即道"的主要内涵：既以"道"来照明百姓日用，使得生活世界获得意义升华，又教人在人伦日用中寻"道"，使得人人有一个作圣之路。其所透显的是儒学传统兼顾理想与现实、超越与内在、神圣与凡俗的"两行之理"的高妙智慧。此"两行之理"的精彩之处在于"两行"之间的不断回环互动："由内在到超越，由超越到内在；由局部到全体，由全体到局部；由具体到抽象，由抽象到具体；由对立到统一，由统一到对立；由多到一，由一到多……不断回环，无穷无已，永不封闭，永远开放。"②

在我们看来，"日用即道"作为儒学传统的生命底色，用一句简

---

① 刘述先：《理想与现实的纠结》，吉林出版集团有限责任公司2011年版，第194页。
② 刘述先著，东方朔编：《儒家哲学研究——问题、方法及未来开展》，上海古籍出版社2010年版，第10页。

单的话语来表述就是"生活本身就是一场修行"。自天子以至庶民，皆可以把成圣成贤、得道求仁的修养工夫具体落实在主体自身最为熟悉的生活场域。这种"生活化"的落实使儒学成为作为生活方式而存在的生命（生活）的学问。"不论是上层贵族缙绅，还是下层引车卖浆者，均视儒学为己之生活方式，按其原则去践履，循其规范去行事；并能于其中自得其乐、适然自处。……换言之，作为一种生活方式而存在的儒学，正是在生活中保持其生动性、鲜艳性。可以说，儒学植根于生活之中，酝酿于生活之中，涵泳于生活之中，流行于生活之中，旨归于生活之中，离开了'日常生活'，其就成为无源之水、无根之木。……在此意义上，儒学就是'生活之学'，儒学所要传达的只是一种恰当的生活方式。"① 儒家能够切中伦常，开辟一条合乎常识人情、切己在人的平正道路，正是其延绵千年而活力不衰，在当代中国人的生活中仍极具精神感召的根本原因。接续和光大儒家贯通超越理想和生活日用的生命智慧，创造性地诠释和发挥其"日用即道"的思想睿识，势必能对我们思考和回应"儒学传统如何关联当代生活"的问题提供有益的借鉴和指引。

"后新儒学"时代的儒学重建应深契儒学传统"日用之道"的生命智慧，扭转现代新儒家主流对儒学"形上化"的保存方式，接着以徐复观开出的"生活化"路径来诠释和创新儒学。毕竟"传统的儒学与后来出现的儒学'形而上学'是不同的，不论是宋明儒学诸形态，还是现代新儒学诸形态。也就是说，原始儒学不是'形而上学'的理路，而是一种'生活儒学'的理路。质言之，从生存世界出发、面向生活世界是原始儒学的本质特征"②。因此，"后新儒学"时代重建的儒学应是以"日用即道"为普遍规约，能够真切落

---

① 马寄：《"生活儒家"——儒学未来发展路向》，《湖州师范学院学报》2013年第5期。

② 聂民玉：《去"形而上学化"，回归生活儒学》，《河北大学学报（哲学社会科学版）》2011年第2期。

实于当代社会生活的"生活化"的儒学，绝非那种"形上化"的儒学。① 当然，即便"生活化"的儒学要讲形而上学，那它也是立足于"日用即道"的实践的"具体形上学"，不是以逻辑思辨为能的"抽象形上学"。②

也就是说，当下儒学重建的"返本开新"，应是在回归儒学传统"日用即道"（平衡超越理想与现实生活、圆融神圣与凡俗）之"本"的前提下，以"后新儒学"的视域为指引，在充分回应"儒学传统如何关联当代生活"的时代主题下开其"新"。一言以蔽之，回归"日用即道"谓之"返本"；建构面向当代的新型儒学谓之"开新"。这种"接着徐复观讲"，以"生活化"为诠释、创新路径，以返本开新为内在要求，兼顾面向传统、面向当代两个定向，既回归儒学传统日用即道的生命智慧，又回应"儒学传统如何关联当代生活"之时代课题而重建的当代儒学，应该是一种"生活儒学"。

第四节 "抽离"与"反转"——一点检讨和说明

儒学本是极其复杂多元的思想系统，"硬"要以"日用即道"的简单话语来定义这一精神传统，难免招致误会和质疑。在历史（外在诠释）的视野下，我们很有可能会被误会为是"抽离""隔断"了儒学传统，抹杀了诸如董仲舒、朱熹、程颐等大儒的重要理

---

① 立足于对现代新儒学"良知的傲慢"的理论困境的回应，"后新儒学"时代重建儒学的一个基本方向是儒学的生活化，即面向生活世界，突出儒学的生活性、实践性，而非超越性、宗教性。"后新儒学"时代所重建的儒学应该面向当代、面向大众、面向生活，为"愚夫愚妇"与知能行。

② "具体形上学"与"抽象形上学"相对。杨国荣认为，抽象形而上学具有离人而言道、离器而言道、形上形下分离、非过程的封闭性等特点。与抽象形而上学相对，具体形而上学的特点在于非离人而言道、道和器的统一、形上形下沟通、确认存在的时间性和过程性等。（杨国荣：《哲学的视域》，生活·读书·新知三联书店 2014 年版，第 75—76 页）

论贡献，尤其是轻忽了汉唐经学、清代朴学的学术地位。为此，我们认为，确有必要对此做出适当的检讨和说明，以免引起不必要的学术论争。另外，我们既然也承认现代新儒家"内在超越"说颇能切中儒学传统的精神特质，为什么还要在现代新儒家"内在超越"说外另以"日用即道"论来定位儒学传统呢？对此，我们也需要有所交代。事实上，在我们看来，另以"日用即道"论来定位儒学传统的生命智慧，并非现代新儒家"内在超越"说的"翻版"。我们今天重提此说，不仅是要肯认现代新儒家"内在超越"说对儒学传统"日用即道""即凡而圣"之生命智慧的接续和弘扬，更要"反转"此说，开显其世俗性、生活性（内在）的意蕴，以成就一"面向生活本身"的儒学。所谓"反转"就是承认"内在超越""日用即道"两说皆能反映儒学传统的思想性格，然偏取"日用即道"论来定位儒学传统，就是强调当下重建儒学我们更应重视的是"日用即道"论所突出的生活性、世俗性（日用），而不是"内在超越"说所凸显的宗教性、超越性（道）。

一　"抽离"儒学——内在诠释与外在诠释的分野问题

从孔子、子思径直说到明道、阳明、心斋，再到现代新儒家，进而定位儒学传统"日用即道"的生命智慧，确实难免有"简化""抽离"儒学的嫌疑。对此，我们认为，这里重要的问题不是我们是否"简化""抽离"了儒学，而是如何正确理解这种"抽离"式的儒学诠释路径。我们知道，思想诠释一般可以分为哲学诠释（内在诠释）和历史诠释（外在诠释）两种路径：哲学诠释（内在诠释）注重"哲学概念与义理之间的演变与迁延"；历史诠释（外在诠释）强调"时代背景与哲学思想之间的互动关系"[①]。借用李泽厚的话来说，写思想史可以有两种方式，历史的或哲学的，

[①] 程志华：《中国哲学史研究的诠释理路》，《西南民族大学学报（人文社会科学版）》2008年第9期。

"我注六经"式或"六经注我"式。① 他说:"研究哲学史可以有两种角度或方法。一种是历史的,即从历史的角度来研究哲学思想的内容形式、体系结构、来龙去脉……但是,也可以有另外一种哲学的角度和方法,即通过研究哲学史或历史上的某些哲学家来表达某种哲学观点。用中国的古语说,前者是'我注六经',后一种是'六经注我'。"②

很明显,我们追寻、定位儒学传统的生命智慧所采用的就是哲学化的内在诠释,它是一种"六经注我"式的诠释路径。这种哲学化的内在诠释所不同于历史性的外在诠释者在于,它不着眼于在一定的社会历史条件下理解诠释儒家的思想、概念和话语,而是强调儒家这些思想、概念和话语之间的内在关联,而且这种内在关联往往可能是"跨时空"的。正像杜维明所揭示的,在儒学发展的长河中,存在着高山之间的对话,跨时代的对话,如陆象山"读《孟子》而自得之"。杜维明说:"这种高峰之间的对话,往往是思想取得突破性发展、超越历史和时代的地方。"③

找寻儒家思想、概念和话语之间这种"跨时空"的内在关联的理论目的主要就是为了"判教"④,即确立、透显出某种"我"的哲学立场("六经注我")。这种"六经注我"式的哲学化的内在诠释看似"抽离""简化"(在儒学史的发展脉络下尤其如此)了儒学传统,"稀释了儒家思想的内核"⑤,而事实上却是对儒学之为儒学的内在精神规约的某种深刻洞见和清晰把握。正如程志华所指出的:

---

① 李泽厚:《由巫到礼 释礼归仁》,生活·读书·新知三联书店2015年版,第3页。
② 李泽厚:《康德哲学与建立主体性论纲》,载《李泽厚集——思想、哲学、美学、人》,黑龙江教育出版社1988年版,第498页。
③ 杜维明:《二十一世纪的儒学》,中华书局2014年版,第4页。
④ 所谓"判教",简单来说就是某位哲学研究者确立了他个人的哲学立场("我"),这是其由哲学史家向哲学家转变的显著标志。
⑤ 景海峰:《儒家思想现代诠释的哲学化路径及其意义》,《中国社会科学》2005年第6期。

"'内在诠释'一般要求研究者对思想对象系统有深切的体认和细致深刻的理解,抛开外来的框架和外在的对照而使解释和叙述自成一系统。"①

就我们追寻、定位儒学传统生命智慧的哲学化的内在诠释路径而言,主要是在深切体认儒学传统"日用即道"的精神特质,确立当代儒学生活化开展的基本立场("我")的前瞻性视野下,对中国儒学史的诠释和梳理。这种哲学化的内在诠释的理论目的:一方面是面向传统,将儒学传统价值世界与生活世界相贯通、超越性与生活性相圆融(日用即道)的生命智慧充分开显出来;另一方面是面向当代,把整个儒学传统中"生活化"的思想资源整合起来,以回应"后新儒学"时代儒学重建要面对的"儒家思想如何关联当代社会生活"的现实课题。

具体地说,我们从孔子、子思一跃而说到阳明、心斋,再从阳明、心斋跳到现代新儒家,并非只为编织一个儒家"日用即道"之"心法"的传承谱系,而完全不顾千年儒学史上其他儒家圣哲的历史文化贡献。其实,我们更多的是在建构儒学传统与日常生活之关联的前瞻性视野②下,以一种哲学性的叙事大体勾勒出此种较能透显"生活性"的儒学"道统",以为当代儒学的生活化开展提供充分的哲理依据和思想支撑。正如梁漱溟所说:"我们先讲明孔孟之真意之后,再把程明道、王阳明提出来讲,意在把孔家的意思说个痛快淋漓,使大家知道。"③

这种哲学诠释(内在诠释)的理论后果是整合了儒家"生活化"的思想资源,极大地透显了儒学作为一种生命生活的学问的精

---

① 程志华:《中国哲学史研究的诠释理路》,《西南民族大学学报(人文社会科学版)》2008年第9期。
② 景海峰说:"当代儒学的定位必须要打破向后看的惯习,努力走出历史主义的阴影,用前瞻性的视野追寻儒学的现代性联想,重新发现它的当代意义。"(景海峰:《儒学在全球多元文化格局中的定位问题》,《天津社会科学》1999年第6期)
③ 梁漱溟著,李渊庭、阎秉华整理:《梁漱溟先生讲孔孟》,商务印书馆2011年版,第12页。

神特质。但这种哲学化的内在诠释也难免受到"良知的傲慢""哲学的偏见"的质疑。未免如此,我们同时强调要在一种历史性的叙事下,对孟子、荀子、董仲舒、程朱等大儒的历史文化贡献给予相当的肯定。比如,在历史叙事下来看,董仲舒是"子学时代"文明对话中的集大成者,他以儒为宗,融摄黄老、阴阳、道、墨、法诸家,构筑了以三纲五常为主要内容,以天人感应为合法支撑的新型儒学,如果没有这种以"屈民而伸君,屈君而伸天"为特征的新型儒学,汉代的"罢黜百家,表彰六经"是难以想象的;程朱是"三教时代"文明对话中的杰出代表,他们建构了和合三教精华、圆融理气心性的理学体系,大幅提升了儒学的超越精神和思辨能力,重建了中华人文价值理想,回应了佛道的挑战。①

更重要的是,即便完全依据"日用即道"的思想标准来取舍,他们那里也或多或少、或明或暗地延续着儒学传统的这一生命智慧,只是不如在孔子、阳明等那里表现得更加直接明显。我们应该看到,孟子、荀子讲的"圣人,人伦之至也""圣也者,尽伦者也",程明道说的"道器不离",都是教人在人伦日用中实现儒家"圣"的理想。朱熹受李侗的影响,也十分重视"日用工夫",他说:"圣人教人,大概只是说孝弟忠信日用常行底话。人能就上面做将去,则心之放者自收,性之昏者自著。"② 可以说,教人在生活世界的人伦日用中实现生命意义的升华(成圣),是儒家一以贯之的思想传统。这种"日用即道"(即凡而圣)的生命智慧正是儒之为儒的真意所在,完全离却这一深层内核我们很难想象儒家是否还成其为儒家。

---

① 参阅拙作《董仲舒与儒家政治理论的建构》,载贾磊磊、杨朝明主编《第四届儒学大会学术论文集》,文化艺术出版社2012年版,第357—364页;《孔子之"道"与儒学重构——从朱熹、牟宗三的道统论说开去》,《湖南大学学报(社会科学版)》2014年第6期;《形中"生活儒学"与儒学的重构》,《文史哲》2014年第3期。

② 《朱子全书》(第十四册),《朱子语类》卷八,上海古籍出版社、安徽教育出版社2010年版,第276页。

二　后新儒学"日用即道"论对现代新儒学"内在超越"说的"反转"

对于现代新儒家"内在超越"说外另立"日用即道"论的问题，我们需要说明，之所以不厌其烦地诠释、论证以"日用即道"来定位儒家的生命智慧，并非现代新儒家"内在超越"说的"翻版"，也不是人云亦云的重复理论工作。如上所论，现代新儒家诠释儒学传统"内在超越"的精神特质，是要掘发其超越性、宗教性（超越）的内涵，以回应西方基督教传统的挑战。我们今天重提此说，不仅是要肯认现代新儒家"内在超越"说对儒学传统"日用即道""即凡而圣"之生命智慧的接续和弘扬，更要"反转"此说，开显其世俗性、生活性（内在）的意蕴，以成就一"面向生活本身"①的儒学。我们应该在现代新儒家讲的"性命"与"天道"相贯通的"内在超越"外，更要讲"日用"（人伦、生活）与"天道"相圆融的"日用即道"；在心性修养主体外，更要讲道德实践主体；在"心（性）上磨炼"外，更要讲"事上磨炼"；在自身之内实现心灵超越②外，更要讲在人伦日用中实现生命（生活）超越；在孟子讲的人性四端、"尽心知性知天"外，更要讲荀子的"化性起伪""尽伦为圣"③。一句话，发展仁学，改造礼学，统合孟荀，④归本孔子仁礼合一之旨或许才是儒家"日用即道"的真精神所在。

---

①　黄玉顺：《面向生活本身的儒学——黄玉顺"生活儒学"自选集》，四川大学出版社2006年版。

②　蒙培元说："它（儒家）不是向彼岸王国的超越，而是在自身之内实现心灵超越。"（蒙培元：《心灵超越与境界》，人民出版社1998年版，第49页）

③　白诗朗认为，儒家的超越性确实可说是一种创造性的修养方式，它要么是建立在孟子的人性四端基础上，要么是立足于荀子"化性起伪"的学说（以恰当的礼仪行为为基础，道德由社会性要素决定）。德行由圣人智慧所出，它被用来比较"是什么"与"应当是什么"。儒家的内在超越注重人类扩展自己、超越普通生活层面去追寻更好东西的能力。（[美]白诗朗：《普天之下——儒耶对话中的典范转化》，彭国翔译，河北人民出版社2006年版，第331页）

④　梁涛：《儒家道统说新探》，华东师范大学出版社2013年版，第2页。

"即宗教即道德"的儒学传统教人在道德实践中实现终极的自我转化,然而这一道德实践绝不只是"尽心(性)",还要"尽伦"。倘不明此心性修养与道德实践的分执,光讲以性命上契合于天道,当代儒学要"面向生活本身"不过一纸空言。所谓的"生活儒学"也不过是高远玄虚、令人难知难行、把握不定的"天外来客"。我们所期许的当代"生活儒学"应该是既有"极高明"的生命智慧,又能落实于庸常的人伦日用之间的活泼泼的儒学。唯有建构这种兼顾"超越"和"生活"的两行之理的儒学,才能真正"美政""美俗",实现儒家人伦美、风俗美、生活美的追求。如何追求习俗生活美呢?龚鹏程认为,"生活美的追求,是通于两端的,一端系在世俗生活的层面,即饮食男女、衣食住行、生老病死这一些现实生活的具体内容上;另一端则系在超越层,要追求到美与价值。若只沉湎于世俗生活欲望的驰逐与享乐,将逐物而流,享受了生活,却丢失了生命。若仅强调美与价值,生命亦将无所挂搭,无法体现于视听言动之间"①。简言之,"生活美"的实现必赖这种通于超越和世俗两端的"生活儒学"。

总之,现代新儒家的"内在超越"说虽较完整地揭示了儒学传统的生命智慧,若专就儒学生活化的当代开展而言,以"日用即道"来"定义"儒学传统的生命智慧,或更能展现出"生活儒学"(非"宗教儒学")这样一种前瞻性的思想视野。

更进一步讲,当代"生活儒学"建构的"返本开新",应是在回归儒学传统"日用即道"(平衡超越理想与现实生活、圆融神圣与凡俗)之"本"的前提下,以"后新儒学"的视域为指引,在充分回应"儒学传统如何关联当代生活"的时代主题下开其"新"。一言以蔽之,回归"日用即道"谓之"返本";建构"生活儒学"谓之开新。

---

① 龚鹏程:《生活儒学的新路向》,《社会科学战线》2008年第2期;又见龚鹏程《生活的儒学》,浙江大学出版社2009年版,第78页。

第三章　生活儒学——回归周孔，重建儒学的当代构想

"后新儒学"时代的儒学重建可以在宋儒"理一分殊"的睿识指引下展开。以"理一分殊"为指引，儒学重建要坚持回溯传统（返本）和面向当代（开新）两个定向。所谓回溯传统（返本）就是追问孔子之为孔子、儒学之为儒学的本真精神（理一），以此为要求，我们追寻和定位了儒学这一文明传统"日用即道"的生命智慧（生活性本质）；[1] 所谓面向当代（开新）就是反思现代新儒学"良知的傲慢"的理论困局，在"后新儒学"的视域下着力思考儒学传统如何关联当代社会生活（儒学生活化）的问题，以此为要求，我们强调，"后新儒学"时代儒学重建的基本方向是面向生活世界的生活化开展。回溯传统（返本），契合儒学传统"日用即道"的生命智慧（生活性本质）；面向当代（开新），推进"后新儒学"时代儒学的生活化开展，如是这样，在"理一分殊"原则指引下"后新儒学"时代所建构的儒学应该是一种生活儒学。这里，特别需要说明的是，我们所要建构的生活儒学并非目前为学界所熟知的黄玉顺的生活儒学。应该说，我们在"后新儒学"的时代语境下建构的生活

---

[1] 有论者也指出："探讨'何谓儒学'，必须回到儒学之生活向度本身。儒学还原到本质就是生活。儒学的生活向度是儒家思想发生方式的哲学根源。"[卫羚：《面向生活本身——"儒学生活向度"的另类阐释》，《江南大学学报（人文社会科学版）》2010年第4期] 我们则认为，以"日用即道"为内在生命智慧和本真精神的儒学传统，其儒之为儒的本质在于"日用即道"所体现出的生活性。

儒学多有受惠于林安梧、龚鹏程、李承贵诸先生的"生活儒学"构想之处，① 而与黄玉顺先生的生活儒学理论有着根本的不同。具体表现在以下几个方面。

第一，黄玉顺生活儒学所谓的"生活"是一种本源意义下的"非人的生活"，它是本源情感，是存在本身。"生活在本源意义上并不是人的——主体性的人的——生活，因为在生活本身的本源情境里，人，亦即主体，还没有诞生。"② "'生活'在本源意义上并非'人的生活'，而毋宁说是一种'非人的生活'；亦即先于主体性，先于一切存在者的'存在本身'。"③ 我们的生活儒学所谓的"生活"是一种现实意义下的"人的生活"，它是人伦日用，是应对进退。我们认为，从哲学的视域看，日常生活首先与个体的存在与再生产相联系，其基本形式表现为日常实践或日用常行。④

第二，在总体设想上，黄玉顺生活儒学是回到原始儒学的本源情感而重新建构的当代儒学的新形态；我们的生活儒学是回归周孔之道而重新建构的"后新儒学"时代的儒学新范式。

---

① 林安梧：《走向生活世界的儒学》，《国学论衡》1998 年第 1 期；林安梧：《儒学革命——从"新儒学"到"后新儒学"》，商务印书馆 2011 年版，第 176—199 页；龚鹏程：《生活的儒学》，浙江大学出版社 2006 年版；龚鹏程：《龚鹏程讲儒》（下册），东方出版社 2014 年版，第 440—514 页；龚鹏程：《迈向生活儒学的重建——儒家饮馔政治学新探》，《杭州师范学院学报（社会科学版）》2002 年第 4 期；龚鹏程：《生活儒学的新路向》，《社会科学战线》2008 年第 2 期；李承贵：《生活儒学——当代儒学开展的基本方向》，《福建论坛（人文社会科学版）》2004 年第 8 期；李承贵：《现代背景下的儒学开展方向》，《江西社会科学》2005 年第 1 期；李承贵：《儒家思想的当代困境及其化解之道》，《中山大学学报（社会科学版）》2007 年第 6 期；李承贵：《当代儒学的五种形态》，《天津社会科学》2008 年第 6 期；李承贵：《儒家思想的生活特质》，《江南大学学报（人文社会科学版）》2010 年第 4 期。

② 黄玉顺：《爱与思——生活儒学的观念》，四川大学出版社 2006 年版，第 120 页。

③ 杨虎：《别具一格的"非人的生活"——评生活儒学对"生活"与"人的生活"的区分》，载杨永明主编《当代儒学》（第四辑），广西师范大学出版社 2013 年版，第 193 页。

④ 赫勒：《日常生活》，重庆出版社 1990 年版，第 3 页；参阅杨国荣《实践活动、交往行为与实践过程的合理性——兼议哈贝马斯的交往行动理论》，《复旦学报（社会科学版）》2013 年第 3 期。

第三，就问题意识来说，黄玉顺生活儒学的主要问题意识是回到原始儒学的本源情感，重建突破主客对立、形上形下二分的思维模式的儒学新形而上学。"生活儒学努力突破秦汉以来中国哲学'形而上者—形而下者'的思维模式，重新发现原典儒学中更本源的思想视域，这种思想视域就是'生活'或者'存在'的观念。"① "生活儒学是要在一种崭新的地基上——从真正的本源上——重建儒家形而上学。"② 我们的生活儒学的主要问题意识则是在"后新儒学"的时代语境下，回归周孔之道，切中儒学传统的"生活性"，建构价值理想与生活世界通为一体的生活儒学，着力思考和回应"儒学传统如何关联当代社会生活"（儒学生活化）的问题。

第四，在思想来源上，黄玉顺的生活儒学是现象学化的儒学，是立足于现象学的理论资源和思想视域对儒学的"发明""观照"。正如有论者指出的，"当代的张祥龙、黄玉顺二先生之现象学化的儒学研究，则在相当程度上正是针对此传统的儒家形而上学的无根性，要求解构传统的形而上学式的心性本体论，从而回归作为存在本身的本源性的生存体验或生活境域之中，以期让儒学重新恢复它的思想活力"③。我们的生活儒学主要立足于儒学传统本身的思想资源（面向传统），尤其是着力阐扬表现在孔子、阳明、王艮（泰州学派）④、梁漱溟、徐复观等历代儒者那里的"生活化"的思想资源。

第五，在思维方式（建构路径）上，黄玉顺生活儒学建构的关键是对原始儒学"生活"的本源情感的重新发现。尽管黄先生也坦言，生活儒学要考虑儒学的"生活"要"切入当今世界的社会生

---

① 黄玉顺：《生活儒学——黄玉顺说儒》，孔学堂书局有限公司2014年版，导读第1页。
② 黄玉顺：《爱与思——生活儒学的观念》，四川大学出版社2006年版，第31页。
③ 崔罡主编：《新世纪大陆新儒家研究》，安徽人民出版社2012年版，第212页。
④ 明代儒学传统（尤其是泰州学派的思想和实践）中蕴含着丰富的"生活化"的思想资源，是"后新儒学"时代生活儒学开展的重要参照，生活儒学的完整建构要深化对明代儒学发展的研究。参阅刘静《走向民间生活的明代儒学教化》，上海教育出版社2015年版；宣朝庆《泰州学派的精神世界与乡村建设》，中华书局2010年版。

活"的问题,他说:"生活儒学作为一种当代儒学形态,意在发掘儒学所蕴涵的某些能够穿越时空、超越历史与地域的观念,使儒学能够真正有效地切入当今世界的社会生活。"[①] 不过,事实上其生活儒学的理论体系更多的只是照顾到了对儒学"生活"的大本大源的追寻与定位的问题。因此,这种生活儒学的建构路径主要表现为追问儒之为儒的精神特质的本质主义的思维方式。我们建构"后新儒学"时代的生活儒学在宋儒"理一分殊"睿识的指引下展开,坚持回溯传统(返本)和面向当代(开新)两个定向。回溯传统,我们追寻、定位了儒学传统仁礼合一的本真精神和日用即道的生命智慧。面向当代,我们以"儒学传统如何关联当代社会生活"(儒学生活化)为主要问题意识,着力思考儒学传统的"生活性"表现、落实于当代社会生活的问题。

由此,我们生活儒学的建构路径就主要表现为一种本质主义和存在主义统一(理一分殊)的思维方式。回溯传统是追问儒之为儒的精神特质,面向当代要思考这种精神特质如何在当代显发为用。可以说,我们"后新儒学"时代的生活儒学与黄玉顺生活儒学的根本不同就在于更重视面向当代的诉求,以"儒学传统如何关联当代社会生活"(儒学生活化)为主要问题意识,思考儒学的"生活化"运用和表现的问题。

黄玉顺指出:"近年来,汉语学术界不止一人提出了'生活儒学'的说法,但基本上都是说要将现成既有的儒学加以'生活化'——运用到实际生活当中去,意谓'(关乎)生活的儒学'而非'生活儒学'。例如,龚鹏程教授的著作就题为《生活的儒学》,应当译为 Confucianism of life。而'生活儒学'有别于'生活的儒学',并不是说要将现成既有的儒学'生活化'地运用到实际生活当中去(这一点恰恰是许多不熟悉生活儒学的人对生活儒学的一种

[①] 黄玉顺:《生活儒学——黄玉顺说儒》,孔学堂书局有限公司 2014 年版,导读第 1 页。

望文生义的误解），而是说在重建儒学，即建构儒学的一种当代思想理路形态时，在观念系统中将'生活'视为作为大本大源的'存在'——生活即是存在，生活之外别无存在；而这里所说的存在并不是存在者的存在，更不是存在者；一切存在者皆由存在所生成，即是由生活所生成。因此，此'生活'并非彼'生活'，'生活儒学'应当译为 Life Confucianism。"① 这里，我们"后新儒学"时代建构的生活儒学与林、龚、李诸位先生的构想一致，正是要"将现成既有的儒学加以'生活化'——运用到实际生活当中去"。概言之，"将现成既有的儒学加以'生活化'——运用到实际生活当中去"（儒学生活化）正是"后新儒学"时代生活儒学（Confucianism of life）的主要着力点所在，也是与黄玉顺生活儒学（Life Confucianism）最大的不同。这里，我们无意否认黄玉顺生活儒学的原创性思想贡献，但作为"后新儒学"时代展开的突破现代新儒学"良知傲慢"之理论困境的新型儒学范式，我们的生活儒学所推重的正是儒学的"生活化"运用和实践。

第六，在关键词上，黄玉顺生活儒学的关键词是当代儒学复兴、生活儒学、生活、"生存""存在""存在者""爱""仁爱""是""有""思""本源"②等；我们所建构的"后新儒学"时代的生活儒学的关键词是"后新儒学"、理一分殊、回溯传统（返本）、面向当代（开新）、周孔之道、仁礼合一、日用即道、形而中学、"新四书"、生活的儒学（生活化儒学）、儒学的生活（儒学生活化）、礼的损益等。

以上我们从"生活"释义、总体设想、问题意识、思想来源、思维方式（建构路径）和关键词语六个方面对黄玉顺生活儒学与"后新儒学"时代的生活儒学进行了对比。具体内容，可参见表 3-1。

---

① 黄玉顺：《生活儒学关键词语之诠释与翻译》，《现代哲学》2012 年第 1 期。
② 黄玉顺：《生活儒学关键词语之诠释与翻译》，《现代哲学》2012 年第 1 期。

表 3-1　　　　　　两种"生活儒学"对比

	黄玉顺的生活儒学	"后新儒学"时代的生活儒学
"生活"释义	"非人的生活";本源情感;存在本身	"人的生活";人伦日用;应对进退
总体设想	回到原始儒学的本源情感而重新建构的当代儒学的新形态	回归周孔之道而重新建构"后新儒学"时代的儒学新范式
问题意识	重建突破主客对立、形上形下二分思维模式的儒学形上学	儒学传统如何关联当代社会生活
思想来源	现象学的思想资源	儒学传统中"生活化"的思想资源,主要表现在孔子、阳明、心斋(泰州学派)、梁漱溟、徐复观等历代儒者的学说体系中。
思维方式	本质主义(理一)	本质主义与存在主义(理一分殊)
关键词	当代儒学复兴、生活儒学、生活、"生存""存在""存在者""爱""仁爱""是""有""思""本源"等	"后新儒学"、理一分殊、回溯传统(返本)、面向当代(开新)、周孔之道、仁礼合一、日用即道、形而中学、"新四书"、生活的儒学(生活化儒学)、儒学的生活(儒学生活化)等

建构生活儒学既切中了儒学之为儒学"日用即道"的生命智慧、本真精神(生活性本质),又合乎"后新儒学"时代儒学生活化开展的现实要求。回溯传统,切中儒学的本真精神,才能确保我们所建构的生活儒学还成其为儒学;面向当代,推进生活儒学的生活化落实,才能真正体现生活儒学作为一种"后新儒学"时代的儒学论说的特质。概言之,以"理一分殊"的原则,坚持回溯传统(返本)、面向当代(开新)两个定向所建构的儒学应该是生活儒学。作为"后新儒学"时代建构的新型儒学理论范式,生活儒学的理论

第三章　生活儒学——回归周孔,重建儒学的当代构想

建构需要有新的道统论、哲理精神和经典体系。

我们知道,"后新儒学"时代的儒学重建是要在现代新儒学之后重建一种新型儒学的理论范式,实现儒学发展潮流从"新儒学"到"后新儒学"的转轨。有论者指出,新旧理论的变化因子大致包括四个方面:"一是核心论题的变化;二是概念的变化;三是'实证性关系'的转换;四是诠释文本的变化。"① 据此而言,从"新儒学"到"后新儒学"转轨的基本标志就是要实现儒学核心论题、思想概念、哲学体系和诠释文本等的转变。换句话说,"后新儒学"时代建构的"生活儒学"的理论范式需要有自己的核心论题、思想概念、哲学体系和诠释文本。具体而言,有学者提出,儒学的现代重构,"必须在它的核心范畴系统、道德观念系统、道德践履系统和儒学经典系统四大方面进行全面启动"②。在我们看来,宋代儒者在原始儒学之后成功建构了新型的儒学理论范式,"后新儒学"时代重建儒学大可以借鉴宋儒的经验与方法来展开。比照宋代儒者重建儒学范式的历史经验来说,建构"后新儒学"时代"生活儒学"的理论范式主要包括道统的确立、经典的选择、儒家哲学的探讨和儒家经典的新释四个方面的工作。

陈荣捷把朱子的儒学理论创新工作分为以下四个方面:"第一,道统的确立;第二,儒家经典的选择;第三,儒家哲学的探讨;第四,经典的具体诠释实践。"③ 梁涛在此基础上提出了借鉴宋儒的方法实现当代儒学重建与创新的基本构想。他说:"学习宋儒的做法,重新出入西学(黑格尔、康德、海德格尔、罗尔斯等)数十载,然后返之于'六经',以新道统说(仁礼之学)为统领,以'新四书'

---

① 程志华:《"中断性"语境下的儒学发展"三期说"》,《学习论坛》2006年第10期。
② 夏乃儒:《儒学的现代重构——夏乃儒在文庙"与孔子对话"学术讲堂上的讲演》,儒家网,https://www.rujiazg.com/article/3905,2014年3月23日。
③ 陈荣捷:《朱熹集新儒学之大成》,载《朱学论集》,华东师范大学出版社2007年版,第1—24页。

(《论语》《礼记》《孟子》《荀子》)为基本经典,'六经注我,我注六经',以完成当代儒学的开新与重建。"① 具体而言,他认为,这种儒学重建和创新的工作应包括道统的确立、经典的选择、儒家哲学的探讨和儒家经典的重新诠释②几个方面。

同样,以宋明儒学范式为主要参照,郭沂认为,道统论、核心经典系统和哲学体系构成一种儒学范式的主要组成。他说:"儒学范式有三大支柱:一是道统论;二是核心经典系统;三是哲学体系。三者的共同转换,意味着儒学范式的转换。其中,道统论是儒学范式的宗旨,核心经典系统是儒学范式的依据,而哲学体系是儒学范式的实际载体。"③ 从道统、经典、哲学三个方面,郭沂提出了在原始儒学范式、宋明儒学范式之后建构以天人统和人天统为道统论、以五经七典为核心经典系统、以道哲学为理论形态的当代儒学范式的主张。④

借鉴上述诸家所论,我们也试图从道统、哲学和经典三个方面建构"后新儒学"时代生活儒学的理论范式。首先,从反思朱熹、牟宗三的道统论以及其所架构的"新儒学"的理论偏失入手,我们提议要回归周孔之道、再读《论语》,重新体认能够完整体现孔子儒学本真精神的道统论。立足于对作为"周孔之道"的儒学的深厚历史底蕴的分析以及对《论语》文本本身的思想解读,我们提出周公、

---

① 梁涛:《回到"子思"去——儒家道统论的检讨与重构》,《学术月刊》2009年第2期;参阅梁涛《"新四书"与"新道统"——当代儒学思想体系的重建》,《北京行政学院学报》2014年第3期。

② 梁涛:《"新四书"与"新道统"——当代儒学思想体系的重建》,《北京行政学院学报》2014年第3期。

③ 郭沂:《当代儒学范式——一个初步的儒学改革方案》,载国际儒学联合会编《国际儒学研究》(第十六辑),九州出版社2008年版,第206页;郭沂:《道统·经典·哲学——当代儒学范式初探》,载尼山圣源书院编《尼山铎声:"当代儒学创新发展"专题》,人民出版社2013年版,第109页。

④ 郭沂:《当代儒学范式——一个初步的儒学改革方案》,载国际儒学联合会编《国际儒学研究》(第十六辑),九州出版社2008年版,第214—232页;详细论说参阅郭沂《中国之路与儒学重建》,中国社会科学出版社2013年版,第127—151页。

孔子所代表的儒学之"道"在"仁礼合一","后新儒学"时代重建儒学要接续和光大此"道",确立生活儒学"仁礼合一"的道统论。其次,基于对儒家"仁礼合一"的道统论的哲理分析,我们认为,作为周孔之道的儒学"仁礼合一"的思想内容背后所深蕴的是一种"极高明而道中庸"(即凡而圣、日用即道)的哲理精神和生命智慧。回溯传统,切中孔子儒学"极高明而道中庸"(即凡而圣、日用即道)的生命智慧而建构的生活儒学的哲理精神不是形而上学,亦不是形而下学,而应是一种"形而中学"(徐复观语)。以"形而中学"作为生活儒学的哲理支撑,一方面是从面向传统(返本),即切合儒学传统"仁礼合一"的道统论和"日用即道"的生命智慧的角度立言;另一方面,我们还从宋明理学"两极游走"的当代启示的角度来持论。最后,本于生活儒学"仁礼合一"的道统论和"形而中学"的哲理精神,我们提出生活儒学"新四书"的经典体系——《论语》《孟子》《荀子》《礼记》。这里,我们"新四书"的方案虽与梁涛的观点不谋而合,然这却是基于"后新儒学"时代生活儒学立场上的新思考。我们所谓"新四书"的经典体系("六经")是以其能够"注解""发明"生活儒学"仁礼合一"的道统论和"形而中学"的哲理精神("我")为基准确立的。

第一节 "仁礼合一"的道统论——从朱熹、牟宗三的道统论说开去

"道统"论是儒家思想的重要方面。一般说来,儒家的道统观念可远溯至先秦孔孟,由唐代韩愈正式提出,终由宋儒发展完成。[①]"道统"是什么?不同的儒者对此有不同的理解。有论者认为,儒家"道统"可在即"统"言"道"、即"道"言"统"两种模式下得到诠释和说明。所谓即"道"而言"统",就要首先确立何为儒家

---

① 见《论语·尧曰》《孟子·尽心下》、(唐)韩愈《原道》。

的"道",并以此道为标准来判别、确立儒家的谱系。熊十力言:"盖一国之学术思想,虽极复杂,而不可无一中心。道统不过表现一中心思想而已。"[①] 就道统之宽泛意义来说,就是表征儒家之中心思想、根本精神、核心观念的传承统绪。"确立一个什么样的道统,往往也就意味着确立一个什么样的儒学形态。"[②] 不同时代的儒者围绕着对"道统"之"道"的不同理解,建构了理论形态迥异、义理精神有别的儒学系统。

作为宋明"新儒学"创设之关键人物,朱熹以"十六字心传"和孔颜"克己复礼为仁"之"心法"作为道统之"道"的主要内涵,并由此整合圆融了呈现道心与人心、理与气、天理与人欲、天地之性与气质之性……二元架构的程朱理学系统。然超越精神的提升、理气心性的圆融,宋明理学虽能成功回应佛老挑战,扭转"儒门淡泊,收拾不住"之颓势,却也将儒学引上了形上超越的极端,沦为"空谈心性"的玄学清谈。与之有类,现代新儒家有感于儒学"花果飘零"之困局,矢志延续道统,复兴儒学,他们遥接宋明,复活程朱陆王之思想睿慧,以形上超越的路径保存、提升、重建儒学,牟宗三即是其中的主要代表。牟氏以儒家内圣学"心体即性体"的圆教模型释道统之"道",判分先秦儒典,重组宋明儒学,援引西学,提出"内圣开新外王"的构想,完成了其道德形上学的建构。然这种形上保存的方式,虽在继承、发扬、整合、创新中国文化方面做出了重要贡献,却有以心性修养代道德实践的偏执,难于"落实在整个历史社会总体间"。对此,我们不免会有这样一番思量:朱熹、牟宗三皆以回归孔孟为追求,力图彰明圣学本义,他们既以得悟儒门"道"之本旨,其孜孜以求,费尽心力所构创的所谓"新儒学"为何还有如此偏失?圣学要领究竟何在?

---

① 熊十力:《熊十力全集》,湖北教育出版社2001年版,第342页。
② 朱叶楠:《"道统"在近现代学术体系中的失落与重生》,《五邑大学学报(社会科学版)》2012年第3期。

事实上，我们今天在"后新儒学"的语境下对其进行总结反思，呼唤儒学重返生活世界，期待儒学活水流向民间，致力于儒学的生活化、民间化、大众化、社会化开展及其当代重构时，如果能静下心来回到儒学创发的历史源头，细细品读《论语》，真真切切地体验孔学精神。我们或许不难发现，儒门所传之"道"既非朱子匠心独运所提出的"心传""心法"那般抽象神秘，亦非如牟氏所悟彻的所谓"心体即性体"那样玄奥精深，孔子儒学"道"之真义不过"仁礼合一"，如此而已。倘能明此儒之为儒的真精神，对儒学的当代重建或可提供有益的借鉴和指引。今天我们在"后新儒学"的视域下反思宋明理学空谈理气心性，现代新儒学引向超越绝对的偏失，致力于当代儒学重构时，重归周孔之道，确立儒学"新道统"或许应是基础性的理论环节。

一 朱熹的"心传""心法"及其"二世界"哲学

"道统"是儒学的核心观念和中心思想所在。朱熹以"十六字心传"与"克己复礼为仁"之"心法"作为其立学根基，可以说，其整个庞大的思想体系正是以此为起点，在此"道"的内核之上生发、展开的。"道统"一词由朱子率先提出，其主要内涵在《中庸章句序》中得到了最集中的表达。他说：

> 盖自上古圣神，继天立极，而道统之传有自来矣。其见于经，则"允执厥中"者，尧之所以授舜也；"人心惟危，道心惟微，惟精惟一，允执厥中"者，舜之所以授禹也。尧之一言，至矣尽矣。[①]

在此，朱熹发挥了程颐"《中庸》乃孔门传授心法"的说法，将尧、舜、禹圣贤一脉相传的道统具体化为《尚书·大禹谟》中的

[①] （宋）朱熹：《四书章句集注》，中华书局1983年版，第14页。

"十六字心传"。对于"十六字心传",学界一般都以之为朱熹道统论的全面的经典性表述,其实不然。诚如有论者指出的:"盖现有论述皆以'十六字心传'为朱子道统说之根本性、唯一性表述,而忽视了颜子及其所代表的'克复心法'在构筑朱子道统学中的应有地位。……故孔颜克己复礼为仁的心法授受实为'十六字心传'的必要补充,其价值在于彰显了儒家道统以工夫论为核心,由工夫贯穿本体的下学上达路线。"① 应该说,"心传"与"心法"的结合方是朱子道统论之"道"的基本内涵所在,因为讲"道心""人心"的"心传"只体现了朱学本体与心性的统合,唯有辅以"克复心法"所彰显的工夫学说,程朱理学才真正成其为一圆融本体、心性、工夫的完整体系。由是,朱学的整个义理架构可以道统中心,"心传""心法"两条主线进行分解说明。

就朱熹摘出的"十六字心传"来说,"人心惟危,道心惟微",所谓"道心"是指符合道体天理之心,故"微";"人心"是指生于形气之偏的私心,故"危",而"允执厥中"就是要时时省察此"危而不安"的人心,持守"微而不显"的道心,以合乎天理仁义之心为要求,"执中",无过无不及。不难看出,朱子所传之"道"正是二程"自家体贴出来"的"天理",其对"十六字心传"的解释不过就是"存天理,灭人欲"一语。因此,以"十六字心传"为突破口,正可以析分出程朱理学"理"与"气""天地之性"与"气质之性""天理"与"人欲"的"二世界"架局。② 朱熹以"理""气"二元互动确立其形上根基,并以此论心性而言"一性二分""心统性情",实现了本体与心性的合一。朱熹之所以能超迈张程,正在于将心性论说纳于理气二元之形上体系摄下,以理气论心性,使理学的心性论获得了本体论上的论证。下引数语最能展现

---

① 许家星:《朱子道统说新论——以孔颜"克复心法"说为中心》,《人文杂志》2013年第6期。
② 冯友兰说过:"理学家之哲学需要二世界,而心学家之哲学则只需要一世界。"(冯友兰:《中国哲学史》,商务印书馆2006年版,第403页)

朱熹贯通理气心性的意识，甚为关键。其言如是：

> 天地之间，有理有气。理也者，形而上之道也，生物之本也；气也者，形而下之器也，生物之具也。是以人物之生，必禀此理，然后有性；必禀此气，然后有形。①
>
> 论天地之性则是专指理言，论气质之性则以理与气杂而言之。②
>
> 性，情，心惟孟子横渠说得好。仁是性，恻隐是情，须从心上发出来。心统性情者也。性只是合如此底，只是理，非有个物事。若是有底物事，则既有善，亦必有恶。惟其无此物，只有理，故无不善。

以心贯通性情二层，以理气二元作为形上依据，心性论与本体论合一，朱子由是确立了"生命二元论"的完整建构。在朱熹的思想世界里，理气心性实已圆融为一，本体与心性合在了一起。这可以说是，朱熹以"十六字心传"为纲领所展开的义理建构。

以"心传"为根基的，理气心性的贯通，辅以"克复心法"所体现的工夫进路，完整确立了程朱理学之规模。朱熹之所以被推崇为理学之集大成者，正在于将本体、心性与工夫整合为一，完整确立了儒家的道德形上学体系，将儒家之道德价值理想立于形上超越之根基上。朱学明分"理"与"气""天地之性"与"气质之性"的这种生命二元架局最终要落实于即物穷理、存理灭欲、涵养用敬、变化气质的工夫，即要学做圣人、克己复礼、行仁践义，坚守儒家道德价值理想，最终成圣成贤。正如他说的：

---

① 《朱子全书》（第二十三册），上海古籍出版社、安徽教育出版社2002年版，第2755页。
② 《朱子全书》（第二十三册），上海古籍出版社、安徽教育出版社2002年版，第2688页。

孔子之所谓"克己复礼",《中庸》所谓"致中和,尊德性,道问学",《大学》所谓"明明德",《书》曰:"人心惟危,道心惟微,惟精惟一,允执厥中",圣人千言万语,只是教人存天理,灭人欲。……只是这上便紧紧着力主定,一面格物,今日格一物,明日格一物,正如游兵攻围拔守,人欲自销铄去。所以程先生说"敬"字,只是谓我自有一个明底物事在这里,把个"敬"字抵敌,常常存个敬字在这里,则人欲自然来不得。①

"圣人千言万语,只是教人存天理,灭人欲。"朱子之言理气心性,以工夫论的开出为旨归。孔子谓"克己复礼",《中庸》讲"致中和,尊德性,道问学",《大学》言"明明德",《尚书》云"允执厥中",程朱则以用敬与致知作为工夫。朱熹服膺伊川"涵养须用敬,进学在致知"的说法,以用敬与致知作为其工夫论的两个方面。格物致知,即物穷理,虽为象山讥为支离事业,然就朱子之哲学系统整个观之,则此格物之修养方法,自与其全系统相协调。

综上可见,朱熹以"十六字心传"和"克复心法"为纲,创构了以圆融本体、心性、工夫为基本特质,以形上超越著称的"二世界"哲学,实现了儒学形态由"实存道德描述"向"道德形上学"的转变。这极大地提升了儒家的哲学思辨水平,开拓了儒家形上超越的世界,由此也就成功回应了佛道的挑战,重建了中华人文价值理想,实现了儒学的第二次复兴。然而,程朱对"天理世界"的不断拔举和提升,尤其当朱子大言"理在事先"的时候却也将儒学引上了形上超越的极端,所带来不仅是使儒学日益脱离"活生生"的"生活世界"而沦为"空谈心性"的玄学清谈,而且在绝对超验的"天理世界"统治下,所造成的是道德本体之"超我"对自我的压

---

① 《朱子全书》(第十四册),上海古籍出版社、安徽教育出版社2002年版,第367页。

抑和束缚。朱熹说："未有这事，先有这理。如未有君臣，已先有君臣之理；未有父子，已先有父子之理。"① 君臣父子夫妇之"理"既先于人而存在，人生而就只有被动地去接受这个"理"，即毫无怀疑地去遵循践履儒家"三纲"之教了。正如杨国荣所说："正统理学以性体为道德本体，并以此为前提，要求化心为性。在性体形式下，普遍的道德规范构成了涵摄个体的超验原则，本体被理解为决定个体存在的先天本质，自我的在世成为一个不断接受形而上之规范塑造、支配的过程。由此导致的，往往是先验的超我对自我的压抑。"② 由此可见，这种形上超越的追求和提升，也可能会使儒学蜕变为超然于世、藐视世俗、流于空谈、乏于践行的玄虚之学。

二　牟宗三的"心体即性体"及其新儒学

牟宗三是现代新儒学的系统建构者。他深研道德形上学，会通天台圆融义，终悟孔子生命智慧和成德之教，先以心体、性体的圆融为要，判释先秦、宋明两期儒学，重构儒学新道统，又以此为基石，构筑起以肯定"智的直觉""内圣开出新外王""三统并建""良知自我坎陷"为主体内容的儒家道德形上学体系。可以说，悟彻孔子成德之教，识得儒家内圣心性学"心体即性体"之要旨，实现道统重建，是牟宗三现代儒学创新的起点和关键。

其一，以"心体即性体"为深层依据，重组先秦儒典，判释宋明理学，重建儒门道统。③ 在牟宗三看来，儒家所谓"道统"乃是泛指儒家的内圣心性之学或内圣成德之教，"中国'德性之学'之传统即名之曰'道统'"，此内圣学包括三义，一是以"天道性命相

---

① 《朱子全书》（第十七册），上海古籍出版社、安徽教育出版社2002年版，第3204页。
② 杨国荣：《心学的理论走向与内在紧张》，《文史哲》1997年第4期。
③ 相关内容见牟宗三《心体与性体》（一），《牟宗三全集》第5册，联经出版事业股份有限公司2003年版，第15—21页。另参阅杨海文《略论牟宗三的儒家道统观》，《学术研究》1996年第6期。

贯通"为义理骨干,二是以"践仁以知天"为践履归宿,三是以"大而化之"为践履的最高境界,[1]集中凝结为"心体即性体"这一哲理深邃的命题。"性体"是道德形上学的概念,指内在道德性之性,与"天"这一实体相联系。"就其统天地万物而为其体言,曰实体;就其具于个体之中而为其体言,曰性体。"[2]这里,牟先生发挥了《中庸》"天命之谓性"的说法,以为"于穆不已"的天体下贯到个体之中而成其为性体。此"性体"概念从形上超越的高度确认了道德实践之可能,是儒家道德形上学可以成立的要害所在,正因为有此"法门"儒家这里才能实现道德与形上学通而为一,确立其"即宗教即道德"的精神特质。与"性体"一样,"心体"亦是儒家内圣学的重要范畴,可以说,性体与心体构成了内圣心性学的一体两面。此"心"非生理之心,非心理学之心,更非所谓认知之心,而是内在固有,超越自律的道德本心,相应于性体而言"心体"。如果说,"性体"主要体现的是"天道性命相贯通"的第一义,而比较是一个本体论概念的话,那么,"心体"则多显"践仁以知天"的第二义,而有工夫论之意味。当然,这里,本体与工夫须是合而为一,"即心体即性体",儒家和合心体、性体的内圣学成为道德实践和道德形上学的完美体现,也即达到了第三义"大而化之"的最高践履境界。确认了内圣学"即心体即性体"的要旨之后,牟宗三以之为主要依据重组先秦儒典、判分宋明理学,进而实现了儒家道统论的重构。牟宗三将先秦五部儒学经典《论语》《孟子》《中庸》《易传》《大学》判分为两系:《论》《孟》《易》《庸》为一系,它们蕴含着"心体即性体"的深刻义理,是孔子生命智慧与成德之教的"一根而发",代表着先秦儒学的本质;《大学》单列为一系,它相对于儒家的内圣成德之教而言是"另端别起""似是

---

[1] 牟宗三:《心体与性体》(一),《牟宗三全集》第 5 册,联经出版事业股份有限公司 2003 年版,第 268 页。

[2] 牟宗三:《心体与性体》(一),《牟宗三全集》第 5 册,联经出版事业股份有限公司 2003 年版,第 43 页。

第三章　生活儒学——回归周孔，重建儒学的当代构想　　101

从外插进来"，不合乎孔子生命智慧的方向，并不能代表先秦儒学的本质。论定《大学》之义理归趣及其地位是牟宗三重建道统的重要一环，① 以此两系"模式"为参照，牟氏将宋明理学也析分成了"两宗三系四组"：第一组为"周张程（颢）"，大致说来，他们学宗《论》《孟》《易》《庸》，未提及《大学》，其中，明道之学最为重要，他从《易》《庸》返归《论》《孟》，接续、彰显了儒家"即心体即性体"的一本圆融义。这一组作为理学先驱，至此宋明儒学尚未出现分系。第二组是"程（颐）朱"，从程颐开始，宋明儒学出现了分系，原因在于伊川以《大学》系统涵摄《论》《孟》《易》《庸》系统，朱子继之，以《大学》为中心将伊川思想推向成熟完备。第三组为"胡（宏）刘（宗周）"，牟宗三特别推崇这组，以为胡五峰直接承续了明道的圆教模型，而明代刘蕺山与明道、五峰一脉相承成为宋明儒学殿军。第四组是"陆王"，他们纯是孟学，即使阳明言《大学》，也是在孟学统摄下立说。以上是"三系四组"的提法，至于"两宗"即将以《论》《孟》《易》《庸》作为中心的宋明儒作为"大宗"或"正宗"，这包括上述第一、三、四组；而以《大学》为中心的程朱则是所谓的"别子为宗"。言至此，牟宗三先生的道统观也就大体明确了："道统之道"应该是"即心体即性体"的内圣成德之教，其传承统绪大致是孔孟、明道、胡刘、陆王等。所谓重续道统就要返归《论》《孟》《易》《庸》，"接着宋明讲"，光大儒家圆融心体性体的生命智慧和成德之教。

其二，以"新道统"为理论根基，创构现代新儒学体系。既以悟得了儒家"即心体即性体"的道统法门，牟宗三就是以此为内核展开其新儒学架构的。牟宗三接续宋明之"胡刘""陆王"而言良知本体，又以"心体"和"性体"作为其不同的表现形式，"心体""性体"合为一体，皆是指"良知"本体。他说：

---

① 参阅郑家栋《当代新儒家的道统论》，载陈明主编《原道》（第1辑），中国社会科学出版社1994年版。

心体是就此良知明觉即是吾人之"本心"说，此本心就是"体"。性体是就此知体、心体就是吾人所以为道德的存在之超越的根据，亦即吾人所以能引生德行之"纯亦不已"之超越的根据而说。……此性体是通过知体、心体而被了解的。故性体是客观地说的，知体、心体是主观地说的。此两者是一。①

牟宗三讲"良知"本体，进而也肯定人有"智的直觉"，其所谓"智的直觉"即是"自由无限心""知体明觉"或者就是"良知"。在牟宗三看来，正因为人也有"智的直觉"而不只属于上帝，人不仅能认识现象世界，而且能呈现本体世界，不仅能践履形而下的道德，而且能通过道德实践实现自我转化，从而实现超凡入圣。因此，"良知""智的直觉"是成就"道德的形上学"关键，正因为人有"智的直觉"、有和合心体与性体的"良知"，道德本体一方面可由内向上翻、将生命存在接通终极价值本源；另一方面，又可自上向下"流布"、从至上的道德实体落实到具体万物。② 显然，牟宗三言"良知"本体、肯定"智的直觉"证成的道德的形上学主要只是"返本"，而对于儒家这套内圣成德之教如何实现现代开展进行全面系统地论证方是牟学之"开新"所在，这主要表现在其"内圣开出新外王""三统并建""良知自我坎陷"说的提出。③ 当然，其义理精神无论多么高明、新颖，皆是本于儒家的内圣成德之教立说，皆是在此"内核"上萌发的新思。也就是说，牟宗三仍是"接着朱熹讲"，先将儒家内圣外王之道归结为内圣之道，以内圣统外王；又

---

① 牟宗三：《现象与物自身》，《牟宗三全集》第 21 册，联经出版事业股份有限公司 2003 年版，第 66 页。
② 程志华：《中国近现代儒学史》，人民出版社 2010 年版，第 209 页。
③ 详细论说参阅牟宗三《生命的学问》《历史哲学》《时代与感受》《政道与治道》等相关内容，兹不赘述。

将内圣之道归结为形上的本体，以内圣的良知本体开出新的外王。换言之，牟宗三先是识得孔子的生命智慧和内圣成德之教，实现以"即心体即性体"为核心观念的道统之重构，进而开出其道德形上学，提出"内圣开出新外王"等一系列创造性构想，最终完成其新儒学体系构建的。

以牟宗三为主要代表的新儒家在回应西学挑战、实现儒学现代转化等方面无疑做出了重要的贡献，然而，当其把"接着宋明讲"的新儒学"提到一个超越绝对的地步"时，儒家之道德价值理想就很难"落实在整个历史社会总体间"（林安梧语）而作为一现实道德实践的开启。如比之于程朱理学，我们或许会更清楚地认识到这点。其实，新儒学发展至牟宗三，有类于宋明理学发展至朱熹立"形上绝对""超越至上"之"极"，理学遂日成超然于世、清高脱俗的清谈玄学。与此相类，牟宗三先生的道德形而上学也有此特点，故林安梧称其为"高狂俊逸的哲学家"。"在牟先生的系统中，却把人提到上帝的层次，再从上帝下返到人间，就好像已经究竟地证道了，再作为菩萨下凡人间，而开启现代化的可能性。这样的理解方式，我以为可以用蔡仁厚先生所说的'高狂俊逸'这句话来形容，牟先生是一高狂俊逸的哲学家，果然！"[1] 诚然，牟先生此"高狂俊逸"之哲学，难免也有疏离"生活世界"，以心性修养代替道德实践的偏执。

正是因为有识之儒洞见了这种偏执，牟宗三之后所谓"批判的新儒学"所由出，遂成"护教的新儒学"与"批判的新儒学"之分野。所谓"批判的新儒学"，就是指对新儒学持一"批判继承、创造发展"的态度，在批判继承之基础上创构一面向"生活世界"、面向"历史社会总体之道德实践"的"后新儒学"，从而开启一个"后新儒学"的时代。在此"后新儒学"的时代，我们真

---

[1] 林安梧：《儒学革命——从"新儒学"到"后新儒学"》，商务印书馆2011年版，第295页。

切期望儒学能走出书斋，走出讲堂，"来到我们身边，活在我们中间"，以大众喜闻乐见的形式，令妇孺皆知，如春风化雨般教化国民。由是，我们不得不去重新检视宋明理学、现代新儒学的道统观，去觅求合乎时代精神的"新道统"，并以此"新道统"为纲领实现"后新儒学"时代的儒学重建。为此，重读《论语》，返本归源，追寻孔子之"道"，重新建构儒学"道统"论或许是我们首要的理论工作。①

三　回归周孔之道，重建儒学道统

朱熹、牟宗三所架构的儒家道统论，是面向他们的时代，以一种"六经注我"式的哲学化诠释（内在诠释）的路径对儒家核心精神的理解。通过这种"六经注我"式的哲学化诠释（内在诠释）的路径所追寻到的，与其说是儒家（"六经"）本身的核心精神，毋宁说是他们"先入为主"的"己见"（"我"）。这种"己见"显然并不一定能够完全切合儒家的道统精神。也就是说，朱熹、牟宗三的这种哲学化诠释虽可以以"我"的时代感受和问题意识来"抉择""整合"儒学传统（"六经"）中的思想资源，使儒学传统能够一直活在当下，切合每一个"当代"的需要。然在一种"我注六经"式的历史（外在诠释）的视野下来看，儒学传统的思想资源（"六经"）所"注"的每个当下的"我"，并不一定就是儒学传统（"六经"）本身的思想意蕴。因此，对儒学传统的核心精神（道统）的定位，就需要返诸"六经"，即面向儒学传统本身，回归孔子，回到《论语》，在孔子儒学产生的本源的历史情境中去追寻。简言之，我们对儒家道统论的把握，是一种历史叙事（面向传统）下的说明，而非哲学诠释（面向当代）下的界定。

众所周知，儒家创始人孔子是三代（主要是周代）礼乐文化的

---

① 以上内容参阅拙文《孔子之"道"与儒学重构——从朱熹、牟宗三的道统论说开去》，《湖南大学学报（社会科学版）》2014年第6期。

集大成者，正是依托于三代礼乐文化的深厚文明积淀，孔子才得以另立新思，开创儒学。柳诒徵先生言："孔子者，中国文化之中心也。无孔子则无中国文化。自孔子以前数千年之文化，赖孔子而传；自孔子以后数千年之文化，赖孔子而开。即使自今以后，吾国国民同化于世界各国之新文化，然过去时代之与孔子之关系，要为历史不可磨灭之事实。"① 孔子所传者是三代的礼乐文化，所开者是其纳仁于礼（以仁释礼）而创构的儒学。这就意味着，要了解孔子的文化创制就要先了解前孔子时代的文明积淀，要追问儒学的发生就要从前孔子时代的礼乐文化说起。换句话说，我们虽承认孔子是儒家文化的创始人，然严格说来，儒学的发端并不是始于孔子，而是"制礼作乐"的周公，或者说，是以周公"制礼作乐"为主要标志的周初的人文意识的觉醒。从这个角度而言，儒学的源头在周公，而不在孔子。

周初人文觉醒，周公"制礼作乐"奠定了儒家礼学的根基；② 春秋"礼坏乐崩"之时，孔子以仁释礼，给礼学注入了"仁"的精神内涵，从而完整地确立了中国儒学的思想精神。③ 从巫史传统到制礼作乐，是为中国文化"由巫到礼"的转进。周公之后，孔子出而接替斯文，以仁注礼，为礼乐文化寻求到了内在于人的深层依据，此谓"释礼归仁"。释礼归仁，以仁作为礼乐的内在根据，便构成了孔子创构儒学的关键思想环节。

孔子之时，是"周室微而礼乐坏"的"乱世"。孟子曰："圣王不作，诸侯放恣，处士横议。"庄子说："天下大乱，贤圣不明，道德不一，天下多得一察焉以自好。"所谓"圣王不作""贤圣不明"即指原有制度组织的崩坏，这正是春秋战国之世的最主要特征，传

---

① 柳诒徵：《中国文化史》，上海古籍出版社 2001 版，第 265 页。
② 有关周公制礼作乐的问题，参阅杨向奎《宗周社会与礼乐文明》（下卷第一、二），人民出版社 1992 年版。
③ 参阅朱青青、陈静《从"以德配天"到"以仁释礼"——周公、孔子在儒学史上的地位考析》，《南京政治学院学报》2010 年第 6 期。

统礼乐崩坏,旧制不行,新制未立,"道术将为天下裂",由此开始了中国历史诸子"百家争鸣"之局面。司马谈《论六家之要旨》载:"易大传:'天下一致而百虑,同归而殊涂。'夫阴阳、儒、墨、名、法、道德,此务为治者也,直所从言之异路,有省不省耳。"所谓"上医医国",虽然"诸子之言纷然肴乱",然皆以"上医"自居,欲开出了治平天下的"良方"。其中,有欲修正旧制度者(儒家),有欲另立新制度以替代旧制度者(法家),有反对一切制度者(道家)。

  儒学的开山孔子坚信"斯文未丧"、礼乐可行,矢志要"复周",以能继文王、周公之业为职志。"文王既没,文不在兹乎?天之将丧斯文也,后起者不得与于斯文也;天之未丧斯文也,匡人其如予何!"① 此之谓也。"在一社会之旧制度日即崩坏之过程中,自然有倾向于守旧之人,目睹'世风不古,人心日下',遂起而为旧制度之拥护者,孔子即此等人也。不过在旧制度未摇动之时,只其为旧之一点,便足以起人尊敬之心;若其既已动摇,则拥护之者,欲得时君世主及一般人之言从,则必说出其所以拥护之之理由,予旧制度以理论上的根据。此种工作,孔子已发其端,后来儒家者流继之。儒家之贡献,即在于此。"② 诚然,孔子就是在予旧制度(礼)以理论上的根据之基础上创立儒家学说的,而其所以拥护礼之理由,为"礼"制所确立的理论上的根据正是"仁"。诚如牟宗三先生所说:"周文演变至孔子,已届反省之时。反省即是一种自觉的解析,所谓引史记而加王心焉是也。加王心者,即由亲亲尊尊之现实的周文进而予以形上之原理。此形上之原理,亦由亲亲尊尊而悟如。在此转进中,亲亲仁也,尊尊义也。此形上原理予以周文之亲亲尊尊以形上之解析与超越之安顿。此步转进悟入,是孔子创造智慧之所

---

① 杨伯峻译注:《论语译注》,中华书局1980年版,第88页。
② 冯友兰:《中国哲学史》,商务印书馆2006年版,第16页。

开发。"①

从周公"制礼作乐"（由巫到礼），确立以亲亲尊尊为基本规约的周文；到孔子"纳仁于礼"（释礼归仁），为亲亲尊尊之现实的周文奠定形而上之原理，是中国文化发展的两个重要转折点，也是中国儒学得以创制的两大关键环节。周公所制作的礼乐文化是孔子儒学的源头活水，正是植根于礼乐文明的深厚积淀，孔子才能够开创儒学；孔子"纳仁于礼"又为古老的礼乐文化注入了新的精神内涵，是对礼乐文化的重要传承与创新。在严格的意义上来讲，孔子的文化创新主要在于"仁"，正是因为"仁"的纳入才重新激活了礼乐文化的思想潜能，开创了"礼"和"仁"统一的儒学。对此，芬格莱特提出了不同意见，他认为，"礼"才是孔子学说的核心，并且正是由于孔子的这个概念才使他成为一位革新者②。然事实上，正如本杰明·史华兹所认为的，尽管当把孔子的"礼"置于他的伦理学说语境中加以思考时，确实代表了革新，但我们不能忘记他本人一再重申的声明：他在这个领域内只是过去传统的转述者。可以有充分的理由来说明，这个概念（礼）在更古老的文化趋向中有着很深厚的根源，而且也"有充分理由表明，正是由于孔子将注意力聚集到'仁'概念之中，孔子才成为一名革新者而不只是传述者"③。当然，我们虽强调孔子"纳仁于礼"的革新意义，并不是认为孔子以"仁"取代甚至"颠覆"了"礼"，而应该说是通过"仁"的注入来创新了"礼"，确立了中国儒学"仁"和"礼"统一的架构。就中国儒学的这种内在的架构而言，周公、孔子无疑是儒学创制最为重要的代表人物。

周公"制礼作乐"、孔子"以仁释礼"，就中国儒学创制的两大

---

① 牟宗三：《历史哲学》，吉林出版集团有限责任公司2010年版，第93页。
② [美]赫伯特·芬格莱特：《孔子——即凡而圣》，彭国翔、张华译，江苏人民出版社2002年版，第60、7页。
③ [美]本杰明·史华兹：《古代中国的思想世界》，程钢译，江苏人民出版社2008年版，第99页。

关键环节而言，礼学和仁学构成了儒学的核心精神。从儒学统合礼学和仁学的核心精神来看，儒学或应被称为"周孔之道"，而非我们常说的所谓"孔孟之道"。事实上，唐代以前儒学就是被称为"周孔之道"的，① 而称"孔孟之道"是宋代以后孟子升格运动的产物。② 对此，清儒章学诚早有名论。他反对宋儒抬高孔孟、忽视周公的做法，认为后人尊孔子（孟子），舍周公，乃宋学"性命取向"之偏至。③ 他说："宰我以谓夫子'贤于尧舜'，子贡以谓'生民未有如夫子'，有若以夫子较古圣人，则谓'出类拔萃'，三子皆舍周公，犹尊孔氏，朱子以谓事功有异，是也。然而治见实事，教则垂空言矣。后人因三子之言而盛推孔子，过于尧舜，因之崇性命而薄事功，于是千圣之经纶，不足当儒生之坐论者，莫若切近人情。不知其实，而但务推崇，则玄之又玄，圣人一神天之通号耳，世教何补焉？"④ 可见，清儒通过对宋学"性命取向"之思想偏颇的反思，已明白地窥见了儒学作为周孔之道的真面目。抬高孟子，贬抑周公，将儒学定位为"孔孟之道"，侧重于儒学心性化方向之开展，是宋儒回应佛老之所必需，却并不能得见儒学之真精神。毕竟就儒学本真精神的奠基而言，周公、孔子才是儒学得以兴创的第一等人物，其地位恐非孟荀等后世诸儒所可比拟。正如有论者指出的："周公建制与孔子立言，完成了儒家的两大历史使命，足以彪炳千古。周公和孔子为儒学史上之双峰，远超孟荀及后世诸儒。无周公建制，孔子的立言便是多余，同样，没有孔子的立言，周公的建制也是白费，此二圣亦是一以贯之。或许唐之前周孔并称可得儒家真相，宋之后

---

① 参阅郑晨寅《"周孔"与"周孔之道"述论》，《孔子研究》2014年第4期。
② 对此，钱穆、牟宗三等有专门的考论，兹不赘述。另外，关于孟子升格运动，参阅徐洪兴《思想的转型——理学发生过程研究》，上海人民出版社1996年版，第92—121页。
③ 参阅张广生《周公、孔子与"文明化成"——章学诚的儒学之道》，《清史研究》2006年第1期。
④ （清）章学诚撰，叶瑛校注：《原道上》，《文史通义》，中华书局1994年版，第123页。

孔孟并称已遭佛学浸染，而清代朴学远溯先秦，考证三代，几近儒家本来面目了。"①

因此，我们认为，将儒学"定义"为是"孔孟之道"，既不足以反映儒学传统背后的深厚历史文化积淀，亦不能完全体现孔子儒学所深蕴的思想精神。毕竟取"孔孟之道"一说来定位儒学传统，主要是着眼于后孔子时代孟子对孔子仁学意义的开显，即拓展孔子释礼归仁，内在于人寻求礼乐的人性依据的路向而言，而根本无法观照前孔子时代儒学发端和滥觞的这层意义。当然，今天常提及的"孔孟之道"一说，或许更多的只是普通大众的通俗讲法，稍稍留意，我们就会发现现代儒家学者，诸如梁漱溟、牟宗三等都是深究其意，以周孔并称来说明儒学传统本身的"微言大义"的。其言如是：

> 中国数千年风教文化之所由形成，周孔之力最大。举周公来代表他以前那些人物；举孔子来代表他以后那些人物；故说"周孔教化"。周公及其所代表者，多半贡献在具体创造上，加礼乐制度之制作等。孔子则似是于昔贤制作，大有所悟，从而推阐其理以教人。道理之创发，自是更根本之贡献，启迪后人于无穷。所以在后两千多年的影响上说，孔子又远大过周公。②

> 亲亲尊尊之文，盖无一时可以废。尽有其本于人性人情之合理性。由此合理性，再反显透视一步，即为仁义之点出。周文，周公之所制也；仁义，则孔子之所首言也。孔子握住仁义之本，遂予周文以超越之安立；仁义与周文得其黏合性，而周文遂得以被肯定。③

---

① 朱青青、陈静：《从"以德配天"到"以仁释礼"——周公、孔子在儒学史上的地位考析》，《南京政治学院学报》2010年第6期。
② 梁漱溟：《中国文化要义》，上海人民出版社2011年版，第99—100页。
③ 牟宗三：《历史哲学》，吉林出版集团有限责任公司2010年版，第89页。

> 周公之制礼是随着军事之扩张，政治之运用，而创发形下之形式。此种创造是广度之外被，是现实之组织。而孔子之创造，则是就现实之组织而为深度之上升。此不是周公之"据事制范"，而是"摄事归心"。是以非广被之现实之文，而是反身而上提之形上的仁义之理。此是反身的深入之解析，而不是外指之现实的构造。①

就周公对儒学的奠基和孔子对儒学的开创而言，儒学或应被"定义"为"周孔之道"，而非"孔孟之道"。周孔并称，表征着儒家仁学和礼学相统一的思想架构，而作为"周孔之道"的儒学所深蕴的是一种仁礼合一的核心精神。"周孔之道或周孔之教中的'周'，更多地代表了原初儒学中'礼'的观念，'孔'则主要关乎儒学中'仁'的思想。可以说，正是'仁'和'礼'的统一，构成了本然形态的儒学之核心。广而言之，'仁'和'礼'的交融不仅体现于作为整体的儒学，而且也渗入于作为儒学奠基者的孔子之思想：孔子在对'仁'作创造性阐发的同时，也将'礼'提到突出地位，从而，其学说也表现为'仁'和'礼'两者的统一。"② 当然，所谓"仁"和"礼"的统一并不是指以"仁"为本来统"礼"，也不是指以"礼"为本来统"仁"，而是一种仁礼平衡相待、互通为一的状态。

新加坡学者赖蕴慧指出，对于仁与礼的关系，《论语》中有不同的看法。跟门人子游、子夏相关的对话往往重礼，而跟曾子、子张和颜回相关的对话则重仁。这一分歧后来被称作"内外"之争。"内"代表仁的本质，指人性中内在的、可能与生俱来的道德感。相反，"外"代表礼的精神，指从外而内的社会性规范引导，

---

① 牟宗三：《历史哲学》，吉林出版集团有限责任公司2010年版，第93页。
② 杨国荣：《儒学：本然形态、历史分化与未来走向——以"仁"与"礼"为视域》，《华东师范大学学报（哲学社会科学版）》2015年第5期；杨国荣：《何为儒学？——儒学的内核及其多重向度》，《文史哲》2018年第5期。

同时在某种程度上限制内在自我。这一争论与西方传统中的天性—教育（nature-nurture）问题及其在道德修养问题上的意义相似。在儒学思想体系中，自然的（内在的）道德倾向与（外在的）道德教化，何者更为根本？孔子曾经机智地指出，过分强调任何一方都是不对的。他说，质（基本的天性）和文（教化）都是必要的。①《论语》原文如是："质胜文则野，文胜质则史。文质彬彬，然后君子。"②

从孔子对"内"和"外"的兼顾，"质"和"文"的并举来看，我们完全有理由相信，仁和礼在孔子儒学思想中表现为一种互相平衡、双向互动的统一关系。孔子虽视交流对象的不同，时而以仁为本，时而又以礼为要，然单纯以孔子为"仁本论"或"礼本论"者皆不得其学之精粹。信广来以"仁礼相待"一说来概括儒家的"仁""礼"关系，不无所见。他说："深刻理解人类情感的人能够以适宜的方式表达情感；一个人能够如此表达情感，即意味着他在情感上成熟了（重礼）。……同样，不同时理解礼所传达的人类情感，就不能说已经完全掌握了礼；一个常常不能向他人传达仁的人没有资格自称仁者。"③ 在我们看来，就"仁"与"礼"内外通为一体的关系而言，"仁礼合一"或许能较为准确地揭示周公、孔子所代表的儒学传统的深层精神特质。也就是说，从周公到孔子，仁礼合一构成了本然形态之儒学的核心。

从作为"周孔之道"的本然形态的儒学来看，我们提出，儒家所传之"道"是周公、孔子之道，此"道"所透显的是儒家仁礼合一的核心精神。如果即此"道"而言其"统"，我们可以说，儒家道统在仁礼合一。当然，儒家仁礼合一的道统论不仅可以在历史叙

---

① ［新加坡］赖蕴慧：《剑桥中国哲学导论》，刘梁剑译，世界图书出版公司北京公司2012年版，第26—27页。
② 杨伯峻译注：《论语译注》，中华书局1980年版，第61页。
③ Shun, Kwong-loi, "Jen and li in the Analects", *Philosophy East and West*, Vol. 43, No. 3, 1993, pp. 457–479.

事的脉络下得到说明，回到《论语》文本本身，孔子儒学的这种思想架构亦可以得到印证。细读《论语》，回到孔子的生活世界，真切体验孔学精神。我们或许不难发现，孔子"道"之真义不过"仁礼合一"，如此而已。

如上所述，孔子的思想起点是礼，其创立儒学源于补礼、纠礼的致思路向。周文疲敝，礼乐不兴，孔子欲兴亡继绝，接替斯文，就必要对"礼"有一番因时制宜、损益革新的处理。孔子之为孔子者，就在于他敏求善思自家体贴出了"礼"背后那个更为重要的根本——"仁"，为古老的礼乐文化重新注入了生机与活力。当然，"述"礼"作"仁虽是孔子创立儒学的基本线索，但这并不意味着仁、礼简单拼凑相加就自然化生儒学，言礼不及仁，非儒也；言仁不及礼，亦非也；仁礼和合，真儒之谓。因此，孔子虽把"仁"界定为礼之本，但并为因仁而废礼，"一方面以仁释礼，另一方面又强调以礼来外化仁、落实仁。仁、礼不偏废，内外合为一；'仁'是内化的'礼'，'礼'是外化的'仁'，两者和谐互动、感通为一"①。如果仁不外化为礼而落实于日用常行间就不能实现其价值，此其所谓"克己复礼为仁"；同样，如果外在的礼失去了内在之仁作支撑，那么礼就流于形式、虚文，此其所谓"人而不仁，如礼何？人而不仁，如乐何""礼云礼云，玉帛云乎哉？乐云乐云，钟鼓云乎哉"②。

可见，仁与礼构成孔子之"道"的一体两面，具有同等重要的地位："人而不仁如礼何"，"仁"之要在于使"礼"合乎主体内在的心性情感，而不至于流于空有其表、形式僵化的所谓"吃人的礼教"；"克己复礼为仁"，"礼"之要则在于将主体内在的情感化作外在的力量，落实于具体的社会关系中。"仁"的内在情感与"礼"的外在行为合而为一，方是道德实践之整个过程的完成。在伦理学

---

① 参阅拙文《孔子言说的"道"》，《光明日报》2014年8月26日第16版。
② 杨伯峻译注：《论语译注》，中华书局1980年版，第24、185页。

的视域下来看,"礼"所彰显的是规范伦理的重要意义,即"对规范的认识和内化,是行为主体形成德性的前提",而"仁"所突出的是德性伦理的重要价值,即"稳定德性的形成又构成行为主体道德行为的内在基础"[①]。

概而言之,仁和礼的统一构成了孔子儒学的主体精神,这种仁礼合一之学内在地包含着"人而不仁如礼何"与"克己复礼为仁"两个重要维度。前者所凸显的是以道德自觉和内在德性来确立道德规范、指导道德实践;后者则强调通过道德行为实践来涵养德性、实现德性。仁礼交互为一之关系所反映的正是美德与规则[②]辩证统一,德性与德行通为一体,道德价值得以实现的完整过程。"规范约束之外力不内化于德性之自律,难以知善恶、辨美丑、识真伪,足以表明德性构建之重要;德性之自律不为社会伦理氛围所支撑,难以显良知、倡世风、立楷模,足以见德性化德行之重要。"[③]

在德性、规范和德行三者的互动关系中来看,或许更能揭示孔子儒学仁礼合一之学的深层意义。就德性与规范的关系而言:规范在形式上表现为"你应当"(You ought to)之类的社会约束。相对

[①] 俞世伟、白燕:《规范·德性·德行——动态伦理道德体系的实践性研究》,商务印书馆2009年版,前言第3页。

[②] 在西方哲学传统中,德性伦理学(virtue ethics,中文亦常译为美德伦理学)是相对于规范伦理学(normative ethics)而言的,二者的分别主要在于"问题意识"上的不同:前者以"我应该成为什么样的人"(What I ought to be?)为中心,而后者则以"我应当做什么"(What I ought to do?)为中心。与此对应,德性伦理学是以德性、品格和行为者为中心的伦理学,而规范伦理学是以道德、规范和行为为中心的伦理学。(Mark Timmos, *Conduct and Character*, Belmont: California Wadsworth Publishing Company, p. 240)Barbara Mackinnon 则认为,"对于规范伦理学而言,其主要的、基本的目的与其说是成为善良的人,毋宁说是做善良的事。在德性伦理学中,主要的、基本的目的则是成为善良的人。"(Barbara Mackinnon, *Ethics*, San Francisco: Wadsworth Company, 1995, p. 90)当然,德性伦理学和规范伦理学的这种区分只是相对意义上的说法,德性伦理学也同样关注道德、规范和行为,只是相对于德性、品格和行为者,这些方面处于相对次要的位置,规范伦理学的情形也大概是这样。

[③] 俞世伟、白燕:《规范·德性·德行——动态伦理道德体系的实践性研究》,商务印书馆2009年版,前言第3页。

于此，德性则首先以"我应当"（I ought to）为约束的形式。在"你应当"的形式下，行为者是被要求、被作用的对象，在"我应当"的形式下，行为者则呈现为主体。仅仅停留在"你应当"之类的命令关系中，行为显然很难完全摆脱他律的性质，唯有化"你应当"为"我应当"，才能扬弃行为的他律性，并进而走向自律的道德。当然，超越"你应当"，并不意味着消解规范的作用，毋宁说，它所侧重的是规范作用的方式的转换。事实上，在"我应当"的自我要求形式中，同样蕴含着规范的制约。① 从仁礼关系来说，仁与德性的"我应当"的主体精神吻合，而"礼"则与规范的"你应当"对应。一方面，唯有化"礼"的"你应当"为"仁"的"我应当"，道德行为才能由他律走向自律，此重"仁"的意义（人而不仁如礼何）；另一方面，化"礼"的"你应当"为"仁"的"我应当"并不意味着"礼"的规范作用的消解，"仁"的自觉自省离不开"礼"的规范的制约，此显"礼"的价值（克己复礼为仁）。在伦理学的视域下，德性与规范的辩证统一彰显了孔子儒学中仁与礼交互合一的关系。

就德性与德行的关系而言：与德性的形成（有得于心）基于"行"相应，德性的自证难于仅仅停留在精神的受用之上——它需要在德行中确证自身。德性的外部确证过程，同时也就是德性的外化过程。如果德性是真实的，那么它就总是既凝于内，又显于外。德性的外化或对象化，并不是一种远离日用常行的过程，化德性为德行也不一定表现为惊天动地之举，相反，它更多地内在于生活世界之中的日用常行。② 从仁礼关系来说，"仁"的德性的形成依赖于对"礼"的遵从和践行（德行），此即以礼仪实践来涵养德性（克己复礼为仁）；对"礼"的遵从和践行（德行）并非被动，它只是将

---

① 杨国荣：《伦理与存在——道德哲学研究》，华东师范大学出版社2009年版，第159页。

② 杨国荣：《伦理与存在——道德哲学研究》，华东师范大学出版社2009年版，第164页。

"仁"的德性外化在生活世界的日用常行中的自然过程（非礼勿视听言动），此即依德性而建设、实践礼仪（人而不仁如礼何）。由此可见，在伦理学的视域下，德性与德行之间的辩证统一亦能反映孔子儒学仁与礼交互合一的关系。

进一步来说，如果我们把孔子"道"之"两面"——"礼"和"仁"做进一步分解，就会析出"外在的礼法约束与内在的道德自觉""他律式的遵从恪守（克己复礼）与自律式的自觉主动（为仁由己）""规范建设与情感建设""社会存有与心性修养""超越理想与世俗价值""行为规范与社会正义"等多重分疏，在这样的分界中，我们更可以觉察到孔子儒学美德与规则并重，价值理想和道德规范合一的高超智慧，不偏不倚，恰到好处，取法乎中，无过无不及，遂避免了游走两极的偏执，成就了仁礼合一的原始儒学这一阳刚劲健、元气淋漓，生生和谐，可大可久的思想系统。

今天在重建儒学，建构儒家"新道统"时，我们强调要转变朱熹、牟宗三那种"六经注我"式的哲学的思维路径，在"我注六经"的历史叙事下，面向儒学传统本身去追寻孔子儒学的核心精神（道）。回到儒学产生的本源历史情境，回归《论语》文本本身，我们发现了作为"周孔之道"的本然形态的儒学。这种本然形态的儒学所深蕴的是仁和礼统一的核心精神。在宋儒"理一"的原则指引下，以面向传统（返本）为要求建构"生活儒学"的道统论时，我们应该扬弃"孔孟之道"的说法，复归"周孔之道"的要旨，以仁礼合一来定位儒门所传之"道"。在"后新儒学"时代语境下我们正需要接续和光大此"道"，确立合乎"生活儒学"的"新道统"，并以此为纲领展开当代儒学的重构。[1] 诚如杨国荣所说："今天，当我们重新审视儒学之时，面对的突出问题便是如何扬弃'仁'和'礼'的分离。从儒学的演化看，以孔孟之道为关注之点，往往侧重

---

[1] 梁涛：《回到"子思"去——儒家道统论的检讨与重构》，《学术月刊》2009年第2期。

于'仁'的内化（心性）；注重周孔之道，则趋向于肯定'仁'与'礼'的统一。扬弃'仁'和'礼'的分化，从另一角度看，也就是由孔孟之道，回到周孔之道，这一意义上的回归，意味着在更高的历史层面上达到'仁'和'礼'的统一。"①

回归周孔之道，切中本然形态的儒学仁礼合一的核心精神，我们明确提出了"后新儒学"时代的生活儒学仁礼合一的道统论。"生活儒学"所建构的这种"新道统"既是向作为周孔之道的本然形态的儒学的深度回归（理一），又力图通过面向当代（开新），在"后新儒学"时代生活儒学"儒学传统如何关联当代社会生活"的问题导向下，进一步开显和表现儒学传统的这种核心精神的当代意义（分殊）。当我们需要追问以"仁礼合一"为道统的孔子儒学的哲理精神时，正如以上在追寻与定位儒学传统的生命智慧时所指出的，仁礼合一的本然形态的孔子儒学所体现的是一种"极高明而道中庸"（即凡而圣、日用即道）的哲理精神。由此，面向儒学传统本身，以仁礼合一作为道统论的"后新儒学"时代的生活儒学，其哲理支撑就不是形而上学，也不是形而下学，而是切中儒学传统"仁礼合一"的道统论和"日用即道"的生命智慧的"形而中学"（徐复观语）。这就是我们所谓生活儒学"形而中学"的哲理精神。

第二节 "形而中学"的哲理精神

向周孔之道仁礼合一的本然形态的儒学回归而建构的"后新儒学"时代的生活儒学以"仁礼合一"为道统论，与之相应，生活儒学当以"形而中学"作为哲理支撑。以形而中学（日用即道）作为哲理支撑的生活儒学既将儒学的价值理想（道）寓于生活世界的人

---

① 杨国荣：《儒学：本然形态、历史分化与未来走向——以"仁"与"礼"为视域》，《华东师范大学学报（哲学社会科学版）》2015 年第 5 期；杨国荣：《何为儒学？——儒学的内核及其多重向度》，《文史哲》2018 年第 5 期。

第三章　生活儒学——回归周孔，重建儒学的当代构想　　117

伦日用（日用），又使人伦日用的生活世界为儒学的价值理想所转化和提升。或如李承贵所指出的："生活儒学就是要儒学以生活为旨归，但又不是迁就生活而放弃自我标准，而是使儒学与生活之间保持一种既有否定又有肯定的张力。因为以生活为旨归，儒学便可做到与时俱进，便可根据生活的变化而调整自己，使自己的体系得到充实和更新而不被生活所遗弃；因为坚守自我价值，儒学便可以做到美化生活，便可使自身的理想落实于生活，儒学价值的权威性得到维持。正是在此肯定否定之间，儒学思想资源包括理念、价值等都能实现积极而健康的更新。"①

与以孔孟之道（主要是孟子）作为内核的宋明理学、现代新儒学突出儒学的超越性（宗教性）、思辨性（理论性）相比，"后新儒学"时代所建构的以"形而中学"作为哲理精神的生活儒学所重视的是儒学的生活性和实践性。以"形而中学"作为生活儒学的哲理精神，突出儒学传统的生活性、实践性，这不仅是在宋儒"理一"的睿识指引下，以面向传统（返本）为要求，向孔子之为孔子、儒学之为儒学的生活性、实践性本质的回归；更是在"分殊"的智慧的指引下，以面向当代（开新）为要求，对"后新儒学"时代儒学传统如何关联当代社会生活的回应。

"后新儒学"时代建构的生活儒学以面向传统（返本）为要求，通过对作为周孔之道的本然形态的儒学的"发现"，提出了"仁礼合一"的道统论。继续追问以"仁礼合一"为道统的孔子儒学的哲理精神时，正如以上在追寻与定位儒学传统的生命智慧时所指出的，仁礼合一的本然形态的孔子儒学所体现的是一种"极高明而道中庸"（即凡而圣、日用即道）的哲理精神。以仁礼合一作为道统论，也决定了"后新儒学"时代的生活儒学"极高明而道中庸"的哲理支撑。套用徐复观先生的看法，儒家这种"极高明而道中庸"的思想

---

① 李承贵：《生活儒学——当代儒学开展的基本方向》，《福建论坛（人文社会科学版）》2004 年第 8 期。

性格背后所体现的是一种贯通形上、形下而得其中的"形而中学"的哲理精神。也就是说，面向儒学传统本身，以仁礼合一作为道统论的"后新儒学"时代的生活儒学，其哲理支撑不是形而上学，也不是形而下学，而是切中儒学传统"仁礼合一"的道统论和"日用即道"的生命智慧的"形而中学"。

　　以上在追寻与定位儒学传统的生命智慧时，我们已经论及了孔子儒学仁礼合一之学的思想精神。为了确证以"仁礼合一"作为道统论的生活儒学"形而中学"的哲理精神，我们还要再次回到孔子儒学仁礼合一的思想内容本身，详尽阐述其背后所深藏的"极高明而道中庸"（即凡而圣、日用即道）的生命智慧。我们认为，周孔之道是儒学的本然形态，儒家所传之道就是周公（由巫到礼，政治脱魅）、孔子（释礼归仁，建构情理）之"道"，此"道"之要旨在仁礼合一。这种仁礼合一之道本身又开显着一种"极高明而道中庸"（即凡而圣、日用即道）的哲理精神。也就是说，以仁礼合一作为内核的儒家之"道"是一种中庸（形上与形下贯通、生活世界与价值理想圆融）的"道"。由此，我们或许可以这样说，孔子"道"之真义不过"仁礼合一""极高明而道中庸"二语，如此而已。就主要内涵来说，孔子之"道"要在"仁礼合一"；由哲理精神而论，孔子之"道"要在"极高明而道中庸"，也即是说，孔子的"仁礼合一"之"道"本身彰显着一种"极高明而道中庸"的深邃哲理。

　　概括地说，"仁礼合一"是孔子成德之教的真义所在，这也便是儒门所传的"道"，此"道"所内蕴的正是"极高明而道中庸"的深邃哲理：它既高举远瞻，又平实切近；既是终极关怀，又不离人伦日用；既是形上超越之"道"，又是百姓日用之"道"。具体论说如下。《论语》中论"道"多与"仁"相连，比如：

　　　　子曰："富与贵，是人之所欲也；不以其道得之，不处也。贫与贱，是人之所恶也；不以其道得之，不去也。君子去仁，恶乎成名？君子无终食之间违仁，造次必于是，颠沛必于是。"

子曰："志于道，据于德，依于仁，游于艺。"

曾子曰："士不可以不弘毅，任重而道远。仁以为己任，不亦重乎？而后矣，不亦远乎？"①

上引数语明白地指出了道与仁不可分割的关系，据此，以孔子之"道"为仁（须是合着礼的"仁"）道也似无不可。这个仁道，一方面是孔子的终极托付之所在，"朝闻道，夕死可矣"，可以清楚地看到道作为人的"终极关怀"的宗教意涵；另一方面，"人能弘道，非道弘人"又分明地揭示了"道不远人"的重要特点，所谓"仁远乎哉？我欲仁，斯仁至矣""为仁由己，而由人乎哉"②，此之谓也。当作为"礼之本"的内在的"仁"显发为用而成外在的"礼"时，又可化民成俗，落实于穿衣吃饭、日用常行之间。小至视听言动、举手投足、婚丧嫁娶、送往迎来，大至行军作战、为政治国皆要合乎"礼"。《论语》有言如是：

孟懿子问孝。子曰："无违。"樊迟御，子告之曰："孟孙问孝于我，我对曰，无违。"樊迟曰："何谓也？"子曰："生，事之以礼；死，葬之以礼，祭之以礼。"

子曰："能以礼让为国乎？何有？不能以礼让为国，如礼何？"③

当我们一言一行、待人接物都依礼而行时，自可"求仁得仁""从容中道"，此即孔子所谓"克己复礼为仁"。这种强调在生活世

---

① 杨伯峻译注：《论语译注》，中华书局1980年版，第36、67、80页。
② 杨伯峻译注：《论语译注》，中华书局1980年版，第74、123页。
③ 杨伯峻译注：《论语译注》，中华书局1980年版，第13、38页。

界的日用伦常中自觉"克己复礼"实现生命意义的升华（仁、圣）的义理精神所表征的正是儒家"极高明而道中庸"的生命智慧。"极高明而道中庸"一语虽非出自孔子之口，却最能表述孔子"道"之本旨，可以说，这也正是儒学之真精神所在。儒家传统一方面能"与时偕行""日新又新"（变），另一方面又"万变不离其宗"，终不改其"极高明而道中庸"之底色（常），这或许正是其穷变通达、可大可久的依据。恰如颜炳罡所言："'极高明而道中庸'体现了儒家的精义、儒家的真精神，是儒家有别僧、道、耶、回处。"① 杨国荣也说："对儒家来说，不存在形上与形下，超验与此岸两个世界的对峙问题，相反，其思维趋向更侧重于沟通这两个世界。这里不难看到儒家终极关切的特点，即始终把终极关怀跟现实的日用常行紧密结合起来，所谓'极高明而道中庸'，也体现了这一点。"②

区别于僧、道、耶、回，儒家的真精神在于"极高明而道中庸"，即生活性与超越性的圆融，生活世界与超越世界的贯通。为了更加直观、准确地反映孔子儒学这种独特的精神气质，我们以为可以不用"极高明而道中庸"和"即凡而圣"两说，而是以"日用即道"论来定位周公、孔子所代表的儒学传统所体现的原创生命智慧。就儒学日用即道的原创生命智慧而言，以哲学形而上学抑或形而下学的进路恐都不能开显其思想底蕴。或如徐复观先生所认为的，可以在一种"形而中学"的视野下来理解和阐扬儒家的哲理精神。

从日用即道来看，"道"和"日用"也正是这种"共生而彼此蕴涵"（"即"）的关系，"道"既源于百姓日用，又高于百姓日用。一方面，因为儒家的价值理想（"道"）本于百姓日用而发，

---

① 颜炳罡：《民间儒学何以可能？》，载国际儒学联合会编《国际儒学研究》（第十四辑），九州出版社2006年版，第373页。

② 杨国荣：《现代视域中的儒学》，载尼山圣源书院编《尼山铎声："当代儒学创新发展"专题》，人民出版社2013年版，第183页。

第三章 生活儒学——回归周孔,重建儒学的当代构想 121

它才能为"愚夫愚妇,与知能行",从而调节、运转、安顿每个平凡个体的生命,[①] 使儒学成为一种生命的学问,而不至于流为一套虚玄空想、晦涩难懂的高明哲理;另一方面,因为儒家的价值理想("道")超于百姓日用之上,它才能作为我们的终极托付,从而开启调节生命、运转生命、安顿生命的无限向上的精神动力,使柴米油盐酱醋茶的凡俗生活获得一种精神上的注解和意义上的提升。合此二者而言之,儒家的"道"是既没有引向抽象超越的形上玄思,又没有完全沉溺于形下生活世俗的"形而中"的"道"。也就是说,与回归周孔之道的本然形态而确立的生活儒学"仁礼合一"的道统论相应,"后新儒学"时代的生活儒学当以"形而中学"作为哲理支撑。

正如上面所论及的,"形而中学"是徐复观依托于对儒家"致中和"之思想性格的理解而提出的重要论说。他提出,儒家道德的基础在于内在而又超越的(心)"性",而以此(心)"性"作为价值根源的中国文化就是一种"心的文化"。这个"心"既非外在于人上的"道",亦非外在于人下的"器",而是真正存于人生命中的"心",所以这种"心"的文化既非"形而上学",亦非"形而下学",而是"形而中学"。他说:"《易传》中有几句容易发生误解的话:'形而上者谓之道,形而下者谓之器。'这里所说的'道',指的是天道,'形'在战国中期指的是人的身体,即指人而言,'器'是指为人所用的器物。这两句话的意思是说在人之上者为天道,在人之下的是器物,这是以人为中心所分的上下。而人的心则在人体之中,假如按照原来的意思把话说全,便应添一句'形而中者谓之心'。所以心的文化、心的哲学,只能称为'形而中学',而不应讲

[①] 牟宗三说:"中国哲人的学问是生命的学问,而不是知识的学问。""中国哲学,从它那个通孔所发展出来的主要课题是生命,就是我们所说的生命的学问。它是以生命为它的对象,主要的用心在于如何来调节我们的生命,来运转我们的生命、安顿我们的生命。"(牟宗三:《中国哲学十九讲》,吉林出版集团有限责任公司2010年版,第14页)

成形而上学。"① 形而中学是一种对形而上学和形而下学的兼顾与扬弃，它是同时相对于形而上、下而言的，相对于"形而上学"，它更注重经验界、现象界和人的实存，排斥宗教以及神秘的治学倾向；相对于"形而下学"，它强调精神境界的中和之美，从而贬抑物质性、实证性以及工具性的宰制。② 它是一种辩证中和的方法，其基本要求在于：从两极到中介，执两用中；寓道于器，以器载道；体用合一，明体达用；极高明而道中庸；"既穷极思辩又不离日用常行；既要求真又要寓俗；既能上得来又能下得去"③。

概言之，"形而中学"所概括和体现的是儒学传统形上形下兼顾，超越性和生活性平衡，生活世界与意义世界圆融的哲理精神。④ 在儒家"形而中学"的视野下，日用人伦的生活世界虽具有世俗性、现实性的一面，然超越性、理想性的价值又蕴含其中。杨国荣指出，生活世界既具有自然或本然的一面，又包含着意义世界的生成。他说："作为有生命的个体，人必然要经历新陈代谢的过程，这种过程无疑具有自然或本然的性质。然而，人又不仅仅是自然或本然意义上的生物，在化'天之天'为'人之天'的同时，人总是不断赋予自身的生命存在以人化或文明的形态，后者使意义世界进一步形成并具体展现于日常生活的层面。"⑤ 生活世界既具有自然的一面，又包含着意义世界的生成，这种生活世界与意义世界相圆融的"形而

---

① 徐复观：《心的文化》，载《中国思想史论集》，九州出版社2013年版，第212页。

② 程志华、孙宁：《形而中学乃中国的人文精神》，《河北大学学报（哲学社会科学版）》2013年第1期。

③ 邱本：《形中法学论纲》，中国法学网，http：//iolaw.cssn.cn/zxzp/200409/t20040905_4592657.shtml，2004年9月5日。

④ 成中英认为，建立现代新儒学"必须面对如何了解传统儒家的特质和功能""必须认识古典儒学的思想与根源"。在这两项工作中，他的基本看法是，"古典儒家重视的是横贯的社会世界，而宋明儒家重视的则为纵贯的形上世界"，这两者可以互补。他说："今后新儒学的发展，必然要以外观和内省为双向发展的目标，从而达成纵横兼俱的圆融形上学和形下学。"（成中英：《知识与价值》，载李翔海编《成中英集》，中国广播电视出版社1996年版，第330、335页）

⑤ 杨国荣：《成己与成物——意义世界的生成》，人民出版社2010年版，第209页。

中学"的哲理精神正是儒学传统的典型特质。正如彭国翔所认为的，由此，照顾到儒学传统的定义性特质，向本然形态的儒学回归而建构的"后新儒学"时代的生活儒学也应该以"形而中学"作为哲理精神。

也就是说，向周孔之道仁礼合一的本然形态的儒学回归而建构的"后新儒学"时代的生活儒学以"仁礼合一"为道统论，与之相应，生活儒学当以"形而中学"作为哲理支撑。"形而中学"是对周公、孔子所代表的儒学传统"极高明而道中庸"（即凡而圣、日用即道）的原创生命智慧的一种当代揭示和阐扬。以面向传统（返本）为要求，切中儒学传统"日用即道"的原创生命智慧而建构的生活儒学不该是一种偏于形上超越抑或生活世俗的儒学，而应是以"形而中学"为内在精神的儒学。以"形而中学"作为内在的哲理精神的生活儒学是向周孔之道仁礼合一的本然形态的儒学的回归，其所凸显的是儒学传统圆融生活世界和价值理想的精神特质。与以孔孟之道（主要是孟子）作为内核的宋明理学、现代新儒学突出儒学的超越性（宗教性）、思辨性（理论性）相比，"后新儒学"时代所建构的以"形而中学"作为哲理精神的生活儒学所重视的是儒学的生活性和实践性。正如徐复观所指出的，中国儒学言中庸之道（形而中学）有三个原因："其一，中国这些道理不是由推理中推出来的，而是在生命中、在生活中体验得来，可反而在生活、生命中得到证明的。这种道理自然是中庸之道。其二，这些道理从生命、生活中来，还要在生命、生活中落实。也可以说，它是从实践中来，向实践中去，而不是只唱高调。凡实践的道理，应当是中庸之道。其三，主宰性和涵融性同时呈现，故中国这些道理本身就有社会性，不是只由个人来实行，要社会大众都能实行的。社会性的道理，应当是中庸之道。"[1]

---

[1] 徐复观：《文化与人生》，载李维武编《徐复观文集》（第一卷），湖北人民出版社2009年版，第127页。

还需要说明的是，以"形而中学"作为生活儒学的哲理精神，突出儒学传统的生活性、实践性，不仅是在宋儒"理一"的睿识指引下，以面向传统（返本）为要求，向孔子之为孔子、儒学之为儒学的生活性、实践性本质的回归，更是在"分殊"的智慧的指引下，以面向当代（开新）为要求，对"后新儒学"时代儒学传统如何关联当代社会生活的回应。换言之，"后新儒学"时代生活儒学"形而中学"的哲理精神既注意到了在"我注六经"的历史叙事下对作为周孔之道的本然形态的儒学的回归，又考虑到了在"六经注我"的哲学叙事下"后新儒学"时代儒学回归生活的这种前瞻性、现实性的当代诉求。

第三节 "新四书"的经典体系

确立道统论、哲理精神和经典体系是构建儒学新理论范式的三个基本环节。讨论了生活儒学"仁礼合一"的道统论和"形而中学"的哲理精神之后，我们需要建构与之匹配、相关的经典体系。就当代儒学核心经典系统的建构而言，目前已经有学者提出了多种不同的方案。比如，郭沂的"五经七典"说、夏乃儒的"新六书"说、梁涛的"新四书"说和曹景年的"新六经"说，等等。从天人统、人天统的道统论和"道"哲学精神的基本立场出发，郭沂提出了儒家"五经七典"的新的经典体系，即以"五经"和《论语》（附《论语》类文献）《子思子》《公孙尼子》《子车子》《内业》《孟子》《荀子》"七典"作为当代儒学范式的核心经典系统。①

对于郭沂以"五经七典"作为当代儒学范式的核心经典系统的设想，夏乃儒提出了异议。他认为，新编"七典"是认识先秦儒家

---

① 郭沂：《五经七典——儒家核心经典系统的之重构》，中国孔子网，http://www.chinakongzi.org/rw/xszj/guoyi/200705/t20070521_13463.htm，2007年5月21日。

经典的基础性过程，而且对《广论语》①《子思子》的资料考订工作也已经比较成熟。但总体来说，这是项耗时的工程。因此，"不妨学学朱熹的路子，在整理'经'的同时，花点力量选编类似四书的'书'"。在此基础上，他提出了新编"六书"的方案。"除了传统的'四书'外，再增选二书：一是《易系辞传》；二是《广学记》（收入《学记》与《劝学》）。"②

基于对儒家仁礼之学的道统论（新道统）的认识，梁涛提出了当代儒学"新四书"的核心经典体系。他说："根据新道统（仁礼之学），需要有'新四书'，即《论语》《礼记》《孟子》《荀子》。《论语》不用说，是孔子的思想；《礼记》是七十二子及其后学的作品，反映了他们的思想，其中《大学》和《中庸》本来就出自《礼记》，可将其返回。《孟子》《荀子》则为先秦儒学两大宗孟子、荀子的作品，只有包含了二者才能算是完整的四书体系。"③

在品评上述诸家所论之得失的基础上，曹景年另提出了"（新）六经六翼"的新的儒家经典体系。他指出："《论语》《易传》《孝经》《礼记》《孟子》《荀子》六部儒家学者代表作可以作为儒家核心经典，简称'新六经'；新六经之外，从汉以后的儒学发展史中还可以梳理出政治儒学、心性儒学、实用儒学、宗教儒学、通俗儒学、现代新儒学等六大类经典，称为辅翼经典。因此，新的儒家经典体系，由'六经六翼'构成。"④ 显然，其所谓"新六经"的方案与郭沂、夏乃儒之说颇为不同，而与梁涛"新四书"的设想较为一致。在"新四书"外，曹景年另添加了《易传》和《孝经》，以凸显出儒家的形上建构和孝道观念。

---

① 《广论语》指《论语》和《论语》类文献。
② 夏乃儒：《儒学的现代重构——夏乃儒在文庙"与孔子对话"学术讲堂上的讲演》，儒家网，https：//www.rujiazg.com/article/3905，2014年3月23日。
③ 梁涛：《"新四书"与"新道统"——当代儒学思想体系的重建》，《北京行政学院学报》2014年第3期。
④ 曹景年：《以"新六经"为核心构建新的儒家经典体系》，儒家网，https：//www.rujiazg.com/article/4792，2015年1月30日。

以上各家所论各有依据，且都言之成理，对我们思考建构"后新儒学"时代生活儒学的经典体系颇具借鉴意义。对当代儒学范式之核心经典体系建构的问题，我们也试图在生活儒学的视域下进行说明。本于生活儒学"仁礼合一"的道统论和"形而中学"的哲理精神，我们提出生活儒学"新四书"的经典体系——《论语》《孟子》《荀子》《礼记》。这里，我们"新四书"的方案虽与梁涛的观点不谋而合，然这绝不是人云亦云的旧调重提，而是有基于"后新儒学"时代生活儒学立场上的新思考。也就是说，我们所谓"新四书"的经典体系（"六经"）是以其能够"注解""发明"生活儒学"仁礼合一"的道统论和"形而中学"的哲理精神（"我"）为基准确立的。①

从"后新儒学"时代生活儒学"仁礼合一"的道统论、"形而中学"的哲理精神的理论立场来看，《论语》无疑是生活儒学经典体系中第一重要的经典文本，其重要性正在于它承载着了孔子儒学仁礼合一的本真精神和"日用即道"（即凡而圣）的生命智慧（经以载道）；《孟子》言"仁义礼智根于心"，以心性说"仁"，深化了儒家仁礼合一之学"人而不仁如礼何"（贵仁）的面向，开显了孔子仁学的意义；《荀子》讲"其善者伪""积善成德"，强调遵从和实践礼仪之于"善"的实现的重要意义，拓展了儒家仁礼合一之学

---

① 对于郭沂"五经七典"说、夏乃儒"新六书"说和梁涛"新四书"说的"偏失"，曹景年皆有所评述。（详细论说参阅曹景年《以"新六经"为核心构建新的儒家经典体系》，儒家网，https://www.rujiazg.com/article/4792，2015年1月30日）然对其本人的"新六经"说，我们也有基于生活儒学立场上的不同看法。就"后新儒学"时代生活儒学"儒学传统如何关联当代社会生活"（儒学生活化）的主要问题意识而言，生活儒学不重儒学形而上的建构，而重面向生活世界而思，因此，生活儒学不特重《易传》的经典地位；另外，"孝"虽是儒家奠基性的概念，孝道观念也是儒家思想的重要内容，然其毕竟与儒家"仁礼合一"的道统论、"日用即道"（形而中学）的生命智慧不在一个观念层级，孝道的重要价值完全可以在"仁礼合一""日用即道"的观念下得到足够说明，由此，我们的生活儒学的经典体系也不纳入《孝经》。毕竟《孝经》所体现的思想内容，就义理精神、哲理深度而论，根本不足于与其所谓"新六经"中的《论语》《易传》《礼记》《孟子》《荀子》并列。

第三章 生活儒学——回归周孔,重建儒学的当代构想

"克己复礼为仁"(崇礼)的面向,开显了孔子礼学的意义。将《孟子》《荀子》并列纳入生活儒学的经典体系,是为了合此两学之优长,借以显明孔子儒学的本真精神,以"注解""发明"生活儒学"仁礼合一"的道统论和"形而中学"的哲理精神。就生活儒学的建构原则而言,"后新儒学"时代的生活儒学是面向传统,向先秦原始儒学回归而重新建构的现代新儒学之后的新儒学理论范式,而孔孟荀无疑是先秦原始儒学最为人所熟知的杰出代表。以面向传统、面向当代两个定向(返本开新)为要求,对反映孔孟荀思想的《论语》《孟子》《荀子》进行当代的理解、诠释,无疑是构建生活儒学经典体系的重要环节。概言之,《论语》《孟子》《荀子》应是首当其冲纳入"后新儒学"时代生活儒学的经典体系的重要文本。

在《论语》《孟子》《荀子》之外,我们认为,《礼记》也可纳入生活儒学的经典体系。不过,我们不取那种将其置于《孟子》《荀子》之前的做法。我们虽承认"其(《礼记》)中许多篇章是孔子后学如曾子、子思、公孙尼子的作品,可以说代表了孔子之后孟子之前的儒家思想"[①],然此论并非放之于《礼记》全书而皆准。毕竟《礼记》一书内容过于驳杂,各篇章作品成书年代不一,其中也包含着许多"后孟子""后荀子"的思想元素。因此,将《礼记》编入"新四书"的经典体系,其理由就不能只是笼统地指出,那是因为"《礼记》是七十二子及其后学的作品"。即便此说完全成立,然就对孔子儒学的义理分明和理论深化而言,《礼记》的重要性并不足以与《孟子》《荀子》相比,不能置于《孟子》《荀子》之前。

当然,我们将《礼记》纳入"新四书",并不去纠缠于"我注六经"的历史视野下对其成书问题的考述,而只是在"六经注我"的哲学视野下说明将其放入生活儒学经典体系的理论依据。也就是说,姑且抛开《礼记》成书年代的问题不论,我们将其作为生活儒

---

① 曹景年:《以"新六经"为核心构建新的儒家经典体系》,儒家网,https://www.rujiazg.com/article/4792,2015 年 1 月 30 日。

学经典体系中的经典文本，正在于它可以较好地"注解""发明"生活儒学的精神（面向当代）。一言以蔽之，《礼记》对孔子仁学和礼学的意义开显，是在理路上对孟荀的统合，对孔学的彰明，这是我们提议将其纳入生活儒学"新四书"的核心经典体系的主要根据。

按照"新四书"之于生活儒学体系建构的重要性程度，我们将"后新儒学"时代生活儒学的"新四书"定为——《论语》《孟子》《荀子》《礼记》。虽然《礼记》中有的篇章是"前孟子""前荀子"时代的，然正如朱熹理学范式所构筑的"四书"的经典体系一样，其《大学》《中庸》《论语》《孟子》的编排和阅读次序，[①]并不是从其成书年代的历史视野入手，而是一种居于其理学立场的哲学视野下的判分。就"后新儒学"时代生活儒学"仁礼合一"的道统论、"形而中学"的哲理精神之理论立场而言，生活儒学"新四书"的经典体系应该是《论语》《孟子》《荀子》《礼记》（按理论重要性排），撮其理论要旨如下。

一 《论语》与儒学本真精神的奠基

"后新儒学"时代生活儒学经典体系的构建，并不是在"我注六经"的历史视野下对儒学发展史上具有重要地位的经典文本（五经、十三经、四书）进行简单的编排罗列，而是要在"六经注我"的哲学视野下，以"注解""发明"生活儒学之理论旨趣为基准对儒家经典进行新的拣择和诠释。基于"后新儒学"时代生活儒学"仁礼合一"的道统论和"形而中学"的哲理精神，反映孔子儒学本真精神的《论语》应作为生活儒学经典体系中的第一经典。因为《论语》直接承载着儒学传统"仁礼合一"的思想精神，以及这种思想精神背后所深蕴的"极高明而道中庸"（即凡而圣、日用即道）的生命智慧。对此，我们在追寻儒学传统的生命智慧，确立儒家道统之精神时已经有过详细论说，兹不赘述。这里，我们只强调的一点

[①] （宋）朱熹：《四书章句集注》，中华书局1983年版。

是，《论语》之于生活儒学的重要地位乃在于它奠定了儒学传统仁礼合一的本真精神，以及这种仁礼合一的本真精神背后所体现的"极高明而道中庸"（即凡而圣、日用即道）的生命智慧。

二 《孟子》对仁学意义的开显

"纳仁于礼"（以仁注礼）是孔子创立儒学的基本思路。所谓"纳仁于礼"，就是以"仁"作为"礼之本"，为"礼"寻求内在于人之生命的深层依据。孔子仁学的全副精神正在于，追问礼乐文化的合法性意义，以内在于己的"仁"作为价值源头。孟子继承、发展了孔子的这一致思路向，更进一步向人的生命深处追寻道德根源，以"心性"来说"仁"，从而开显了孔子仁学的义理精神。[①] 当然，以"心性"说"仁"也并非纯是孟子的创获，它只是孔子思想逻辑发展的必然结果。"子罕言性"，孔子虽未明言"心性"，但他对"礼"背后人之心理、情感的追问和强调，这本身已自觉不自觉地把"仁"落到人之性情（在孔子主要是情）上来说了。《论语》有载：

> 子游问孝。子曰："今之孝者，是谓能养。至于犬马，皆能有养；不敬，何以别乎？"
> 林放问礼之本。子曰："大哉问！礼，与其奢也，宁俭；丧，与其易也，宁戚。"
> 子曰："居上不宽，为礼不敬，临丧不哀，吾何以观之哉？"
> 宰我问："三年之丧，期已久矣。君子三年不为礼，礼必坏；三年不为乐，乐必崩。旧谷既没，新谷既升，钻燧改火，期可已矣。"子曰："食夫稻，衣夫锦，于女安乎？"曰："安。""女安，则为之。夫君子之居丧，食旨不甘，闻乐不乐，居处不安，故不为也。今女安，则为之。"宰我出。子曰："予之不仁也！子生三年，然后免于父母之怀。夫三年之丧，天下之通丧

[①] 参阅魏义霞《仁——在孔子与孟子之间》，《社会科学战线》2005 年第 2 期。

也。予也有三年之爱于其父母乎?"①

以人之"敬""戚""哀"等心理情感作为礼乐(道德价值)之本原,在"安与不安"处指点"仁",孔子的这种思想睿识无疑在很大程度上已是孟子以"心性"说"仁"的先导了。我们所谓"《孟子》对孔子仁学意义的开显"也主要是立足于此而言,即强调孟子接续孔子,追问礼乐的情感源头,以"心性"说"仁"点出性善论,证立道德心、主体性。"孟子对礼乐本原探索的贡献在于,从性情论角度抉发礼乐生活的内在生命根源,从而阐明礼乐制度、教化理念与人之心性修养、终极关怀之间的本质联系。"② 一言蔽之,孟子对礼学的贡献在于"对礼的德性解读和心性证明"③。从孔子"人而不仁如礼何""人能弘道,非道弘人""我欲仁,斯仁至矣"到孟子"仁义礼智根于心""万物皆备于我""人皆可为尧舜",极大地提升了孔子仁学"为仁由己"的道德主体精神。对此,牟宗三、劳思光两位先生的精彩评说,为我们清楚地点明了孔孟之间的这种学术连接。特征引如下:

> 孔子讲仁,是从生活表现上讲,不是从义理的分解来讲。孟子讲性善,则有一理路,是从仁义内在一方面讲的,由恻隐之心见"仁",由羞恶之心见"义",由辞让之心见"礼",由是非之心见"智",即是从义理分解上讲的。……孔子只表现德慧,并未成为学问系统,必须有义理的分解,才能成为学问系统。④
>
> 孔子立人文之学、德性之学,其最大特色在于将道德生活

---

① 杨伯峻译注:《论语译注》,中华书局1980年版,第14、24、34、188页。
② 张树业:《礼乐政教的心性论奠基——孟子礼乐论及其思想史效应》,《中国哲学史》2012年第3期。
③ 陆建华:《荀子礼学研究》,安徽大学出版社2004年版,第22页。
④ 牟宗三:《人文讲习录》,吉林出版集团有限责任公司2010年版,第109页。

之根源收归于一"自觉心"中,显现"主体自由"。……但就纯哲学问题说,则此一切肯定能否成立,必视一基本问题能否解决,此即"自觉心"或"主宰力"如何证立之问题。孔子虽透露对此基本问题之看法,但并非提出明确论证。……孟子日后有"心性论"之建立,证立主体性或道德心。孟子性善论是最早点破道德主体之理论。①

沿着孔子仁学的致思路向,孟子通过向人的生命深处追寻善的依据,将道德价值根源收归于"自觉心"中,实现了对礼的德性解读和心性证明。正如陈来指出的,"以恭敬之心说礼,合于早期儒家礼主恭敬之说,但古人以礼为规范,未有以礼为恭敬之心者",孟子把礼作为一种恭敬之心,作为一种德性,这在礼的问题上是一大变化。② 以礼为恭敬之心,为礼乐寻求内在的德性依据,在人的生命深处确立价值根源,孟子循此导出了性善论的主张。他强调"仁义礼智,非由外铄""仁义礼智根于心""由仁义行",确立了以"仁义内在,性由心显"为主要内核的性善论立场。其中,"仁义内在"说为礼乐价值确立了"性善"的内在根据;"性由心显"说则使"性善"由一种理论预设变为当下的生活体验。

牟宗三以"仁义内在,性由心显"说概括孟荀要旨,意义在此。然在我们看来,"仁义内在,性由心显"一说并不能完全概括孟子学说的思想精神。为使义理分明,姑且借用宋儒之言来说,"仁义内在,性由心显"很大程度上仅揭示了孟学的"本体论"意涵,未能反映出孟子的"工夫论"主张。因此,我们特补"扩而充之,善端成德"一义来说明孟学的总体思想概貌。以下我们将以"仁义内在,性由心显;扩而充之,善端成德"一说为突破口,渐次交代孟子心

---

① 劳思光:《新编中国哲学史》(一),生活·读书·新知三联书店2015年版,第118—119页。

② 陈来:《孟子的德性论》,《哲学研究》2010年第5期。

性论的基本主张。

所谓"仁义内在"是指，孟子发挥孔子仁学的主体精神而言"仁义礼智根于心"，以仁义礼智是"在我者"而非"在外者"，强调道德价值根源内在于吾人的生命之中，人们的道德践履并非外在被动地去遵从道德的规范和要求（行仁义），而是人本身内在的道德自觉使然（由仁义行）。《孟子》原文如是：

> 君子所性，仁义礼智根于心，其生色也睟然，见于面，盎于背，施于四体，四体不言而喻。
>
> 人之所异于禽兽者几希，庶民去之，君子存之。舜明于庶物，察于人伦，由仁义行，非行仁义也。
>
> 仁义礼智，非由外铄也，我固有之也，弗思耳矣。故曰："求则得之，舍则失之。"
>
> 万物皆备于我矣。反身而诚，乐莫大焉。强恕而行，求仁莫近焉。①

由此不难理解，这种强调道德价值根源内在于人而不在外（仁义内在）的根本预设，决定了"性善"必然是孟子对人性的基本看法，此也即是孟子"性善论"的开出。"性"何以为"善"？此当在孟学本身的思想精神下，遵循"以孟释孟"的原则，方可得到正确的理解。其实，孟子性善论的提出是儒家自孔子开始，不断向人之生命深处追问礼乐之合理性意义，追寻道德价值之源头的必然理论结果。孟子所谓"性善"主要是在"仁义内在"的意义下来说的。按照孟子的思想逻辑，如若"行"仁义是内在于人的"性"使然，那就得先承认"君子所性，仁义礼智根于心"，否则就会出现仁义对人性的"戕贼"。这在他与告子的论辩中就清楚地指明了：

---

① 杨伯峻译注：《孟子译注》，中华书局1960年版，第286、176、239、279页。

第三章 生活儒学——回归周孔,重建儒学的当代构想　◇◇◇　133

  告子曰:"性犹杞柳也,义犹杯棬;以人性为仁义,犹以杞柳为杯棬。"

  孟子曰:"子能顺杞柳之性而以为杯棬乎？将戕贼杞柳而后以为杯棬也？如将戕贼杞柳而以为杯棬,则亦将戕贼人以为仁义与？率天下之人而祸仁义者,必子之言夫！"①

  这就意味着,孟子所谓"性善"之"性"应是在"仁义内在"之意义下特定的"君子所性",而非告子、荀子所说的一般意义上的"性"。正如徐复观先生所洞见的:"孟子不是从人身的一切本能而言性善,而只是从异于禽兽的几希处言性善。'几希'是生而即有的,所以可称之为性;'几希'即是仁义之端,本来是善的,所以可称之为性善。因此,孟子所说的性善之性的范围,比一般所说的性的范围要小。"②曾振宇也指出:"在文本释读与思想诠释上,应当区别'善端'与善、'君子所性'与'性'两对概念。在'君子所性'层面,孟子刻意强调君子与禽兽的'几希'之别,君子在应然意义上当自觉以'四端'为性,而不可以'食色'为性。"③正因为此"性"是特指在"仁义内在"的意义下说的能作为道德价值源头的"君子所性",是人之所异于禽兽的"性",孟子才会说:"人性之善也,犹水之就下也。人无有不善,水无有不下。"④

  很明显,孟子在"人之所异于禽兽"的意义下"道性善",更多的只是体现为一种抽象本质的思考和逻辑思辨的论证,孟子"性善论"之要义显然并不会只限于此。孟子还以"心善"来说"性善",使"性善"由一种理论预设变为人之生命生活中的真实体验。

---

  ① 杨伯峻译注:《孟子译注》,中华书局1960年版,第234页。
  ② 徐复观:《中国人性论史·先秦篇》,载李维武编《徐复观文集》(第三卷),湖北人民出版社2009年版,第99页。
  ③ 曾振宇:《"遇人便道性善"——孟子"性善说"献疑》,《文史哲》2014年第3期。
  ④ 杨伯峻译注:《孟子译注》,中华书局1960年版,第235页。

牟宗三"性由心显",唐君毅"即心言性"①,徐复观"由心善以言性善"诸论,皆是说孟子以"心"显"性"为"性善论"注入了真实生命体验的内容。徐复观说:"孟子在生活体验中发现了心独立而自主的活动,乃是人的道德主体之所在,这才能作为建立性善说的根据。仅从人所受以生的性上言性善,实际只是一种推论。孟子由心善以言性善,这才是经过了自己生活中深刻的体认而提供了人性论以确实的根据,与后来许多从表面的事象,乃至从文字的字义上言性,在立论的根据上,有本质的不同。"② 此即是说,孟子"以心善言性善"所不同于"字义上言性"之处乃在于,其理论旨归是要求在"乍见孺子入井"的实际生活体验中"体证"到"心善"(人皆有不忍人之心),进而肯认"性善"。其言如是:

> 人皆有不忍人之心。先王有不忍人之心,斯有不忍人之政矣。以不忍人之心,行不忍人之政,治天下可运之掌上。所以谓人皆有不忍人之心者,今人乍见孺子将入于井,皆有怵惕恻隐之心——非所以内交于孺子之父母也,非所以要誉于乡党朋友也,非恶其声而然也。由是观之,无恻隐之心,非人也;无羞恶之心,非人也;无辞让之心,非人也;无是非之心,非人也。恻隐之心,仁之端也;羞恶之心,义之端也;辞让之心,礼之端也;是非之心,智之端也。③

可见,"孟子论性善并不是通过形式逻辑证明性善可以成立,而主要是通过生命体验启发人们对于自己良心本心的体悟,只要体悟到了自己有良心本心,就会相信良心本心是人所固有的,就会对性

---

① 唐君毅:《中国哲学原论·原性篇》,中国社会科学出版社 2005 年版,第 14 页。
② 徐复观:《中国人性论史·先秦篇》,载李维武编《徐复观文集》(第三卷),湖北人民出版社 2009 年版,第 104 页。
③ 杨伯峻译注:《孟子译注》,中华书局 1960 年版,第 72—73 页。

第三章　生活儒学——回归周孔，重建儒学的当代构想　　135

善论坚信不疑"①。行笔至此，我们也就说明了孟学"仁义内在，性由心显"的要义。正如上面所论，"仁义内在，性由心显"主要是在"本体论"意义下对孟子心性论的梳理，除此之外，孟子心性论还有一层"工夫论"的意涵——"扩而充之，善端成德"②。孟子倡言"性善"，强调"仁义礼智根于心"，以心性作为道德价值之根源，主要回答了"善何以可能"的问题。就理论之系统性、完整性而言，孟子还需追问善如何变为现实的问题，此一追问则又导出了孟子心性论的"工夫论"向度。从"仁义内在"的"本体论"预设到"扩而充之"的"工夫论"主张，整个孟学呈现出如下的这样一种逻辑架构：

　　正因性善，修行始可能。如不肯定性善，则一切修行，全成依他，乃无源之水，无根之木。此义与恻隐之心的问题同。"恻隐之心，人皆有之"，是说在德性上，人同有此本，但不是说人随时皆是恻隐之心流露。如此便是圣人，恻隐之心的肯定是一事，表现不表现又是一事。……要表现，必须有一步"自觉"，此在古人，即说工夫，在今日，即说教育或经验引发。③

　　那么，恻隐之心（善性）如何表现？"善"如何从可能变为现实？孟子是通过对"四端"与"四德""大体"（贵体）与"小体"（贱体）的对分，"逼"出了其"工夫论"主张。在"确认"了人有恻隐之心、羞恶之心、辞让之心、是非之心的"四端"后，孟子随即点出了"扩而充之"的说法。他说：

---

①　杨泽波：《孟子与中国文化》，贵州人民出版社2000年版，第199—200页。另参阅刘学智《善心、本心、善性的本体同一与直觉体悟——兼谈宋明诸儒解读孟子"性善论"的方法论启示》，《哲学研究》2011年第5期。
②　为免不必要之误解，这里再次强调，"本体""工夫"是宋明儒者的话语范式，孟子本人并没有这样的说法。我们"强"以此立论，只为义理更加分明。
③　牟宗三：《人文讲习录》，吉林出版集团有限责任公司2010年版，第17页。

人之有是四端也，犹其有四体也。有是四端而自谓不能者，自贼者也；谓其君不能者，贼其君者也。凡有四端于我者，知皆扩而充之矣，若火之始然，泉之始达。苟能充之，足以保四海；苟不充之，不足以事父母。①

"扩而充之"就是要把这"几希"的善性（善端）扩而充为"善德"。当然，除了"扩而充之"之论外，在孟子那里，"从心""求放心""尽心知性""存心养性""先立乎其大""不失赤子之心"等皆可归于"工夫论"（修身）的范畴。善端能否变为善德，关键在"扩而充之"。"从心志"还是"从耳目""从大体"还是"从小体""立乎其大"还是"立乎其小"，则会出现善与恶、圣与凡、君子与常人、"为大人"与"为小人"的区别。或如曾振宇所揭示的："人性皆有善端，并不意味着人性'已纯乎善'。善端只是善质，属于'未发'，善是'已发'。人之性除了'皆有善'之外，实际上也有恶端，关键在于是'立乎其大'，还是立其'小者'。"②为免所论浮泛，特征引《孟子》原文如下：

仁，人心也；义，人路也。舍其路而弗由，放其心而不知求，哀哉！人有鸡犬放，则知求之；有放心而不知求。学问之道无他，求其放心而已矣。

尽其心者，知其性也。知其性，则知天矣。存其心，养其性，所以事天也。夭寿不二，修身以俟之，所以立命也。

君子所以异于人者，以其存心也。君子以仁存心，以礼存心。

体有贵贱，有小大。无以小害大，无以贱害贵。养其小者

---

① 杨伯峻译注：《孟子译注》，中华书局1960年版，第72—73页。
② 曾振宇：《"遇人便道性善"——孟子"性善说"献疑》，《文史哲》2014年第3期。

为小人,养其大者为大人。

公都子问曰:"钧是人也,或为大人,或为小人,何也?"孟子曰:"从其大体为大人,从其小体为小人。"曰:"钧是人也,或从其大体,或从其小体,何也?"曰:"耳目之官不思,而蔽于物。物交物,则引之而已矣。心之官则思,思则得之,不思则不得也。此天之所与我者。先立乎其大者,则其小者不能夺也。此为大人而已矣。"

大人者,不失其赤子之心者也。①

"存心"为"君子","从大体"为"大人","扩而充之"则"四端"成"四德"。倘以"扩而充之"来统摄"从心""从大体""存心养性""先立乎其大"诸论的话,我们有必要在"仁义内在,性由心显"一说外,辅以"扩而充之,善端成德"一义,② 借以点明孟子心性论的"工夫论"意涵。"仁义内在"说回答了"善何以可能"的问题;"扩而充之"论则说明了"善"如何从可能变为现实的问题。通过对善何以可能、善如何实现的不断追问,孟子建构了一个较为完整的伦理思想体系。③ 在这个意义上,我们认为,唯有统合"仁义内在""扩而充之"两义,方能透显孟学的主体精神。正如梁涛所指出的,"孟子道性善"的深刻意蕴至少应用"人皆有善性""人应当以此为善性""人的价值、意义即在于其充分扩充、实现自己的性"三个命题来概括。④ 这就是说,孟子"道性善"的

---

① 杨伯峻译注:《孟子译注》,中华书局1960年版,第247、278、182、248、249—250、174页。

② 我们认为,孟学要义在"仁义内在,性由心显;扩而充之,善端成德"一语。为引述方便,下仅以"仁义内在""扩而充之"概之。

③ 有论者认为:"通过对善的不断追问,孟子为善建构了形上学的根据。……孟子通过对善的伦理追问、人性追问和天道追问,为善建构了一个较为完善的思想体系。各种人伦规范正是可欲之善的现实存在;性善论是善何以可能的内在根据;天道观则是善的超越根据。"(辛丽丽:《善的形上学追问——孟子善恶观的道德解析》,《齐鲁学刊》2006年第4期)

④ 梁涛:《郭店竹简与思孟学派》,中国人民大学出版社2008年版,第362页。

完整意涵应包括"仁义内在,性由心显"和"扩而充之,善端成德"两义。前者强调"人皆有善性"人应当以此为善性;后者则强调"人的价值、意义即在于其充分扩充、实现自己的性"。概括起来或可说,"仁义内在"的性善论和"扩而充之"的道德修养论是孟子伦理智慧的主要体现。

"仁义内在"和"扩而充之"两义构成孟子学说的总体框架。在伦理学的视域下,孟子的思想精神可作如是观:人性皆有"善端"(善质、善因),若能顺之而有"善行",则可成就"善德"。"善端"是善的可能依据,"善行"使善之可能变为现实。"乃若其情,则可以为善矣,乃所谓善也,若夫为不善,非才之罪也。"① 孟子此语正好完整概揭了这种内涵。这里,孟子是以"才""情"论"性","所谓才,即天赋之可能,亦即'可以为善'之因素。所以谓性善者,乃谓人生来既有为善之可能"②。也就是说,"性"之"情""才"(善因)决定了善之可能(可以为善),"为善"则使"善因"成为"善德"(乃所谓善)。正如有论者指出的:"此句包括了'性善论'的三要素,此三者是一个有机的整体。'其情'指'善因',可以'为善'指'善行','所谓善'指'善德'(圣人顺善因,而行善行,最终具备善德)。"③ 正因为"善因"可通过"为善"而变为"善德",孟子才会在"乃若其情"一语后接着就说:"恻隐之心,人皆有之;羞恶之心,人皆有之;恭敬之心,人皆有之;是非之心,人皆有之。恻隐之心,仁也;羞恶之心,义也;恭敬之心,礼也;是非之心,智也。"④

人之有是"四端",经"扩而充之","四端"可成"四德"。从"仁义内在"说到"扩而充之"论,孟子似乎已经十分完整地

---

① 杨伯峻译注:《孟子译注》,中华书局1960年版,第239页。
② 张岱年:《中国哲学大纲》,中国社会科学出版社1982年版,第186页。
③ 戴吉亮、张殿朋、黄开国:《〈"性善论"〉与〈大学〉理路的契合》,《社会科学战线》2014年第8期。
④ 杨伯峻译注:《孟子译注》,中华书局1960年版,第239页。

第三章 生活儒学——回归周孔,重建儒学的当代构想

回答了善如何实现的问题。然需要留意的是,孟子自己说"乃若其情,则可以为善,乃所谓善也",他承认唯有经过"为善"才可以真正成就善(乃所谓善)。显然,其所谓"扩而充之"主要只是"从心""尽心知性""存心养性"的心性修养工夫,并不等于实际去"为善"。我们知道,人顺"善因"而有"善行",因"善行"而成就"善德",这是善的实现过程。然孟子的性善论更多只照顾到了前者,对后者并没有足够的理论自觉。换言之,孟子仁义内在说之合理性、贡献性自不必言,然对其扩而充之论则还需一番检视。

孟子的"仁义内在"说即性善论"是孔子'我欲仁,斯仁至矣'思想的开显扩大,它进一步凸显了人的道德自由,使人的道德主体性得以最终确立"[①]。它不仅深化了孔子内在于人之生命,追问价值源头的致思路向,而且证立了道德主体性和"自觉力",淋漓尽致地展现了孔子仁学的思想效应。对此,明儒罗近溪赞曰:"……其后,却亏了孟子,是个豪杰。他只见着孔子几句话头,便耳目爽朗,亲见如圣人在前,心思豁顺,就与圣人吻合。一气呵出,说道人性皆善。至点掇善出,唯是孩提之爱敬。达之天下,则曰道在迩,事在易,亲亲长长而天下平。"牟宗三指出,孟子在根源形态中,直接点出性善,即是直接把握住"内在道德性",此就是一个绝对的主体,此主体为一道德的主体。此"主体"一透露,即有"道德的主体自由"之可言。他说:"若徒有孔子之天地浑圆气象,而无孟子之破裂以显'主体',则精神表现之理路即不具备,而精神之所以为精神亦终不彰显。故绝对主体性,道德的主体自由,皆因有孟子始可言也。孟子于此立下一个型范。此其所以有功于圣门处。"[②] 在伦理学的视域下,孟子有功于圣门处,乃在于立性善之说,凸显了德性的重要意义,其"仁义内在"说所强调的是外在的道德规范是内在

---

① 赵法生:《孟子性善论的多维解读》,《孔子研究》2007年第6期。
② 牟宗三:《历史哲学》,吉林出版集团有限责任公司2010年版,第112页。

德性的外化、外在道德行为（德行）必须合乎内在德性的要求。①这也正是我们将承载孟子思想的《孟子》一书纳入生活儒学"新四书"经典体系的主要缘由。当然，孟子立性善之说，直接把握住"内在道德性"，其开显孔子仁学意义的理论贡献在德性伦理的视域下自可得到高度的肯定，然若换从规范伦理的视域切入，孟子性善论的思想效应立时也就减杀了几分。

点破道德主体，证立"自觉心""主宰力"，开显仁学之意义，是孟子"极有功于圣门处"。然肯定性善、四端和仁义内在，又经由"从心""从大体""尽心知性""存心养性"的修养路径，只能保证主体自身有高度的道德自觉，而有道德之自省自觉无道德之行为实践，道德价值是无现实意义可言的。这就意味着孟子以心性论仁而建构的性善学说遗落了关键的思想环节，即将此内在于人的德性客观化、外在化，表现落实于人伦日用之间。这也正是蔡元培所指出的："孟子之伦理说，注重于普遍之观念，而略于实行之方法。"②对于这种重视内在道德自觉而轻忽外化落实的"思想病弊"，徐复观也有一番深刻的"诊断"。他说：

> 内在的道德性，若不客观化到外面来，即没有真正的实践。所以儒家从始即不采取"观照"的态度，而一切要归之于"笃行"的。……要笃行，即须将内在的道德性客观化出来。于是儒家特注重"人伦""日用"。③
>
> 圣贤教人，只是从实践上去指点。若仅凭言语文字，将道德根源的本体构画出来，这对于道德而言，纵使所构画者，系出于实践之真实无妄，但人之接受此种说法，亦只是知解上的

---

① 参阅王华《孟子德性伦理的逻辑层次》，《西安石油大学学报（社会科学版）》2008年第2期。
② 蔡元培：《中国伦理学史》，商务印书馆2010年版，第20页。
③ 徐复观：《儒家思想与现代社会》，《徐复观全集》，九州出版社2013年版，第19页。

东西。从知解上去领会道德的本体……且易使道德的根基走样。①

若仅仅追问价值源头，肯定道德自觉，而不着力思考如何由道德自觉"引发"道德行为，道德价值是根本无从实现的。因此，我们一方面承认孟子性善论开显仁学意义的重要贡献；另一方面，又要对孟学偏失有所察觉，从而彰显出回归孔子、统合孟荀之必要。我们一再论述，顺"善因"而有"善行"，因"善行"而成就"善德"，这是善的实现过程。其实，孔子仁礼合一之学的伦理意蕴正在于此。孔子仁礼合一之学包含"人而不仁如礼何"与"克己复礼为仁"两个重要维度。前者所凸显的是以道德自觉和内在德性来确立道德规范、指导道德实践；后者则强调通过道德行为实践来涵养德性、实现德性。仁礼交互为一之关系所反映的正是美德与规则辩证统一，德性与德行通为一体，道德价值得以实现的完整过程。"规范约束之外力不内化于德性之自律，难以知善恶、辨美丑、识真伪，足以表明德性构建之重要；德性之自律不为社会伦理氛围所支撑，难以显良知、倡世风、立楷模，足以见德性化德行之重要。"② 此正是孔子儒学仁礼合一的原创伦理智慧的主体精神所在。

就孔孟之间的学术嬗变而言，孟子以性善论注仁，主要发挥了孔子仁礼合一之学中"人而不仁如礼何""为仁由己"的仁学主体精神；却未多措意其"克己复礼为仁"（主要是"复礼"）的礼学向度。虽然"礼"在《孟子》中仍是重要的范畴，然孟子所谓的"礼"往往为"仁"的精神所统摄而主要转化为像"仁"一样的具有内在于人（内在德性）的特质的概念。正如葛瑞汉所说："阅读《孟子》一书，人们领悟到一种有别于近200年前孔子的思想氛

---

① 徐复观：《儒家思想与现代社会》，《徐复观全集》，九州出版社2013年版，第35页。
② 俞世伟、白燕：《规范·德性·德行——动态伦理道德体系的实践性研究》，商务印书馆2009年版，前言第3页。

围。……此时的观念是,人的价值源于被明确确定位于心中的德性（virtue）。……这时,'礼'已经指礼貌礼仪的内在观念,并与'仁'并列于人心的仁、义、礼、智'四端'中。"①

具体而言,从孟学"仁义内在"一义来看,无疑极大地拓展深化了孔子仁学的精神内涵；然从"扩而充之"一义来看,孟子"从心志""从大体""尽心知性""存心养性"的"工夫论"主张似乎只是发展了孔子的"克己"说,未能涉及"复礼"的关键环节。没有"复礼"的要求,通过"存心养性""立乎其大"的"克己"工夫,只能确保道德之自省自觉,而道德价值的实现还涉及如何外化落实此自觉的问题。孔子特立"复礼"之说,正教人在日用常行中表现仁,在视听言动间遵从礼。《论语》记载如是：

> 颜渊问仁。子曰："克己复礼为仁。一日克己复礼,天下归仁焉。为仁由己,而由人乎哉？"颜渊曰："请问其目。"子曰："非礼勿视,非礼勿听,非礼勿言,非礼勿动。"②

孔子这种要求在生活世界的视听言动间遵从礼的"复礼"的睿识为孟子所忽视,由此使得其所谓的"扩而充之"很大程度上只是"存心养性"的心上工夫,而不是实际去"为善",将道德自觉转化为道德行为实践。朱熹言："《孟子》一书,只是要正人心。"③"正人心",挺立道德主体是孟子"有功于圣门处",然"只是要正人心",又不能完全确保善的实现,孟学此弊不可不察。与孟子好言仁不同,荀子继承发挥了孔子"复礼"论的主张,力主"性恶",倡言"化性起伪""礼者养也",开显了孔子礼学的思想意义。荀学之

---

① [英]葛瑞汉：《论道者——中国古代哲学论辩》,张海晏译,中国社会科学出版社2003年版,第132—133页。
② 杨伯峻译注：《论语译注》,中华书局1980年版,第123页。
③ 《孟子集注·孟子序说》,（宋）朱熹《四书章句集注》,中华书局1983年版,第200页。

优长当由此进行说明。

三 《荀子》对礼学意义的开显

孔子儒学仁礼合一的原创智慧包括"人而不仁如礼何"和"克己复礼为仁"的双重向度。在伦理学的视域下来看，前者倾向以仁为本，强调依德性而建设、实践礼仪（依仁成礼）；后者侧重以礼为本，强调通过学习实践礼仪来涵养、实现德性（以礼显仁）。孔子其后，孟荀双峰突起，一显仁一显礼，各引一端各有所成。孟子讲"仁义礼智，非由外铄"，乃是开显孔子仁学之意义，偏重"仁"之德性诉求和道德的自省自觉；荀子说"人之性恶，其善者伪也"，乃是发挥孔子礼学之精神，凸显"礼"之规范诉求和道德的行为实践。孟学精髓可以"依仁成礼"而论，荀学要旨当由"以礼显仁"来说。所谓"以礼显仁"是指，荀子否认先天之德性，强调通过后天人为之努力（伪）即学习实践礼仪来涵养和实现德性（善），其所谓"其善者伪"（积善成德）一语即点破了这层意涵。

孟子重（善）"性"，主"人之性善"，肯定道德先天，以为人顺此性扩而充之即可成善；荀子崇"伪"，主"人之性恶"[1]，倡言道德后起，[2] 以为人性之朴必待"伪"而"美"之；人性之恶必待

---

[1] "性恶"是长期以来学界对荀子人性论的普遍看法，近年来越来越多的学者对此"成说"提出了质疑。有学者认为，"《性恶》游离于各篇之外，不是荀子人性观的最终总结，它的目的在于确立一个与性善说相对立的异说。《性恶》的作者可能是荀子后学"（颜世安：《荀子人性观非"性恶"说辨》，《历史研究》2013 年第 6 期）。有学者则明确提出"荀子乃性朴论者，非性恶论者"（周炽成：《荀子乃性朴论者，非性恶论者》，《邯郸学院学报》2012 年第 4 期；林桂榛：《论荀子性朴论的思想体系及其意义》，《现代哲学》2012 年第 6 期）。在我们看来，单纯以"性恶"或"性朴"来概括荀子的人性观恐不合适，径直以"人性本恶"论之则更为不妥。无论我们以"性恶"还是"性朴"来定位荀子的人性观，可以确定的是其理论旨趣在于否认先天的善性，突出后天人为努力（伪）之重要意义。简言之，孟子性善论是一种重（善）"性"的人性观，荀子明分"性""伪"的人性观则是一种崇"伪"的人性观。

[2] 陶师承说："孟荀皆言儒教：孟子主道德先天说，荀子则主道德人为说；一言性善，一言性恶；适成一绝对反比例。盖孟子重直觉，荀子重经验。"（陶师承：《荀子研究》，大东书局 1936 年版，第 54 页）

"伪"而"化"之。《荀子》原文如是：

> 故曰：性者，本始材朴也；伪者，文理隆盛也。无性则伪之无所加，无伪则性不能自美。性伪合，然后圣人之名一，天下之功于是就也。故曰：天地合而万物生，阴阳接而变化起，性伪合而天下治。
>
> 今人之性，生而有好利焉，顺是，故争夺生而辞让亡焉；生而有疾恶焉，顺是，故残贼生而忠信亡焉；生而有耳目之欲，有好声色焉，顺是，故淫乱生而礼义文理亡焉。然则从人之性，顺人之情，必出于争夺，合于犯分乱理，而归于暴。故必将有师法之化、礼义之道，然后出于辞让，合于文理，而归于治。用此观之，然则人之性恶明矣，其善者伪也。
>
> 今人之性，饥而欲饱，寒而欲暖，劳而欲休，此人之情性也。今人饥，见长而不敢先食者，将有所让也；劳而不敢求息者，将有所代也。夫子之让乎父，弟之让乎兄，子之代乎父，弟之代乎兄，此二行者，皆反于性而悖于情也。然而孝子之道，礼义之文理也。故顺情性则不辞让矣，辞让则悖于情性矣。用此观之，然则人之性恶明矣，其善者伪也。①

与孟子"尽心知性""存心养性"的"顺性"主张截然相反，荀子则要求对情性持一种"逆"的态度。② 首先，荀子以为人之性朴，"顺性"的结果是"性不能自美"，必以"伪"来使性"美"之，故谓"学不可以矣。……故木受绳则直，金就砺则利，君子博学而日参省乎己，则知明而行无过矣"③。"性之材朴"决定了后天

---

① （清）王先谦撰，沈啸寰、王星贤整理：《荀子集解》，中华书局2012年版，第356、420—421、422—423页。
② 周炽成：《逆性与顺性——荀子人性论的内在紧张》，《孔子研究》2003年第1期。
③ （清）王先谦撰，沈啸寰、王星贤整理：《荀子集解》，中华书局2012年版，第2页。

第三章　生活儒学——回归周孔,重建儒学的当代构想

之成善、为恶皆有可能,须"积伪"方能赋予"性"善的内涵和价值的意义（美性）。也就是说,荀子"材—性—伪—积"的性朴说,"其理论结构是：材是性的基础,性是材的机能,性即材的性能,材朴则性朴,人为则习积,'材—性'关系若'结构—功能'关系。原始材性若天赋,后天之'伪'（人为）基于原始材性且后天成善、恶之习性或德性皆是可能"[①]。

其次,荀子以为人之性恶,即"人之情性"生而有好利,生而有疾恶,生而有耳目之欲；饥而欲饱,寒而欲暖,劳而欲休,若"顺情性"之自然必出于争夺而归于暴（恶）,必待"伪"（师法之化、礼义之道）而"反性悖情"方能出于辞让、合于文理。性朴与性恶之不同在于：倘若"顺性",性朴论似乎"预设"了可善可恶的双重后果,而性恶论则只"规定"了为恶一途。

由此,性朴论话语下的思想旨归是以"伪"美性,而性恶论话语下的理论旨趣乃在于以"伪"化性、矫性。相较而言,性恶论比性朴论更加极端深刻地"逼"显出了"伪"之重要意义,"这种对人性本恶的论证,目的是凸显本恶之性与为善之间的紧张,指明人的本性中无有善端可以凭恃、可资抉发,从而强调了教化的艰巨性和终身性"[②]。然无论主性朴还是性恶,荀子人性论之要义皆应归于,否认先天之善,凸显"伪"之必要,强调通过后天人为之努力来实现善。"凡人之欲为善者,为性恶也。夫薄愿厚,恶愿美,狭愿广,贫愿富,贱愿贵,苟无之中者,必求于外……苟有之中者,必不及于外。"[③] 按照荀子的理解,人追求善恰恰是因为善并非"内在于我",它必须待后天人为之努力才能获得。[④] 由此不难发现,荀子

[①] 林桂榛：《论荀子性朴论的思想体系及其意义》,《现代哲学》2012年第6期。
[②] 詹世友：《先秦儒家道德教化的不同范型分析》,《哲学研究》2008年第2期。
[③] （清）王先谦撰,沈啸寰、王星贤整理：《荀子集解》,中华书局2012年版,第425页。
[④] 或如乔安水所点明的荀学的视野下"礼义之善非来自人性"。参见乔安水《荀子礼论研究》,博士学位论文,华东师范大学,2004年,第46—51页。

人性论的思想重心是落在"伪"上,在这个意义上来说,荀子与其说是"性朴论"或"性恶论"者,毋宁说是崇"伪"论者。崇"伪"论的理论意义正在于,承认"德性中的'性'不是人的本质所固有的,而是人的某种正在生成的东西"①。

在伦理学的视域下审视,孟子重"性"论(性善论)呈现"善因(善端)—善行—善德(成德)"的逻辑线索;荀子崇"伪"论(性恶论)则表现出"恶因—恶行—为恶"的思想脉络。重"性"论以"顺性"为要(扩而充之),证立礼仪实践之可能;崇"伪"论以"逆性"为功(化性起伪),逼显礼仪实践(伪)之必要。荀子说:"凡性者,天之就也,不可学,不可事。礼义者,圣人之所生也,人之所学而能,所事而成者也。不可学、不可事而在人者,谓之性;可学而能、可事而成之在人者,谓之伪;是性、伪之分也。"② 荀子一再明分"性""伪",无非就是要凸显后天人为努力(学与事)之必要。或如颜世安认为的:"荀子的'性''伪'关系说,表达了一种新的人性见解。这种人性观可以称为轻视人性作用的人性观。也许这未必是荀子系统、周延的人性观,但确实是荀子对于人性问题的一种重要见解。而且值得注意的是,这一见解与荀子思想的一种基本观念是相通的,就是轻视天然生成的东西,重视后天的加工提炼。"③ 孟子重"性",荀子崇"伪",不难明矣。荀子这种崇"伪"的人性论主张,充分开显了礼学之意义,深化了孔子仁礼合一之学"克己复礼为仁"(以礼显仁)的维度,即强调通过认知、实践礼仪("伪")来涵养、实现德性。

"其善者伪""积善成德",荀子崇"伪"论的思想重心乃在于重视以"伪"来涵养、实现德性(善),而其所谓"伪"主要就是指认知实践礼仪的"积善"以"成德"的长期过程。荀子这种以性

---

① 陈根法:《德性论》,上海人民出版社2004年版,第214页。
② (清)王先谦撰,沈啸寰、王星贤整理:《荀子集解》,中华书局2012年版,第421—422页。
③ 颜世安:《荀子人性观非"性恶"说辨》,《历史研究》2013年第6期。

朴、性恶为基本依据，以崇"伪"为理论旨归的人性论主张，肯认了人认知实践礼仪（"伪"）之必要。可以说，荀子的人性论"是论证其礼学思想的逻辑起点"①。"人之性恶，其善者伪也"的崇"伪"论所"逼"显的是认知、实践礼仪之必要，那么，人认知、实践礼仪又何以可能？荀子进而又提出了"心知"的思想主张。孟荀相较，孟子重"性"论是以"心善"言"性善"，荀子崇"伪"论则是以"心知"来"起伪"。肯定"心知"是荀子证成崇"伪"论不可或缺的思想环节。

孟子言"心"偏重其道德义，荀子言"心"偏重其认知义。蒙文通说："荀卿所言之心非本心，而实并放心言之。则其所谓心，惟觉知之明，无德性之实。"② 牟宗三认为："孟子之心乃'道德的天心'，而荀子于心则只认识其思辨之用，故其心是'认识的心'，而非道德的心也；是智的，非仁义礼智合一之心也。可总之曰以智识心，不以仁识心也。"③ 对此，梁涛另有新解，他指出"荀子的心并非如学者认为的，只是'纯智的''逻辑的'认知心，而是一种道德心，具有价值选择、道德判断的能力；荀子的知道，也不仅仅是反映一客观事实，而同时是作道德抉择"④。大体而言，蒙、牟之说自是不错；细而究之，梁涛之论或更为周允。然这里我们无意完全辨明荀子所说之"心"的"微言大义"，可以确定的是其言"心"主要是在知性意义下来说的。荀子有关"心"的种种论述，其理论旨归就是要回答人何以能认知进而实践礼仪的问题。荀子说：

故心不可以不知道（王先谦注"道，谓礼义"）。心不知道，

---

① 高春花：《荀子礼学思想及其现代价值》，人民出版社2004年版，第57页。
② 刘梦溪：《中国现代学术经典·廖平·蒙文通卷》，河北教育出版社1996年版，第521页。
③ 牟宗三：《名家与荀子》，学生书局1979年版，第224页。
④ 梁涛：《荀子人性论辨正——论荀子的性恶、心善说》，《哲学研究》2015年第5期。

则不可道而可非道。……夫何以知！曰：心知道，然后可道；可道，然后能守道以禁非道。以其可道之心取人，则合于道人，而不合于不道之人矣。……何患不知？故治之要在于知道。人何以知道？曰：心。心何以知？曰：虚壹而静。①

人何以知道？曰："心。"心何以知？曰："虚壹而静。"此一论述清楚地点明了荀子"心"论的关键。"心"通过"虚壹而静"的"工夫"可以知"道"，知"道"就是知礼义，知礼义以"起伪"而"美性""化性"。李泽厚指出："人为的改造活动（'伪'）必须有对象（'性'），这没有问题。问题在于，这种改造（'伪'）又是如何可能的呢？就是说，恶的自然（'性'）又如何可能接受改造呢？……荀子认为这是由于人有心知，再积以学的缘故，是由于'心'知'礼义'，才能节制情欲。"②"心"知礼义而节制情欲，在荀学的思想系统中，"心"自然就被看成"伪"之发动处。《荀子·正名》篇称："心虑而能为之动谓之伪。"故"伪"的一个重要含义是指心的思虑及活动，具体讲就是知善、行善的思虑与活动，伪首先应落实到心来理解，③即依"心"而知礼义。盖荀子以为积伪在于知礼，何以能知在"心"，如何得知还必由于"学"。"心"是知礼之依凭，"学"是知礼之过程，故曰"学至乎礼而止矣"。

学恶乎始？恶乎终？曰：其数则始乎诵经，终乎读礼；其义则始乎于士，终乎为圣人。真积力久则入，学至乎没而后止也。故学数有终，若其义则不可须臾舍也。为之，人也；舍之，

---

① （清）王先谦撰，沈啸寰、王星贤整理：《荀子集解》，中华书局2012年版，第382—383页。
② 李泽厚：《中国古代思想史论》，人民出版社1986年版，第117—118页；另见李泽厚《荀易庸记要》，《文史哲》1985年第1期。
③ 梁涛：《荀子对"孟子"性善论的批判》，《中国哲学史》2013年第4期。

禽兽也。……故学至乎礼而止矣。夫是之谓道德之极。①

积伪必先知礼，"心"使知礼成为可能，"学"则使知礼变成现实，荀子既立个"心"又特重"学"，意义在此。荀子"心知（礼义）"说所表现的是"德知"的重要意义，"心知"正是强调道德践履必以人对道德价值的理解和认同为前提。诚然，"人对行为选择的道德性，首先取决于他对已有道德规范的认识、信服和内化，然后才会构成其德性而最终表现为道德行为。所以，信服产生情感体认，内化需要价值认同"②。在价值认同的基础上始可言价值实践，肯定了"心以知道"后，荀子乃进而可说"比中而行"。

也就是说，荀子所谓"积伪"是认知、实践礼仪的"积累"过程，"知"礼义只是"伪"之起点，"伪"最终应落实为"行"礼义。荀子说："先王之道，仁之隆也，比中而行之。曷谓中？曰：礼义是也。道者，非天之道，非地之道，人之所以道也，君子之所道也。"③ "心"知"道"后，还要"比中而行之"，"道"（"中"）者，礼义之谓。先王之道，君子之所道，不过教人按礼义之要求去做，礼仪实践是荀子所谓"积伪"、积善的主要所指。可见，所谓"伪"是德性涵养和实现的长期过程，它包含"知"礼义与"行"礼义的两大关键环节。在伦理学的视域下，荀子崇"伪"论为我们完整地揭示了从"德知"到"德性"，从"德性"到"德行"的善（德性）的实现过程——"德性的现实运动过程是主体的内在因素与外部因素相互影响、相互作用的结果。确切地说，是主体内部机制对外部环境所施加的德性影响进行认知—认同—内化—外化的加工、

---

① （清）王先谦撰，沈啸寰、王星贤整理：《荀子集解》，中华书局2012年版，第11—12页。

② 俞世伟、白燕：《规范·德性·德行——动态伦理道德体系的实践性研究》，商务印书馆2009年版，前言第3页。

③ （清）王先谦撰，沈啸寰、王星贤整理：《荀子集解》，中华书局2012年版，第121—122页。

转化过程，是一个'化理论为德性'与化'德性'为'德行'相统一的'德知—德性—德行'的递进过程。"①

　　任何个体的道德观念都不是与生俱来的，必须以一定的道德知识、道德理论的认知和积累为条件。从该意义上讲，没有对道德规范的掌握和道德理论的认知，公民个体"德性"的形成也就成了无源之水、无本之木。因此，"德知"是"德性"的必然前提。
　　如果说"理论"只有内化为德性，且内有于主体才有道德意义的话，那么，德性只有转化为德行才有实际意义。德性是一种内在的品质，其主观内隐的特性使人无法验证它的形成与存在，只有转化为客观的实际行为——德行，才有现实的可检性。"德性"如果仅仅停留于德性的内隐状态，便不会与社会现实发生联系，不会对现实生活具有任何积极影响。内在的德性只有外化为实在的良好的德行，才会对现实的道德世界产生实际而积极的意义。②

"心虑而能为之动谓之伪。虑积焉、能习焉而后成谓之伪。"③伪、善的实现是认知实践礼仪的长期过程，伪的达成先要依靠心虑（心知），心虑而后再落实到行动，积虑成习才是伪（善）。④"伪"首先表现为"心"知"礼义"（虑），而其落脚点则是实践礼仪的"积"与"习"。众所周知，荀子之学以礼为中心，偏重"礼"之规范诉求和道德行为实践。如果说孟子对仁学的发挥主要应在德性伦理、美德伦理的视域下获得充分解释的话，那么，荀

---

① 王国银：《德性伦理研究》，吉林人民出版社2006年版，第17—18页。
② 王国银：《德性伦理研究》，吉林人民出版社2006年版，第18—19页。
③ 王先谦注："心虽能动，亦在积久习学，然后能矫其本性也。"参见（清）王先谦撰，沈啸寰、王星贤整理《荀子集解》，中华书局2012年版，第399页。
④ 赵法生：《荀子人性论辩证》，《哲学研究》2014年第6期。

子对礼学的开显则当在实践伦理、规范伦理的视野下得到深刻说明。以礼学精神立基，荀子之学确乎表现出了浓重的行动主义色彩和实践伦理特质。蔡元培说："荀子思想多得之于经验，故其说较为切实，重利用厚生，重实践伦理，以研究宇宙为不急之务。"①"礼言是，其行也"，荀子特重发挥儒家"礼"的道德实践精神，强调"行之，明也"，以为某一事物、某一道理必须经由实践始能彻底明了。

> 不闻不若闻之，闻之不若见之，见之不若知之，知之不若行之，学至于行之而止矣。行之，明也。明之为圣人。圣人也者，本仁义，当是非，齐言行，不失毫厘，无它道焉，已乎行之矣。故闻之而不见，虽博必谬；见之而不行知，虽识必妄；知之而不行，虽敦必困。不闻不见，则虽当，非仁也，其道百举而百陷也。②

当然，需要特别指出的是，荀子对孟子性善论进行批评的诸多思想话语无疑最能反映荀学偏重道德行为和伦理实践的突出面向。荀子通过对孟子性善论重德性轻德行，好言道德自觉鲜及道德实践之偏失的深刻揭露，极大地彰显了其学重"礼"的规范诉求和道德之行为实践的"礼本位"立场。《性恶》篇言：

> 孟子曰："人之性善。"曰：是不然。凡古今天下之所谓善者，正理平治也；所谓恶者，偏险悖乱也。是善恶之分也已。今诚以人之性固正理平治邪？则有恶用圣王、恶用礼义矣哉！虽有圣王礼义，将曷加于正理平治也哉！

---

① 蔡元培：《中国伦理学史》，商务印书馆2010年版，第22、24页。
② （清）王先谦撰，沈啸寰、王星贤整理：《荀子集解》，中华书局2012年版，第141页。

> 凡论者，贵其有辨合，有符验，故坐而言之，起而可设，张而可施行。今孟子曰"人之性善"，无辨合符验，坐而言之，起而不可设，张而不可施行，岂不过甚矣哉！①

"凡古今天下之所谓善者，正理平治也。"这里，所谓"正理"是从原因上说善，而"平治"则是从结果上说善。由此可见，荀子不仅是从根源、动机上言善，同时还从客观结果、实际行为上谈善，如有论者指出的，"是结合着礼义秩序来谈善"。徐复观认为："孟子的大贡献，在于彻底显发了人类道德之心；而荀子的大贡献，是使儒家的伦理道德，得到了彻底客观化的意义，并相当地显发了人类认识之心。"② 荀子所谓"起而可设""张可施行"，皆是强调善、伪应落实到道德行为上言，善、伪之实现必经由善因（善端）向善行的推进和转变。③"虑积焉、能习焉而后成谓之伪"，此之谓也。

"人之性恶，其善者伪也"，《荀子·性恶》篇反复论及于此，否认先天之德，以为"性不知礼义，故思虑而求知"，彻底颠覆了孟子的性善论，批判了其"仁义礼智根于心"的说法，强调善须经后天认知实践礼仪的"伪"来实现。荀子所谓"其善者伪""积善成德"，不出此意。在荀子看来，能否通过认知实践礼仪（积文学、道礼义）来矫饰、扰化人之情性（化性起伪）是人禽之所别，君子与小人之所分的关键所在。"为之，人也；舍之，禽兽也。"荀子详论如是：

> 今人之性，固无礼义，故强学而求有之也；性不知礼义，

---

① （清）王先谦撰，沈啸寰、王星贤整理：《荀子集解》，中华书局2012年版，第425—426页。
② 徐复观：《中国人性论史·先秦篇》，载李维武编《徐复观文集》（第三卷），湖北人民出版社2009年版，第149页。
③ 需要注意的是，孟子主要是在德性意义下以"心善"作为善因，而荀子则主要是在知性意义下以"心知（礼义）"作为善因。

故思虑而求知之也。然则生而已,则人无礼义,不知礼义。人无礼义则乱,不知礼义则悖。然则生而已,则悖乱在己。用此观之,人之性恶明矣,其善者伪也。

今人之性恶,必将待师法然后正,得礼义然后治。今人无师法则偏险而不正,无礼义则悖乱而不治。古者圣王以人之性恶,以为偏险而不正,悖乱而不治,是以为之起礼义,制法度,以矫饰人之情性而正之,以扰化人之情性而导之也。……今之人,化师法、积文学、道礼义者为君子;纵性情、安恣睢、而违礼义者为小人。用此观之,然则人之性恶明矣,其善者伪也。①

正因为人皆有是"心",心经"虚壹而静"而能虑(知礼义),心虑而后能积习(行礼义),故"涂之人可以为禹"。"凡禹之所以为禹者,以其为仁义法正也。然则仁义法正有可知可能之理,然而涂之人也,皆有可以知仁义法正之质,皆有可以能仁义法正之具,然则其可以为禹明矣。"当然,需要注意的是,荀子所谓"涂之人可以为禹"与孟子所谓"人皆可为尧舜",这里,孟荀人人皆可成圣成贤的论旨完全一致,然何以如此却各有依凭——孟子以为"人之性善",荀子以为"人能积伪"。如果说孟子的重"性"论是给人以成圣成贤之希望和可能的话,那么,荀子的崇"伪"论则让人对成善成德保持必要的警觉和清醒。荀子崇"伪"论的主要意涵正在于以"人之性朴""人之性恶"否认"仁义内在"和道德先天,从而凸显"伪"之必要,而其所谓"伪"即是认知实践礼仪之艰苦漫长的"积"(累)的过程。因为性朴、性恶,只能靠人为的努力("伪")向外面去求。从行为道德方面向外去求,只能靠经验的积累。把经验积累到某一程度时,即可把性朴、性恶的性加以变化,

---

① (清)王先谦撰,沈啸寰、王星贤整理:《荀子集解》,中华书局2012年版,第425、421页。

而这绝非一蹴而就、朝夕可成。因此，荀子所谓"伪"主要就是指在长期的礼仪实践中涵养德性、成就善德的过程（积善成德）。他说：

> 积土成山，风雨兴焉；积水成渊，蛟龙生焉；积善成德，而神明自得，圣心备焉。
>
> 可以为尧、禹，可以为桀、跖，可以为工匠，可以为农贾，在执注错习俗之所积耳。
>
> 今使涂之人伏术为学，专心一志，思索孰察，加日县久，积善而不息，则通于神明，参于天地矣。故圣人者，人之所积而致矣。
>
> 性也者，吾所不能为也，然而可化也。情（当作"积"）也者，非吾所有也，然而可为也。注错习俗，所以化性也。并一而不二，所以成积也。……故积土而为山，积水而为海，旦暮积谓之岁。……涂之人百姓，积善而全尽谓之圣人。……故圣人也者，人之所积也。人积耨耕而为农夫，积斫削而为工匠，积皮货而为商贾，积礼义而为君子。……居楚而楚，居越而越，居夏而夏，是非天性也，积靡使然也。故人知谨注错，慎习俗，大积靡，则为君子矣。纵情性而不足问学，则为小人矣。①

"伪"之"积"是认知实践礼仪的长期过程。"人之性恶，其善者伪"，荀子崇"伪"论极大地彰显了长期的道德修养和礼仪实践之于成善成德的重要意义。"荀子以理性为基点，强调按照道德原则（礼义）而行为实践对于道德修养的基础性意义……美好君子人格之造就也同样只能诉诸长期的合于礼义的修养实践。也正是在这个意

---

① （清）王先谦撰，沈啸寰、王星贤整理：《荀子集解》，中华书局2012年版，第7、63、429、143页。

义上，荀子提出'积善成德，而神明自得，圣心备焉'。所谓的'积善成德'，与'积礼义而为君子'所强调的是同样的意涵，即强调道德实践之于内在德性培养的基础性意义。"[1] "礼者，人道之极"，以崇"伪"论作为坚实的思想根基，荀子进一步深化了孔子仁礼合一之学"克己复礼为仁"的向度，教人做到血气、志意、知虑，食饮、衣服、居处、动静，容貌、态度、进退、趋行，事生、送死、祭祀皆能"由礼"，在日用人伦中实践礼仪实现"圣"的升华（尽伦为圣）。荀子说：

> 故绳墨诚陈矣，则不可欺以曲直；衡诚县矣，则不可欺以轻重；规矩诚设矣，则不可欺以方圆；君子审于礼，则不可欺以诈伪。故绳者，直之至；衡者，平之至；规矩者，方圆之至；礼者，人道之极也。然而不法礼，不足礼，谓之无方之民；法礼足礼，谓之有方之士。
>
> 凡用血气、志意、知虑，由礼则治通，不由礼则勃乱提僈；食饮、衣服、居处、动静，由礼则和节，不由礼则触陷生疾；容貌、态度、进退、趋行，由礼则雅，不由礼则夷固僻违，庸众而野。故人无礼则不生，事无礼则不成，国家无礼则不宁。
>
> 凡礼，事生，饰欢也；送死，饰哀也；祭祀，饰敬也；师旅，饰威也；是百王之所同、古今之所一也，未有知其所由来者也。……故丧礼者，无它焉，明死生之义，送以哀敬而终周藏也。故葬埋，敬藏其形也；祭祀，敬事其神也；……事生，饰始也；送死，饰终也。终始具而孝子之事毕、圣人之道备矣。
>
> 故厚者，礼之积也；大者，礼之广也；高者，礼之隆也；

---

[1] 王楷：《积善成德：荀子道德哲学的理性主义进路及其当代启示——一种德性伦理学的视角》，《北京师范大学学报（社会科学版）》2012年第6期。

明者，礼之尽也。①

可以说，荀学的主体精神乃在于一个"礼"字。徐复观讲："荀子虽然承儒家的传统，也不断提到仁义……他是把仁当作客观的知识去看，而不是通过自己的精神实践去体认，仁便在荀子的思想中没有生根；于是荀子心目中的理想人生、宇宙，只是很合理地划分明白，各尽其职的人生、宇宙。……所以他的思想，可以用个'礼'字一以贯之。"②如果说孟子重"性"论（性善论）下的工夫论主张"从大体""求放心""扩而充之""存心养性""先立乎其大"等是强调礼之价值自觉，凸显德性伦理之意义的话，那么，荀子崇"伪"论（性恶性朴）下的工夫论主张"积伪""积善""由礼""积礼义"等则是强调礼之行为实践，凸显规范伦理之精神。

"积礼义而为君子"，又"人一之于礼义，则两得之矣；一之于情性，则两丧之矣"③。荀子明分"性""伪"，借以否认先天之善，透显后天人为努力之必要，强调主体自身通过自觉的道德修养和礼仪实践（工夫）来涵养、实现德性（美性、化性）。恰如有学者概括的："基于其自然人性论的理论基础，在荀子这里，德性之在主体并无一先验的意识结构，须得主体自身发挥理性之能力，且知且行，在不断的实践中逐渐养成之。……此一内在的精神性人格结构（德性）一旦养成，'长迁而不返其初''则若性命肌肤不可易也'，又表现相当的稳定性。因而，在'习惯成自然'的意义上，我们亦可称之为'第二人性'。由是，在这里我们可以看到形成对照的两种人

---

① （清）王先谦撰，沈啸寰、王星贤整理：《荀子集解》，中华书局2012年版，第347、23—24、359—361、349页。
② 徐复观：《中国人性论史·先秦篇》，载李维武编《徐复观文集》（第三卷），湖北人民出版社2009年版，第148页。
③ （清）王先谦撰，沈啸寰、王星贤整理：《荀子集解》，中华书局2012年版，第340页。

性观念：一种是原初的自然人性，另一种则是成之于修养实践的德性。在此语境下，则所谓工夫的意义也在于行为主体通过自觉之修养实践逐渐（使）原初的自然人性向'第二人性'不断转化。"① 以礼为中心，以礼而显仁，荀子充分深化和阐扬了儒家通过礼仪实践来涵养、实现德性的规范伦理精神和实践伦理精神。或许正是有鉴于此，台湾学者刘又铭才会提出建构当代"新荀学"的主张。他说："我们仍然可以超越宋明以来尊孟抑荀的价值判断（或意识形态），重新给予荀学一个高度的正当性。更积极地说，我们可以开始建构一个具有积极意义的'当代新荀学'。"② 当然，这也正是我们将承载荀学思想的《荀子》一书纳入生活儒学"新四书"经典体系的主要缘由。

可惜的是，荀子以性朴、性恶"逼"出"积伪"，开显礼学，必然面临礼义无所出、价值根源无所立的巨大理论困境。劳思光认为："盖荀子以为，人之自然成分，即动物性，乃不待努力而实具有者；人之文化成分，则待自觉努力以成就之。此说仍不谬。但问题在于此种自觉努力如何而可能？倘根本上人只具动物性，并无价值自觉，则何能有此努力乎？"③ 我们知道，孟子倡言"人之性善"，是以内在于人的心性作为价值源头，以心善性善作为仁义礼智等一切道德价值的内在依据。在孟子重"性"论（性善）的视野下，人实践礼仪是内在的道德自觉使然（由仁义行），非是被动地遵从礼仪（非行仁义）。然在荀子崇（伪）论（性朴、性恶）的视野下，人实践礼仪并无内在的人性依据，其所谓"伪"好似只是让人被动地接受礼的"型塑"和"改造"（行仁义）。更为严重的是，荀学思想体

---

① 王楷：《积善成德：荀子道德哲学的理性主义进路及其当代启示——一种德性伦理学的视角》，《北京师范大学学报（社会科学版）》2012年第6期。
② 刘又铭：《当代新荀学的基本理念》，载庞朴主编《儒林》（第4辑），山东大学出版社2008年版，第4页。另参阅刘又铭《儒家哲学的重建——当代新荀学的进路》，载汪文圣主编《汉语哲学新视域》，学生书局2011年版，第158页。
③ 劳思光：《新编中国哲学史》（一），生活·读书·新知三联书店2015年版，第249页。

系中还留下了"礼从何来"的理论漏洞。荀子虽可将礼义归于圣王的发明,然这种"迫不得已"的圣王崇拜论又与其人性论主张明显相悖。他一方面以为"唯圣人能化性起伪""伪起而生礼义";另一方面,又特别强调圣凡之间"其性一也",借以凸显"伪"之重要。如是这样,荀子的崇"伪"论就难免陷入了圣王崇拜和圣凡(人性)平等的悖论和冲突。

> 问者曰:人之性恶,则礼义恶生?应之曰:凡礼义者,是生于圣人之伪,非故生于人之所性也。故陶人埏埴而为器,然则器生于工人之伪,非故生于人之性也。故工人斫木而成器,然则器生于工人之伪,非故生于人之性也。……人积思虑,习伪故,以生礼义而起法度,然则礼义法度者,是生于圣人之伪,非故生于人之性也。

> 问者曰:"礼义积伪者,是人之性,故圣人能生之也。"应之曰:是不然。夫陶人埏埴而生瓦,然则瓦埴岂陶人之性也哉?工人斫木而生器,然则器木岂工人之性也哉?夫圣人之于礼义也,辟则陶埏而生之也,然则礼义积伪者,岂人之本性也哉?凡人之性者,尧、舜之与桀、跖,其性一也;君子之与小人,其性一也。……凡所贵尧、禹、君子者,能化性,能起伪,伪起而生礼义。①

"凡礼义者,是生于圣人之伪",又"君子之与小人,其性一也"。如能洞见荀学体系中存在的这种内在矛盾和紧张,我们便须转而称颂孟子力主人性皆善,开辟价值之源,肯认道德自觉的合理意义。孟子重"性"论凸显仁之德性精神和道德的自省自觉;荀子崇"伪"论则凸显礼之规范诉求和道德的行为实践。两者各有优长,亦

---

① (清)王先谦撰,沈啸寰、王星贤整理:《荀子集解》,中华书局2012年版,第423、427页。

各有所偏：孟学持性善之立场，立定道德价值根源，然其以仁统礼，轻忽礼学意义下的那种他律（规范）要求和实践精神，使价值自觉不能表现落实为道德行为实践；荀学严分性、伪，彰显积善成德、道德人为之意义，然其以礼统仁，略于仁学意义下的那种自律（德性）要求和自觉态度，使道德行为实践无内在之价值自觉可依。正如宋志明等学者指出的："如果说孟子以性善论说明了人履行仁道的可能性的话，那么，可以说荀子以性恶论说明了以礼义规范人的行为的必要性。性善论强调自我完善的内在根据，凸显自律原则，倘若没有他律约束，容易流于空疏；性恶论强调规范约束的必要性，凸显他律原则，倘若脱离内在自觉，容易导致强制而难于推行。二者相互补充，共同奠定了儒家伦理哲学和政治哲学的理论基础。"[①]孟、荀之学，各有一偏，二者相互补充，方能完整确立儒家伦理哲学和政治哲学的理论基础。

孟子之学以仁学精神持论，本内在德性之"仁"而言心性，故主性善心善；荀子之学以礼学精神立说，本外在规范之"礼"而言心性，故主性恶（朴）心知（善）。孟荀各有所失，尊孟贬荀抑或尊荀贬孟，皆偏离儒学原创生命智慧精神，不得孔子仁礼合一之旨。仁礼合一者，仁、礼平衡互动，感通为一之谓。宋儒言"即体即用，显微无间"，仁礼关系当复如是。孟子重"性"论发挥仁学精神，荀子崇"伪"论开显礼学意义，虽各能拓展深化孔学，然终究不能切中孔子儒学仁礼合一的深层意蕴。"从孔子到子思，再到孟子、荀子，实际上是儒家内部的分化过程……分化的好处是深化，如孟子对孔子仁学做出进一步发展，提出性善论、浩然之气等，荀子则对儒家礼学做出更多继承和发展，并援法入礼，开启了儒法合流的趋势等；其不好的地方则是窄化，不论是孟子还是荀子都没有代表整个儒学传统，而存在'所失'或'所偏'。"[②] 因此，

---

① 宋志明、许宁：《论荀子礼学的规范诉求》，《江西社会科学》2006年第1期。
② 梁涛：《"新四书"与当代经学的重建》，《江苏行政学院学报》2014年第4期。

统合孟荀，① 乃显孔子。或许正是洞见了孔子儒学的真精神以及孟、荀的所偏所失，成书于战国秦汉之际至汉初的《礼记》，在思想理路上正好体现出了"统合孟荀，以显孔子"的特点。

四 《礼记》展现的生活世界及其意义生成

《礼记》是战国秦汉之际至汉代初年间儒家学者注释《仪礼》的文章选集，是一部儒家思想的资料汇编。由西汉戴圣编纂而成，共49篇，其中多数篇章可能是孔子弟子及其学生们的作品。"它在思想理论方面对儒家学说进行了广泛的改造和发挥，上承先秦孔、孟、荀，下自汉代董仲舒以至《白虎通》，在儒学发展史上占

---

① 如何统合孟（性善）荀（性恶）之说，杨国荣先生为我们提出了一个颇有启发意义的伦理学的视角。杨国荣认为，以性善说与性恶说为理论背景反观德性的悖论，则不难看到，解决以上悖论的途径在于将德性的培养理解为一个过程。从过程的角度看，"德性的培养并不仅仅表现为外在强加，而是有其内在的根据；但这种根据最初主要以向善的潜能等形式存在；唯有通过教育、学习及道德实践的过程，内在的潜能才能不断获得现实的内容，并成为真实的德性。"（杨国荣：《道德系统中的德性》，《中国社会科学》2000年第3期；另见杨国荣《伦理与存在——道德哲学研究》，华东师范大学出版社2009年版，第173—174页）二者的相互作用，在中国哲学中往往被概括为性与习或天道与人道德统一："性者，天道；习者，人道。"[（明）王夫之：《俟解》，《船山全书》第十二册，岳麓书社1992年版，第494页]又："人之皆可以为善，性也；其有必不可使为善者，习也。习之于人大矣。……故曰：习与性成。"[（明）王夫之：《读通鉴论》卷十，《船山全书》第十册，岳麓书社1988年版，第374—375页]习包括习俗（社会环境）与习行（个体的知与行），总起来，本然之性为德性的形成提供了可能，社会环境的影响（习俗）及个体自身在知行过程中展开的努力，则制约着这种可能是否转化现实的德性。另外，统合孟荀其实就是要实现仁礼的合一，打破这样一种循环论证：为了遵从礼仪，需要有德性（孟学精神）；为了获得德性，又必须遵从礼仪（荀学精神）。对此，范瑞平先生指出，儒家是通过礼仪教育来打破这种循环论证的：由于每个孩子都有德性的种子，因而每个孩子都有能力学习和遵从礼仪从而达到培养德性的目的，尽管他们一开始学习和遵从礼仪的动机并不是来自德性，而是来自外部因素，诸如父母或老师的要求和奖励（即他们的行动只是处于"知其然、不知其所以然"的状态）；但随着学习的进展，礼仪逐渐内化成为自觉自愿、随心所欲的行为（即达到"知其所以然"的程度），他们的德性也逐渐由种子变成果实。一个人越好地学习和遵从礼仪，就越有可能得到更多的德性。如果一个人选择不学习、不遵从礼仪，他的德性种子就会被浪费掉，他也就无法成为一个真正有德性的人。正是由于这个原因，儒家君子总是教导人们必须通过学习和遵从礼仪来提高道德和维持家庭。（范瑞平：《当代儒家生命伦理学》，北京大学出版社2011年版，第7—8页）

第三章　生活儒学——回归周孔，重建儒学的当代构想　　161

据着相当重要的位置。"① 我们提议将《礼记》纳入生活儒学"新四书"的经典体系，是因为其间所包含的许多思想内容较能体现生活儒学"仁礼合一"的道统论和"形而中学"的哲理精神。也可以说，作为孔子弟子及其再传弟子的作品，《礼记》一书的总体思想概貌所反映的是一种"统合孟荀，而显孔子"的特点。一方面，《礼记》中有的思想主张近孟子学的理路，以"心性"（情）说仁，开显孔子仁学的意义；另一方面，《礼记》中有的观念精神近荀子学的理路，以礼仪实践来实现价值理想，开显孔子礼学的意义。以下我们不去考证《礼记》各篇成书年代的问题，而是就其所反映的思想精神本身来说明何以将其纳入生活儒学"新四书"的经典体系的问题。

　　有论者指出，《礼记》一书的主体思想内容所体现的是儒家礼治主义的基本构想。然在我们看来，《礼记》（大多数篇章）作为孔子七十二子及其后学的作品，其总体精神就是发展、改造了孔子儒学仁礼合一的思想，阐扬了孔子儒家仁礼合一之学背后所蕴含的"即凡而圣"（日用即道，极高明而道中庸）的哲理精神。具体而言，《礼记》一书既注意到了"礼"内在于人的心性情感的根据和"礼"背后所体现的精神价值（礼之本、礼之义），又强调在人伦日用的生活世界的视听言动中，通过对礼仪的遵守和实践来实现生活世界的意义生成。《礼记·曲礼》所谓"道德仁义，非礼不成"，即是要求通过礼仪实践来实现"道德仁义"的价值意义。我们所谓"《礼记》所展现的生活世界及其意义生成"，意义在此。

　　另外，《礼记·中庸》明确提出和阐述的儒家这种将价值理想寓于日用人伦的"极高明而道中庸"的哲学精神。我们将其纳于生活儒学"新四书"的经典体系，就是要以《礼记》（"六经"）的思想资源来"注解""发明"生活儒学"仁礼合一"的道统论和"形而中学"的哲理精神（"我"）。也就是说，这里我们对《礼记》的讨

---

① 王启发：《〈礼记〉的礼治主义思想》，《孔子研究》1990 年第 1 期。

论不涉及"我注六经"的历史视野下对其成书问题的考证，而只是在"六经注我"的当代视野下说明它与生活儒学"仁礼合一"的道统论和"形而中学"的哲理精神的相关。

我们知道，作为周孔之道的本然形态的儒学主要呈现为一种仁礼合一的架构，而"仁礼合一"之学又包含"人而不仁如礼何"（贵仁）和"克己复礼为仁"（崇礼）两个面向。《礼记》作为孔子后学的作品，它主要发挥和改造了孔子仁礼合一之学的这两个面向，这表现在以下两个方面。

第一，《礼记》发挥改造了孔子"人而不仁如礼何""礼之本"的主张，进一步区分了"礼之本"（礼之义）和礼之文（礼之仪），并注意直接从心性情感的角度来说明"礼"的重要意义。①《论语》中孔子虽未明确将"礼之本"和"礼之文"对分，但其思想中已经包含对二者的清晰认识。孔子讲"人而不仁如礼何""礼云礼云，玉帛云乎哉"，就是认为"礼"非形式虚文，其背后有"仁"的精神价值的支撑。《礼记》发挥了孔子的说法，将礼之本（礼之义）与礼之文并提，并进一步说明了"礼"背后精神价值的支撑。《礼记》原文如是：

先王之立礼也，有本有文。忠信，礼之本也；义理，礼之文也。无本不立，无文不行。②

礼之所尊，尊其义也。失其义，陈其数，祝史之事也。故其数可陈也，其义难知也。知其义而敬守之，天子之所以治天下也。③

是故君子之于礼也，非作而致其情也，此有由始也。④

---

① 从内在的心性情感的角度来说明"礼"的意义只是一个方面，其实《礼记》更明显的倾向是从外在的规范、秩序的角度来说明"礼"的价值。
② 杨天宇：《礼记译注》，上海古籍出版社2004年版，第284页。
③ 杨天宇：《礼记译注》，上海古籍出版社2004年版，第322页。
④ 杨天宇：《礼记译注》，上海古籍出版社2004年版，第296页。

祀帝于郊，敬之至也。宗庙之祭，仁之至也。丧礼，忠之至也。备服器，仁之至也。宾客之用币，义之至也。故君子欲观仁义之道，礼其本也。①

由此可见，从《论语》到《礼记》，对"礼之本"和"礼之文"的区分和重视是儒家的一贯立场。所不同的是，《礼记》作者更多的是以"礼"为中心立论，基本放弃了孔子那种关联"仁"而论"礼"的致思路向，而是直接继承发展了孔子那种本于人之心性情感而言"礼"的思想主张。孔子讲"人而不仁如礼何"，这分明是一种依仁以成礼的态度。然当林放问"礼之本"，宰予问"三年之丧"时，孔子却又是直接从情（心）理的角度来说的。

林放问礼之本。子曰："大哉问！礼，与其奢也，宁俭；丧，与其易也，宁戚。"

宰我问："三年之丧，期已久矣。君子三年不为礼，礼必坏；三年不为乐，乐必崩。旧谷既没，新谷既升，钻燧改火，期可已矣。"子曰："食夫稻，衣夫锦，于女安乎？"曰："安。""女安，则为之。夫君子之居丧，食旨不甘，闻乐不乐，居处不安，故不为也。今女安，则为之。"宰我出。子曰："予之不仁也！子生三年，然后免于父母之怀。夫三年之丧，天下之通丧也。予也有三年之爱于其父母乎？"②

《礼记》论"礼之本"正是发挥了孔子这种本于人之心性情感而论"礼"的主张。《礼记》的这种运思较近于孟子学的理路，从"心性"的角度论仁，以人之心性情感作为"礼"的内在依据。《礼记》载：

---

① 杨天宇：《礼记译注》，上海古籍出版社2004年版，第302页。
② 杨天宇：《礼记译注》，上海古籍出版社2004年版，第24、188页。

是故先王本之情性，稽之度数，制之礼义。①

宾客主恭，祭祀主敬，丧事主哀，会同主诩。②

孔子曰："夫礼，先王以承天之道，以治人之情，故失之者死，得之者生。"③

这里，《礼记》虽罕言"仁"，却与孟子学的理路一致，从心性情感的角度深化了孔子"释礼归仁"的致思路向。如果说，《礼记》明分"礼之本"（礼之义）和礼之文（礼之仪），以人之心性情感作为"礼"的内在依据，主要是近于孟子学的理路，开显了孔子仁学的意义的话，那么，《礼记》对日常生活世界的礼文仪节的重视，以及对礼仪实践之于道德价值实现的重要意义的阐述，则近于荀子学（积善成德）的理路，开显了孔子礼学的精神。

需要指出的是，《礼记》所不同于孔子之"释礼归仁"者在于，它还从外在的"天之道"或"大一"的高度论证"礼"的合法性意义，而并不限于从人内在的心性情感的角度持论。《礼记》原文如是：

是故夫礼，必本于天，肴于地，列于鬼神，达于丧、祭、射、御、冠、昏、朝、聘。故圣人以礼示之，故天下国家可得而正也。

是故夫礼，必本于大一，分而为天地，转而为阴阳，变而为四时，列而为鬼神，其降曰命，其官于天也。夫礼必本于天，动而之地，列而之事，变而从时，协于分艺。其居人也曰养，其行之以货、力、辞让、饮食、冠、昏、丧、祭、射、御、

---

① 杨天宇：《礼记译注》，上海古籍出版社2004年版，第483页。
② 杨天宇：《礼记译注》，上海古籍出版社2004年版，第447页。
③ 杨天宇：《礼记译注》，上海古籍出版社2004年版，第267页。

朝、聘。①

这是《礼记》对孔子仁礼合一之学的重大改造，也预示着儒家礼学正在向新的方向发展。正如崔大华指出的："如果说孔子将'礼'的行为的最后动因置放在人的内心道德感情里，是要唤醒人在'礼'的实践中的自觉主动性，荀子认为节制人所固有的欲望是先王制'礼'原由，从而证明'礼'的必要性，那么，《礼记》在这里将'礼'的最后根源归于'大一'或'天之道'的客体化过程，同时也就是完成对'礼'神圣性、合法性的论证过程。"② 也就是说，从人内在心性情感的角度论"礼"，是《礼记》对孔子仁学意义的开显，而从外在的"大一""天之道"的角度论"礼"，则是《礼记》特有的创造，也预示着仁礼合一的本然形态的儒学的"异化"。

第二，《礼记》拓展深化了孔子仁礼合一之学"克己复礼为仁"（崇礼）的面向，强调通过对礼仪的遵守和实践来实现儒家的道德价值。孔子所谓"克己复礼为仁"，就是教人在人伦日用的礼仪实践中（视听言动皆能合乎礼）达成"仁"的价值理想。《论语》载：

> 颜渊问仁。子曰："克己复礼为仁。一日克己复礼，天下归仁焉。为仁由己，而由人乎哉？"颜渊曰："请问其目。"子曰："非礼勿视，非礼勿听，非礼勿言，非礼勿动。"③

《礼记》接续这种思路，将孔子"崇礼"的思想发挥到了新的高度，更加明确地阐明了孔子儒家所强调的通过礼仪实践来实现道德价值的精神。《礼记·曲礼》篇即明言："道德仁义，非礼不成，教训正俗，非礼不备。分争辨讼，非礼不决。君臣、上下、父子、

---

① 杨天宇：《礼记译注》，上海古籍出版社2004年版，第267、280页。
② 崔大华：《论〈礼记〉的思想》，《中国哲学史》1996年第4期。
③ 杨伯峻译注：《论语译注》，中华书局1980年版，第123页。

兄弟，非礼不定；宦学事师，非礼不亲；班朝治军，莅官行法，非礼威严不行；祷祠祭祀，供给鬼神，非礼不诚不庄。是以君子恭敬、撙节、退让以明礼。"① 所谓"道德仁义，非礼不成"与孔子"克己复礼为仁"的思想一脉相承，皆是教人在生活世界视听言动的礼仪实践中来实现"道德仁义"的价值。这种观念所凸显的是关系脉络中的礼仪实践之于实现道德价值的重要意义。②

孔子曰："安上治民，莫善于礼。"此之谓也。故朝觐之礼，所以明君臣之义也。聘问之礼，所以使诸侯相尊敬也。丧祭之礼，所以明臣子之恩也。乡饮酒之礼，所以明长幼之序也。昏姻之礼，所以明男女之别也。③

此外，《礼记》还更加明确地指出："为人君，止于仁；为人臣，止于敬；为人子，止于孝；为人父，止于慈；与国人交，止于信。"④ 又："何谓人义？父慈、子孝、兄良、弟弟、夫义、妇听、长惠、幼顺、君仁、臣忠，十者谓之人义。"⑤ 这里，《礼记》认为，在君臣、父子、兄弟、夫妇、长幼等人伦关系中蕴含着仁、忠、慈、孝、良、弟、义、听、惠、顺等价值意义。这些价值意义依靠人们在人伦关系中进行礼仪实践来实现。比如，为人君者要实现"仁"的道德价值就要践行好为人君之礼，为人臣者要实现"忠"的道德价值就要践行好为人臣之礼，为人父者要实现"慈"的道德价值就要践行好为人父之礼，为人子者要实现"孝"的道德价值就要践行好为人子之礼。

---

① 杨天宇：《礼记译注》，上海古籍出版社2004年版，第2—3页。
② 参阅龚建平《意义的生成与实现——〈礼记〉哲学思想》，商务印书馆2005年版。
③ 杨天宇：《礼记译注》，上海古籍出版社2004年版，第652—653页。
④ 杨天宇：《礼记译注》，上海古籍出版社2004年版，第804页。
⑤ 杨天宇：《礼记译注》，上海古籍出版社2004年版，第275页。

就《礼记》一书的内容来看，它主要详尽地说明了为人子之礼、为人臣之礼、为人妇之礼和主客之间的礼，凸显出孝、忠、柔（顺）、敬的价值。未免所论浮泛，特征引《礼记》原文如下：

> 凡为人子之礼，冬温而夏凊，昏定而晨省，在丑夷不争。①
>
> 夫为人子者，出必告，反必面，所游必有常，所习必有业，恒言不称老。年长以倍则父事之，十年以长则兄事之，五年以长则肩随之。群居五人，则长者必异席。②
>
> 为人子者，居不主奥，坐不中席，行不中道，立不中门，食飨不为概，祭祀不为尸，听于无声，视于无形，不登高，不临深，不苟訾，不苟笑。③
>
> 为人臣之礼，不显谏，三谏而不听，则逃之。④
>
> 为人臣下者，有谏而无讪，有亡而无疾，颂而无谄，谏而无骄。息则张而相之，废则埽而更之，谓之社稷之役。⑤
>
> 凡妇不命适私室不敢退。妇将有事，大小必请于舅姑。子妇无私货，无私畜，无私器，不敢私假，不敢私与。妇或赐之饮食、衣服、布帛、佩帨、茝兰，则受而献诸舅姑，舅姑受之则喜，如新受赐。若反赐之，则辞，不得命，如更受赐，藏以待乏。妇若有私亲兄弟，将与之，则必复请其故，赐，而后与之。⑥
>
> 凡与客入者，每门让于客，客至于寝门，则主人请入，为席，然后出迎客。客固辞，主人肃客而入。主人入门而右，客入门而左。主人就东阶，客就西阶。客若降等，则就主人之阶，

---

① 杨天宇：《礼记译注》，上海古籍出版社2004年版，第5页。
② 杨天宇：《礼记译注》，上海古籍出版社2004年版，第6页。
③ 杨天宇：《礼记译注》，上海古籍出版社2004年版，第7页。
④ 杨天宇：《礼记译注》，上海古籍出版社2004年版，第47页。
⑤ 杨天宇：《礼记译注》，上海古籍出版社2004年版，第442页。
⑥ 杨天宇：《礼记译注》，上海古籍出版社2004年版，第337—338页。

主人固辞，然后客复就西阶。主人与客让登，主人先登，客从之，拾级聚足，连步以上。上于东阶，则先右足。上于西阶，则先左足。①

若非饮食之客，则布席，席间函丈。主人跪正席，客跪抚席而辞。客彻重席，主人固辞。客践席，乃坐。主人不问，客不先举。将即席，容毋怍，两手抠衣，去齐尺，衣毋拨，足毋蹶。②

如是这样，通过对为人君之礼、为人臣之礼、为人父之礼、为人子之礼等的遵从和践行来实现仁、忠、慈、孝等价值，所体现的是孔子儒家将价值理想寓于人伦日用的生命智慧，以及通过人伦关系中的礼仪实践来实现道德价值的思想精神。③《礼记》所谓"道德仁义，非礼不成"，一语中的，点明了这层意涵。《礼记》提出"道德仁义，非礼不成""敬而不中礼谓之野，恭而不中礼谓之给，勇而不中礼谓之逆"④的论说，确立礼治主义的基本构想（包括对国家典章制度和日常生活的礼文仪节的系统建构），以及对为人臣之礼、为人子之礼、为人妇之礼、主客之礼的细致规定，这是对孔子仁礼合一之学"克己复礼为仁"（崇礼）面向的重要拓展，它极大地开显了孔子礼学的精神。⑤

六礼：冠、昏、丧、祭、乡、相见。七教：父子、兄弟、

---

① 杨天宇：《礼记译注》，上海古籍出版社2004年版，第9页。
② 杨天宇：《礼记译注》，上海古籍出版社2004年版，第11页。
③ 张方玉、王林：《〈礼记〉的家庭伦理思想研究》，《连云港师范高等专科学校学报》2004年第3期。
④ 杨天宇：《礼记译注》，上海古籍出版社2004年版，第662页。
⑤ 或如有论者指出的："在《礼记》中，儒家理想政治秩序主要落实在日常生活规范之中，无论是庶民还是政治人物的日常生活规范，都全面体现了儒家的等级秩序与规范政治。"[朱承：《生活政治化与政治生活化——以〈礼记〉为中心的考察》，《上海大学学报（社会科学版）》2013年第6期]

夫妇、君臣、长幼、朋友、宾客。八政：饮食、衣服、事为、异别、度、量、数、制。①

子曰："礼者何也？即事之治也。君子有其事，必有其治。治国而无礼，譬犹瞽之无相与，伥伥乎其何之？譬如终夜有求于幽室之中，非烛何见？若无礼，则手足无所错，耳目无所加，进退揖让无所制。"②

从《论语》的"克己复礼为仁"到《礼记》的"道德仁义，非礼不成"，所彰显的是儒家仁礼合一之学中礼学的重要意义。儒家这种将价值理想（仁、道）寓于人伦日用，通过人伦关系中的礼仪实践来实现道德价值的思想主张背后所体现的是一种"即凡而圣"（日用即道）的哲理精神。对此，《礼记·中庸》篇进一步发展了孔子"为仁由己""人能弘道，非道弘人"的论说，提出了"中庸"之"道"的说法。《礼记·中庸》认为，"极高明"的"道"（价值理想）就蕴寓于庸常的人伦日用之中。《中庸》言：

君子之道，费而隐。夫妇之愚，可以与知焉，及其至也，虽圣人亦有所不知焉；夫妇之不肖，可以能行焉，及其至也，虽圣人亦有所不能焉。……君子之道，造端乎夫妇；及其至也，察乎天地。

子曰："道不远人。人之为道而远人，不可以为道。"③

以上论说所阐明的正是儒家将价值理想寓于人伦日用的"极高明而道中庸"（日用即道、即凡而圣）的义理精神。《礼记·中庸》也因此成为我们确立"后新儒学"时代生活儒学"形而中学"哲理

---

① 杨天宇：《礼记译注》，上海古籍出版社2004年版，第171页。
② 杨天宇：《礼记译注》，上海古籍出版社2004年版，第664页。
③ 杨天宇：《礼记译注》，上海古籍出版社2004年版，第694、695页。

精神的重要经典文本的依据。

总之,《礼记》明分"礼之本"(礼之义)和"礼之文"(礼之仪),从心性情感的角度来说明"礼"的重要意义,接近孟子学的理路,开显了孔子仁礼合一之学中仁学的意义;《礼记》提出"道德仁义,非礼不成",以及所确立的礼治主义的基本构想,接近荀子学的理路,彰显了孔子仁礼合一之学中礼学的精神。《礼记》对孔子仁学和礼学的意义开显,是在理路上对孟荀的统合,对孔学的彰明,这也是我们提议将其纳入生活儒学"新四书"的核心经典体系的主要根据。概言之,我们建构"后新儒学"时代的生活儒学要从《礼记》("六经")中汲取思想资源来"注解"生活儒学"仁礼合一"的道统论和"形而中学"的哲理精神("我")。

第四章 面向当代——儒学传统如何关联当代生活（一）

在宋儒"理一分殊"睿识的指引下，以面向传统（返本）、面向当代（开新）两个定向为要求，我们建构了以"仁礼合一"为道统论、以"形而中学"为哲理精神和以"新四书"（《论语》《孟子》《荀子》《礼记》）为经典体系的"后新儒学"时代生活儒学的新型儒学体系。这种"理一分殊"的视野下所建构的生活儒学的理论体系，其主要的思想工作在于追问了儒学传统的生活性本质（理一），并通过当代的理解和诠释，以当代哲学的言说方式把儒学的生活性揭示和阐扬出来（分殊）。需要进一步指出的是，以"理一"原则为指引的儒学重建，固然主要是指回溯儒学传统，追问孔子之为孔子、儒学之为儒学的生活性的本质；然以"分殊"原则为指引的儒学重建，可不仅仅限于对儒学生活性的当代理论诠释这一步。儒学重建的"分殊"主要应该是指以面向当代为要求，充分思考和回应如何把儒学传统的生活性、实践性表现和落实于当代社会生活（儒学生活化）的问题。[①] 正如成中英所认为的："儒学的再发展端

[①] 安乐哲认为，对儒学应持一种叙事性（narrative）而非分析性（analytical）的理解。他说："以分析性的术语将问题构架为'儒学是什么'，易于将儒学本质化为一种特殊的意识形态……但是，在评价一种根本就是审美性传统的内容与价值时，'什么'的问题顶多是第一步。那种审美性的传统将每一种境遇的独特性作为前提，并且，在那种传统中，礼仪化生活目标是将注意力重新导向具体情感的层面。除了'什么'的问题之外，我们需要在方法之后追问更为重要的问题，那就是：在不断演化的中国文化的各种特定条件下，儒学如何历史性地发挥作用，以力图最大限度地利用既有的外部环境。"（［美］

在重建儒学的理论体系，可以作为社会发展与进步的力量与价值根据，还要同时扮演起转化社会、解决政经问题的基本资源。当然这不是把儒学变成宗教，完全用超越的信仰来发展儒学。而是把儒学变成一个论证者、抉择者、决策者、领导者，在一个知行合一的文化高处维护人类文化的价值发展，使现实社会多一份理想的色彩，也多一份发展的动力。"[①]

试想如果只是在"理一"的原则指引下，面向传统追问儒学的生活性本质和"日用即道"的生命智慧，而忽略如何在"分殊"的原则指引下将儒学的这种生活性和生命智慧表现落实于当代的问题，那很大程度上就会像现代新儒家那样陷入本质主义的误区和窠臼。无论儒学传统的生活性多明显，"日用即道"的生命智慧多高妙，它们都只可能是与当下的我们的社会生活毫无关涉的精神性的存在。或如龚鹏程所说的那样："新儒家对中国哲学文化的阐释不管多么深入，他们所介绍的中国艺术精神、道德的形上学、天人合一境界、既内在又超越的形态、无执自由的心灵，都好像很难与我们现在每天过着的具体社会生活关联起来。……在这种情况下，我们只能是分裂的，具体生活是现代，意识内涵则遥思古人。那些传统哲学所含之精神价值，确实只是精神性的存在。"[②]

概言之，现代新儒学无论在学理上有多么高明，然它毕竟只是在学理层面，一涉及现代社会生活中儒学实践的问题，现代新儒学之"现代性"恐怕就要受到质疑了。毕竟儒学的现代转化不能只限于学理上的创新，而更主要的应该是儒学可以作为现代社会生活中"活的存在"。正如李承贵所说："儒学现代化，本质上是要求儒学在现代社会生活中有所表演，要'在场'。换言之，如果我们能让儒

（接上页）安乐哲：《儒学与杜威的实用主义：一种对话》，载郭沂编《开新：当代儒学理论创构》，北京大学出版社2013年版，第185—186页）

① 成中英：《儒家哲学的理论重建及其五项实践》，载尼山圣源书院编《尼山铎声："当代儒学创新发展"专题》，人民出版社2013年版，第54页。

② 龚鹏程：《龚鹏程讲儒》（下），东方出版社2014年版，第446页。

学对生活表达意见，能让儒学营养生活，能让儒学参与生活的建构，那么，儒学就不存在'现代化的烦恼'了。"① 就此而言，儒学的现代性应该主要体现在它与现代社会生活的关联性上，而遗憾的是现代新儒学之所谓"现代"并不是表现在这种意义上。与现代社会生活脱节，恰恰正是现代新儒学所面临的最主要的困境。"我们所谓的传统的研究、传统的创造性转化，多关注在学理上。现代儒学的研究，其理论框架源于西方；同时，这种研究又局限于学院化的知识性一极。可以说，它与民众生活是完全隔离的。目前，中国社会有一个奇怪的现象，一方面是各种理论学说纷然杂陈，层出不穷；另一方面却是理论与生活的完全脱节。民众生活的'无靠'和理论的'游谈无根'，是中国当代文化建设中存在的一个突出问题。"② 正是有鉴于此，"后新儒学"时代的生活儒学应特别重视儒学传统如何关联当代社会生活，即儒学的生活性、实践性本质如何表现、落实于当代的问题。诚如郑家栋所指出的，当代儒学发展所要解决的主要问题是，如何处理儒学与生活的关系，或者说如何重建儒学与实际的生活世界的联系问题。"当代儒学必须真正面对已经大大改变了的社会历史环境，面对当下生活中诸种矛盾和问题，在与种种现代思潮的相互影响、相互作用中，积极谋求自我调整、转化和充实，并进而寻求切入实际生活的现实途径。"③

以上我们通过建构"仁礼合一"的道统论、"形而中学"的哲理精神和"新四书"的经典体系所确立的生活儒学的思想体系，虽是关联着"后新儒学"时代儒学生活化的前瞻性视野做出的理论思

---

① 李承贵：《儒学当代开展的三个向度》，光明网，https：//www.gmw.cn/01gmrb/2005-07/12/content_267911.htm，2005年7月12日。
② 李景林：《儒学关联于民众生活的现实载体》，《河北学刊》2004年第6期。
③ 郑家栋：《断裂中的传统》，中国社会科学出版社2001年版，第625页。另参阅李承贵《现代背景下的儒学开展方向——百年来儒学开展方向主要论说及评论》，《江西社会科学》2005年第1期。

考。然就儒学重建"理一分殊"的指导原则和回溯传统、面向当代（返本开新）两个定向的基本要求而言，这种生活儒学体系的架构更多的只是照顾到了"理一"的原则和回溯传统（返本）的定向。也就是说，生活儒学的体系建构只是深契了孔子之为孔子、儒学之为儒学的本真精神，追寻到了儒学的生活性本质，并力图通过当代的理解和阐释，将儒学的这种本真精神和生活性本质以体系化、系统化的方式充分透显和阐扬出来。从儒学重建"分殊"的原则和面向当代（开新）的定向来看，生活儒学完整建构的另一个更为重要的关键环节是以"儒学传统关联当代社会生活"为主要问题意识，着力思考儒学的这种本真精神和生活性本质如何表现、落实于当代社会生活之中，为广大民众"与知能行"，成为当代人的生命态度和生活方式。这也就是"后新儒学"时代儒学生活化开展和落实的问题。总之，我们的生活儒学之所以作为"后新儒学"时代的儒学论说，其最有异于现代新儒学之处者在于：突出儒学的生活性、实践性，重视儒学价值在当代社会生活中的实践落实，发挥儒学美政美俗、启迪民众、化民成俗的教化功能。[①]

面向当代，"后新儒学"时代的生活儒学要着力思考儒学传统如何关联当代社会生活的问题，所谓"儒学传统如何关联当代社会生活"其实就是儒学生活化开展和落实的问题。对此，通过对王阳明儒学革新意义的当代阐释，我们提出当代儒学生活化宜走适度规避政治的"觉民行道"的下行路线，而不是蒋庆政治儒学试图儒化政治秩序的那种上行路线。当代儒学生活化宜走适度规避政治的下行路线是指儒学的生活化落实实践要坚持觉民的民间化开展和治国理政的政治化应用并举两个方向，既坚守儒家的政治关怀，又不忘以

[①] 龚鹏程就明确地指出："由于受宋明理学乃至陆王式孟子学之影响，新儒家偏重于从个体生命说，讲尽心知命以上达于成己成德之学，讲究的是心体活泼的鸢飞鱼跃，直契天地之大化流行。……儒家的实践性，落在个体甚或主体道德实践上者多，着在社会实践者较少。故论到生命德行之美，皆堪欣赏；想谈谈风俗文化之美、开物成务之道，辄遂默焉罕言。"（龚鹏程：《龚鹏程讲儒》，东方出版社 2014 年版，第 448 页）

"觉民行道，移风易俗"为主，谋求儒学之民间化开展，这是阳明学儒学革新对当代儒学重建提供的一点重要指引。

此外，立足于对明代心学从阳明学向泰州学展开的历史分析，我们强调，当代儒学的生活化开展要先取法阳明，"先做个愚夫愚妇"，从"民"本位的立场对儒学进行生活化的理论解读，实现"生活的儒学"（生活化儒学）的理论创构，使"愚夫愚妇"能知；其次，当代儒学的生活化开展还要借鉴王艮为代表的泰州学派乡村建设的基本经验，通过民间讲学、订定乡约民规等方式，使庶民大众能够践行儒学价值，以收化民成俗（美俗）、经世济民之效。从"愚夫愚妇"能知到庶民大众来行，从"生活的儒学"（生活化儒学）的理论建构到"儒学的生活"（儒学生活化）的具体实践，"后新儒学"时代生活儒学的完整建构当取法阳明、心斋如是这样而展开。一言以蔽之，"回到泰州时代，重建民间儒学，不失为在全球化背景下儒学进一步展开的新出路"[①]。

第一节　王阳明儒学革新的当代启示

提及王阳明的儒学革新，为人所熟知的便是指他对朱子学动向的反思与修正。然我们所谓阳明学的儒学革新，并非单指其在宋明理学系统内对朱子学的反思与修正，而更多的是着眼于整个儒学传统的发展脉络，在一种"大历史"观下的审视。阳明讲"心即理"，倡"满街圣人""亲民""致良知""事上磨炼"，为儒学的推进觅得了一个广阔且极富生机活力的乡里空间，促进了儒家价值理念向民间社会的普及和渗透，由此带来的不只是理学的提升和转进，更是儒家政治观、秩序观、教化观、出处观的巨大转变与更新。

诚然，宋代理学以朱子为峰，他直承伊川，宗汇诸家，创构了

---

① 颜炳罡：《民间儒学何以可能？》，载国际儒学联合会编《国际儒学研究》（第十四辑），九州出版社2006年版，第371页。

以"理"与"气""天理"与"人欲""道心"与"人心""天地之性"与"气质之性"如是二分的"二世界"哲学。从理气二元互动说到"心统性情",天地之性、气质之性二分,进而开出"存理灭欲""变化气质""格物致知""涵养用敬"的修养功夫,尽皆收摄圆融于程朱理学的庞大系统内。由此带来的儒门变革是,打破汉唐儒学天人感应的神学思想弥漫之陈旧僵局,为儒家思想注入了哲学理性的精神,确立了道德形上学之根基。乘此新创之功,儒家得以振衰起弊,成功回应释老挑战,将士大夫从庄禅那里重新拽了回来。可惜的是,朱子学虽能满足士大夫群体对儒学的理性期许,其"格致"工夫在自家理论体系中也有周延为一、不可或缺的"合理性",然当人们以之为引导去从事真真切切的道德实践时却鲜能奏其效、成其功,王阳明格竹失败就是名例。格竹失败,阳明对朱学信条产生了最初的怀疑和动摇,及至龙场悟道,于"百死千难"中识得"格物致知"新旨,由朱转陆,倡言"心即是理",以为"圣人之道,吾性自足,向之求理于事物者,误也"①。单凭这点,我们自会以为阳明之学,不过是修正了朱子学"析心与理为二"之弊,实现心、理之通而为一;不过是填补宋儒缺漏,使理学体系尽可能完善、周延,带来新的转进和提升。

　　事实上,阳明儒学革新的意义远不止于此,而是别具多重深义。阳明心学之思,讲"吾性自足""心即是理""致良知"等之于朱子学之"反动"不纯是为理性思辨、哲理融通,其切要之务是要由本体而工夫,化理论为实践,将朱子学以来之近世儒教精神渗透社会,落实于生活日用之间。正如沟口雄三指出的:"对他们(元明人)来说,理是人之存在的根据,是自我应如何生存的原理,归根结底是道德原理而非宇宙原理。对他们来说,宇宙原理仅仅具有道德原理的根据的意味。第一义的课题是自己明了那道德原理,并且去实

---

① 《王阳明全集》卷三十三《年谱一》,上海古籍出版社2011年版,第1228页。

践它。"① 阳明学对朱子学的否定和超越，是由理学偏重本体论的建构，转而更强调实践工夫；不强调知识概念，而注重内心体验，甚至神秘体验，以精神生活优于知识性活动；强调直觉，而不是分析；强调行动，而不是知解；强调参与，而不是观察②。

这就是说，朱子学成立是要为儒家道德原理提供宇宙原理之支撑和依据，故重本体建构；阳明学所追求的是明了道德原理后的真切实践，故重实践工夫，重直觉体验，重行动参与。阳明这种从"庶民"（愚夫愚妇）立场出发，着眼于儒家精神落实于民间社会进行思想创造而确立的良知学，所带来的是整个儒家传统政治观、教化观、秩序观、出处观的巨大变革。因为阳明讲的"致良知""亲民"，这样一种通过唤醒每个人的良知（觉民）来实现儒家教化，达成治国平天下之目的（行道）的新视野，是将政治秩序重建、道德实践的承担者由士大夫群体向庶民百姓扩大，而不是仍寄希望于依靠公卿大夫先"学而至圣"、自我圆成（得君），然后再以身作则、率先垂范以其道德风尚自上而下地感化民众。这样，儒家的政治观念便发生了由"得君行道"向"觉民行道"的转变。而相应的，儒家以"致君尧舜""为王者师"为重心的出处观也有了一定调整。可见，"致良知"之教与"觉民行道"构成了阳明思想的一体两面，是我们把握其儒学革新精神的关键所在。

时至今日，当我们在"后新儒学"的时代思考儒学当代重建与复兴的问题，期望儒学走出书斋，走出讲堂，切入当代社会时，不妨带着这个问题意识重新回过头去追溯王阳明儒学革新的意义，从古圣先贤那里寻求些许可资借鉴的思想睿慧。通过对阳明思想"致良知"之教与"觉民行道"之一体两面的把握和界定，又结合当代儒者关于儒学重建路径问题、读经运动问题的大讨论，一古一今，

---

① ［日］沟口雄三：《中国的思想》（修订版），赵士林译，中国财富出版社2012年版，第117页。

② 陈来：《王阳明哲学的理解与诠释》，《哲学研究》1991年第1期。

一回溯一前瞻,在此基础上,我们提出王阳明儒学革新对当代儒学的开展具有如下几点启示意义:当代儒学重建与复兴宜走适度规避政治的下行路线,立足于庶民大众之立场,使百姓能知能行;道德教育应尊重个体差异,不能整齐划一;当避免话语霸权与强迫认同。

一 "觉民行道"与王阳明的良知学及其儒学革新

我们知道,"致良知"虽是阳明晚年的提法,然龙场顿悟识得"格物致知"之旨虽无"良知"之名已有其实,"吾良知之学,自龙场以后,便已不出此意。只是点此二字不出,于学者言,费却多少辞说"①,此之谓也;他晚年(1525年)在《答顾东桥书》中也说:"若鄙人所谓致知格物者,致吾心之良知于事事物物也。……致吾心之良知者,致知也。事事物物皆得其理者,格物也。"②据此,不妨可以这样认为,阳明龙场一悟已基本确立其心学之思"觉民行道"与"致良知"之教的一体两面。"致良知"就是以唤醒社会大众良知的方式作为"行道"的新路线。因此,阳明龙场悟道不唯是宋明理学谱系内与朱熹的"分手",更是整个儒学传统内政治秩序观、出处进退观、教化观等的巨大变革。以"良知"觉民而"行道",阳明不仅放弃了"得君"的幻想,而且与传统儒家以"致君尧舜"为重心的出处观不同,他甚至有意退出"仕"途,专以讲学启民为事,期望"环听及于童孺,训告闻于里社"。

"觉民"自然与"得君"不同,要使儒家道德价值能为百姓知晓奉行和认同接受,就必先要以此为准对宋代面向士大夫的朱子学进行改造和修正。③阳明的良知学就是这样一种从"庶民"(愚夫愚

---

① 《王阳明全集》卷三十二《补录》,上海古籍出版社2011年版,第1170页。
② 《王阳明全集》卷二《传习录中》,上海古籍出版社2011年版,第51页。
③ 焦循说:"紫阳(朱熹)之学所以教天下之君子,阳明之学所以教天下之小人。"(《良知论》,《雕菰集》卷八)岛田虔次则直谓以朱子学为代表的宋学为"士大夫之学","何谓宋学?一言以蔽之,士大夫之学"。([日]岛田虔次:《中国思想史研究》,邓红译,上海古籍出版社2009年版,第4页)

妇）的立场出发，将自己置于"民"的水平上敏求善思而开出的新学问，其"亲民说"和"同德论"就十分鲜明地表现出了阳明学的平民立场和大众化特点。《大学》开篇言"大学之道，在明明德，在亲民，在止于至善"，朱熹释"亲民"为"新民"，亦即"新其民"，此说主士人君子以道德风尚感化庶民百姓，自上而下对民众进行道德革新，表现出一种"好为人师"的执政者的立场。与此不同，阳明则视"亲民"为其原义，"亲其民"则能与民众处于同一层面上，表现出一种从民生中引出道德性的平民立场，而其以平民大众——"愚夫愚妇"之价值标准，判断善恶是非的"同德论"就更是如此。当王阳明的某些弟子在街上宣扬其学，不信者达半数以上时，他教导说道，"你们拿一个圣人面孔去与人讲学，人见圣人来，都怕走了，如何讲得行？须做个愚夫愚妇，方可与人讲学。"[①] 阳明还提出：

> 良知良能，愚夫愚妇与圣人同。[②]
> 或问异端。先生曰："与愚夫愚妇同的，是谓同德；与愚夫愚妇异的，是谓异端。"[③]

阳明讲"亲其民""做个愚夫愚妇""与愚夫愚妇同"的，由"民"的立场导出的良知学，是对朱子学动向的重要修正，从朱子到阳明，是宋明理学由公卿大夫之学向平民大众之学的转进，是化思辨理论为实践工夫的过程。由此，近世儒教伦理打开了面向庶民大众的通道，找到了渗透民间社会的路径，儒家的秩序重建、道德承担不再限定于官僚士大夫，而扩大至市井野老、农工商贾。这样的良知学表现出以下几个主要特点。

[①] 《王阳明全集》卷三《传习录下》，上海古籍出版社2011年版，第116页。
[②] 《王阳明全集》卷二《传习录中》，上海古籍出版社2011年版，第56页。
[③] 《王阳明全集》卷三《传习录下》，上海古籍出版社2011年版，第121页。

其一,"满街圣人",与人信心。朱子学从"理"与"气""天理"与"人欲""天地之性"与"气质之性"的"二世界"架局出发,教人成圣成贤必要历经"格物致知""穷理灭欲""变化气质"的漫长修德过程,其所谓"学而至圣"好似给人凭空划定一个难于企及的理想彼岸,人能做的就是"涵养用敬"奋力以求,时时持守戒慎警惧之心,"今日格一物,明日格一物",而朱熹所谓"至于用力之久,而一旦豁然贯通"这种极尽暧昧模糊的"承诺"却不知何时能够兑现。因此,格致用敬之于成圣成贤不过是在"道问学"名下的辛苦付出和遥遥等待。与此不同,阳明学的突破恰在于从良知学的立场导出"发明本心""致良知"的贴近庶民大众的简易工夫。王学之要在,无论圣凡,人人皆有此良知,"良知之在人心,不但圣贤,虽常人亦无不如此"①。凭借此"心"之良知,人人皆有个作圣路径,为圣为贤不独是少数道德精英的专利。阳明的"成色分量"说更加形象地说明了圣凡之于成德的平等。他说:

  盖所以为精金者,在足色而不在分两;所以为圣者,在纯乎天理,而不在才力也。故虽凡人而肯为学,使此心纯乎天理,则亦可以为圣人;犹一两之金,比之万镒,分两虽悬殊,而其到足色处,可以无愧。故曰"人皆可以为尧、舜"者以此。②

既然良知是"人人之所同具者",阳明由此开出的作圣之路就没有了朱学那种支离烦琐的格致工夫,其所谓成圣成贤不过只是要识得本心,体认良知,仅此而已。"自己良知原与圣人一般,若体得自己良知明白,即圣人气象不在圣人而在我矣。"③"圣人在我",可亲可近打破了宋儒眼中那种严肃高迈的圣人形象,圣人不单单是致良

---

① 《王阳明全集》卷二《传习录中》,上海古籍出版社2011年版,第69页。
② 《王阳明全集》卷一《传习录上》,上海古籍出版社2011年版,第27—28页。
③ 《王阳明全集》卷二《传习录中》,上海古籍出版社2011年版,第59页。

知工夫能够达到的理想，实际上反而是人的本然姿势，换言之只是人的自然而已，① 而阳明所谓的为学也不过是要恢复人的自然和人的本体，"学者用功，虽千思万虑，只是要复他本来体用而已"②，这应当说是王阳明对宋儒"学而至圣"的理想主义观念的巨大突破与革新。阳明良知学从人间论的自然主义立场出发，讲"圣人在我""圣凡平等"，发挥"人皆可以为尧舜"的孟学精神而直谓"满街人是圣人"，给人成圣成德予无比的希望和信心。"人胸中，各有个圣人，只自信不及，都自埋倒了。"③ 黄宗羲所谓"自姚江指点出'良知人人现在，一反观而自得'，便人人有个作圣之路"④，意在此也。

其二，"事上磨炼"，简易直接。王阳明"致良知"的作圣之路，并不同于朱熹支离烦琐的格致工夫，也不是主敬静坐那样的玄思冥想，而是要在"事上磨炼"，将致良知落实于人情俗事、衣食住行之间，在人伦日用与穿衣吃饭之中进行道德实践。"今时同志中，虽皆知得良知无所不在，一涉应酬，便又将人情物理与良知看作两事，此诚不可以不察。"⑤ "良知只在声色货利上用功，能致得良知，精精明明，毫发无蔽。"⑥ 阳明讲"人须在事上磨炼，做工夫乃有益"，所谓"事"上做工夫就是在自家生活日用、凡事俗物上实现"圣"的提升（即凡而圣），达到成圣成德的修养目标。农人通过播种耕作，工匠通过生产制造，商贾通过商业经营，官吏通过行政公

---

① 岛田虔次认为，阳明反对圣人的偶像化，其所谓圣人与其说是人的理想，还不如说必须是自然的，在这个信念中，人具有最高权威。因而所谓圣人，只是最本质的人而已。所以阳明的致良知说在本质上与其说是理想主义，还不如说是自然主义，明代心学便是从如此人间论出发的，不可不加以留意。岛田还特别强调，这里使用的理想主义、自然主义之语都具有非常原则性的意义。（［日］岛田虔次：《中国思想史研究》，邓红译，上海古籍出版社2009年版，第78、79、111页）
② 《王阳明全集》卷二《传习录中》，上海古籍出版社2011年版，第58页。
③ 《王阳明全集》卷三《传习录下》，上海古籍出版社2011年版，第93页。
④ 《明儒学案》卷十《姚江学案》，《黄宗羲全集》（第七册），浙江古籍出版社1985年版，第197页。
⑤ 《王阳明全集》卷六《答魏师说》，上海古籍出版社2011年版，第242页。
⑥ 《王阳明全集》卷三《传习录下》，上海古籍出版社2011年版，第139页。

务,"何常教尔离开公务,凭空去讲学、修行。尔既有官司之事,便从官司的事上为学、为修行。官司之事,无非实学,若离开事物为学便是着空"①。人人皆可通过士、农、工、商之业,分别在各自的日常行为的环境中正确地发挥其社会作用,将生活常态纳于道德修养内,将社会关系纳入道德秩序中,这就是"事上磨炼"的目的。可见,阳明提出的致良知在"事上磨炼"为广大庶民大众开具了一条真切实际、平实切近,贴近经验生活的修德路径,而在日用常行中展开的道德实践显然比程朱格致用敬的玄妙工夫要来得亲切自然,来得简易直接。在我们看来,阳明"事上磨炼""致良知"的简易工夫可以集中凝练为"尽心"二字,当然这里的"尽心"只在平实处说,非孟子之谓,不需要"尽心知性知天"那般玄远高妙,"致良知"不难只要"随性而动""由心而行",当恻隐时即恻隐,以为"是"便行,以为"非"便止。阳明遇上一位又聋又哑的农人向他请教,就用笔写问道:"你口不能言是非,你耳不能听是非,你心还能知是非否?"对方笔答曰:"知是非。"阳明接着写下的这段话,最能体现其道德实践进路简易直接的特点,如是:

> 你如今于父母但尽你心的孝,于兄长但尽你心的敬,于乡党邻里宗族亲戚,但尽你心的谦和恭顺。见人急慢,不要嗔怪;见人财利,不要贪图,但在里面行你那是的心,莫行你那非的心,纵使外面人说你是,也不须听,说你不是,也不须听……我如今教你但终日行你的心,不消口里说;但终日听你的心,不消耳里听。②

其三,"因材施教",尊重个体。阳明虽承认良知"人所同具",然他教人"致良知"却并没有笼统立说,为此确立一种统一的要求

---

① 《王阳明全集》卷三《传习录下》,上海古籍出版社2011年版,第107—108页。
② 《王阳明全集》卷二十四《谕泰和杨茂》,上海古籍出版社2011年版,第920页。

和模式,给人的工夫实践指点出一条"人之所同""四海皆准"的路径。也就是说,"致良知"是各随人之资质、才力而为的,阳明并未把儒家的道德教育固化变成若干客观原则、同一程式、不变信条的教育,正因为如此,阳明才每每反对其门人弟子将其平时教育人的话刊印出来。《王阳明全集》里有这样一则故事云:

> 门人有私录阳明先生之言者。先生闻之,谓之曰:"圣贤教人如医用药,皆因病立方,酌其虚实温凉阴阳内外而时时加减之,要在去病,初无定说。若拘执一方,鲜不杀人矣。今某与诸君不过各就偏蔽箴切砥砺,但能改化,即吾言已为赘疣。若遂守为成训,他日误己误人,某之罪过可复追赎乎?"①

可见,阳明虽肯定人人都有个作圣的依凭,看到人的本性所同,但他同时还注意到了人的才力、资质的多样不一。有鉴于人的"品性不齐""禀赋各异""分限有别""气质不一",阳明特别强调必须因个体差异,"因材施教""因材成就",真正做到"顺导其志意,调整其性情"。下引数语,最能反映阳明"致良知"之教"因材施教,尊重个体"的特点。

> 我辈致知,只是各随其分限所及。……与人论学,亦须随人分限所及。如树有这些萌芽,只把这些水去灌溉,萌芽再长,便又加水,自拱把以至合抱,灌溉之功,皆是随其分限所及。若些小萌芽,有一桶水在,尽要倾上,便浸坏他了。②
> 圣人教人,不是个束缚他通做一般,只如狂者便从狂处成就他,狷者便从狷处成就他,人之才气如何同得!③

---

① 《王阳明全集》卷四十一《传习录序》,上海古籍出版社2011年版,第1567页。
② 《王阳明全集》卷三《传习录下》,上海古籍出版社2011年版,第96页。
③ 《王阳明全集》卷三《传习录下》,上海古籍出版社2011年版,第104页。

若除去了比较分量的心,各人尽着自己力量精神,只在此心纯天理上用功,即人人自有个圆成。便能大以成大,小以成小,不假外慕,无不具足。此便是实实落落明善成身的事。①

"大以成大,小以成小",童子也好卖柴人也罢,无论公卿大夫、天子之尊,还是农工商贾、愚夫愚妇,百镒之资也好,十镒也罢,哪怕只一镒,只要能识得本心,致得良知,人人都同样能成为圣人。"人之气质清浊粹驳,有中人以上中人以下。其于道有生知安行,学知利行。其下者必须人一己百,人十己千,及其成功则一。"②

综上,阳明的良知学讲"发明本心""亲民""致良知",倡"满街圣人""事上磨炼""因材施教",表现出自然主义、简易直接、尊重个体的诸多特点,这同时也熔铸了阳明良知学平民化、大众化、生活化、实践化的底色,为儒教伦理通向庶民大众、渗透民间社会打开了通道。正如沟口所认为的,王阳明真正挣脱了宋儒"格物穷理"的旧识,将自己置于"民"的水平上,寄希望于民众发挥他们的当下良知,不把道德的承担者仅限定在官僚士大夫身上,他要将其扩大至地主阶层、市井商人阶层,甚至于农民、工匠阶层,换言之,自父老布衣至市井野老的庶民阶层,这些都是阳明要扩大吸收的对象。此种努力带来的后果是,体制意识形态(主要是孝悌)有望渗透至乡村和城市的各下等阶层。③ 这样,阳明良知学所带来的儒学革新就不只是在宋明理学系统内对朱子学的反思与修正,而是整个儒学传统政治秩序观、出处进退观的深刻变革和巨大创新,即由"致君行道"向"觉民行道",由"致君尧舜"向"讲学启民"的转型。对王阳明的儒学创新做一番当代视野下的解读,或许能对儒学的重构与新生提供某些有益的借鉴和指引。

---

① 《王阳明全集》卷一《传习录上》,上海古籍出版社2011年版,第31页。
② 《王阳明全集》卷一《传习录上》,上海古籍出版社2011年版,第28页。
③ [日]沟口雄三:《中国前近代思想的屈折与展开》,龚颖译,生活·读书·新知三联书店2011年版,第89页。

二 王阳明儒学革新启示下的当代儒学开展

对王阳明良知学的儒学革新做一番当代视野下的解读，我们认为，它对当代儒学开展提供的指引和启示或在于：当代儒学重构与复兴宜走下行路线，使百姓能知能行；道德教育应尊重个体差异，避免话语霸权与强迫认同。具体分论如下。

其一，"觉民行道，移风易俗"，即当代儒学重建与复兴宜走适度规避政治的下行路线。对此，我们可以从当代学人关于蒋庆"政治儒学""重建儒教"主张的争论说起。蒋庆"政治儒学"构想的历史依据在于其对儒学传统"政治儒学"与"心性儒学"的区分，而其这种儒学二分的真正指向则在于现代新儒学的外王学之困境。此正蒋先生所指出的：

> 时至今日，心性之学偏盛之局仍未消失，现代新儒学遥承宋明儒学余绪将心性儒学推向高潮，把儒学改造成了一种系统的生命形上学。现代新儒学重建儒学之功虽巨，但外王问题至今在义理上仍未得到圆满解决，儒学与社会、政治和历史的关系已成了困扰当代儒学的最大症结。[①]

蒋的"政治儒学"所谋求的正是外王问题的圆满解决，本此要求，"三重合法性"的观念构成了其"政治儒学"的核心内容。所谓"三重合法性"包括神圣、文化和民意三重，具体说法如下：

> 无论古今中外，凡政治秩序欲合法，必同时具有此三重合法性的基础，即必同时具有民意（世俗）、超越（神圣）、文化

[①] 蒋庆：《政治儒学——当代儒学的转向、特质与发展》，生活·读书·新知三联书店2003年版，第96页。

（传统）的合法性基础，缺一必不能合法。①

基于"三重合法性"的基本设想，蒋进而构筑了一个政治操作模型，他提出：

> 王道政治在"治道"上实行议会制，行政系统由议会产生，对议会负责。议会实行三院制，每一院分别代表一重合法性。三院可分为"通儒院""庶民院""国体院"，"通儒院"代表超越神圣的合法性，"庶民院"代表人心民意的合法性，"国体院"代表历史文化的合法性。②

与其"政治儒学"观念一脉相承，蒋庆先生还提出了"重建儒教"的设想。在他看来：

> 复兴和重建儒教乃是复兴中国文化重建中华文明的当务之急。面对今天西方文明的全方位挑战，必须全方位地复兴儒教，以儒教文明回应西方文明，才能完成中国文化的全面复兴。③

在重建儒教的具体设想中，蒋庆先生还提出了重建儒教的两条路线：

> 作为儒教走上正途的"上行路线"和因应时代变化采取的

---

① 蒋庆：《政治儒学——当代儒学的转向、特质与发展》，生活·读书·新知三联书店2003年版，第210页。
② 蒋庆：《王道政治是当今中国政治的发展方向》，载陈明主编《原道》（第十辑），北京大学出版社2005年版。
③ 蒋庆：《关于重建中国儒教的构想》，中国社会科学院世界宗教研究所儒教研究中心编《中国儒教研究通讯》（第一期），http：//www.confucius2000.com/admin/list.asp?id=2149，2005年12月。

变通路线——"下行路线"。走"上行路线"就是要"儒化"当今中国的政治秩序；走"下行路线"就是在民间社会中建立宗教性的儒教社团法人，成立类似于中国的基督教会或佛教协会的"中国儒教会"，以"儒教会"的组织化形式来从事儒教重建与复兴中华文明的伟大事业。①

蒋庆先生以政教合一的模式重建儒教与"政治儒学"的构想提出后，很快引起了一些学者的关注和重视。有人赞同，有人批评，论争不断，莫衷一是。② 对此，我们认为，儒化当今中国政治秩序而成为王官学的所谓"政治儒学"构想，既违背历史经验，亦不符合现实要求。一方面，鉴于历史教训，儒学与专制权力结合所带来的是其批判抗议精神减杀，趋于凝滞僵化，乃至走向反动腐朽，失却儒之为儒的真义。"在历史上，儒学确实与政治密不可分，乃至可以说其出发点和归结点主要是政治。但历史恰恰表明，儒学一旦政治化了，它就不再是真正意义上的儒学了。"③ 其实，这种认识并不是当代儒者的"发明"，我们甚至可以说自阳明讲"觉民行道"就已是为儒学另觅发展空间的开始了，当然，阳明不可能是超绝其时代的"超人"而真的实现此宏愿，然他毕竟为儒学的开展指点了新方向，开拓了新空间。另一方面，出于现实考虑，当代中国的社会主导意识只能是马克思主义，而非其他，马克思主义与儒学的关系应该是"主导意识"与"支援意识"，"刚性的、政治化的国家意识形态"与

---

① 蒋庆：《关于重建中国儒教的构想》，中国社会科学院世界宗教研究所儒教研究中心编《中国儒教研究通讯》（第一期），http://www.confucius2000.com/admin/list.asp?id=2149，2005年12月。

② 详细讨论参阅蒋孝军《复古与现代性的纠结——评蒋庆的"政治儒学"》，载陈炎、黄俊杰主编《当代儒学》（第一辑），广西师范大学出版社2011年版，第197—214页；又见崔罡等编《新世纪大陆新儒家研究》，安徽人民出版社2011年版，第44—53页；范玉秋《当代儒教问题之争》，载陈炎、颜炳罡主编《国际儒学发展报告2012》，北京大学出版社2013年版，第29—53页。

③ 赵晶、王达三：《重建儒教：情怀、态度与可行性——庞朴先生访谈录》，载陈明主编《原道》（第十三辑），首都师范大学出版社2007年版。

"柔性的、社会化的国家意识形态"的关系,① 马克思主义是"主导意识形态",儒学作为"支援意识"只能发挥一种"柔性国家意识形态"的作用。因此,"儒教的复兴或儒之为教不能也不应再非要走与权力结合的传统之路,因为结合的结果只会导致双重的败坏"②,而当代"政治儒学"儒化政治秩序的谋求,③ 难免流于空洞理想,迂远不实,恐怕只能止于一种理论学说,并不具备现实可行性,由是亦难为当代儒学的开展真正指明一个方向,开辟一个前景。尽管近年来,国家对以儒学为主要代表的中华优秀传统文化的一再高调表态,然这并不足以改变上述这个最基本的事实。

既然如此,我们不妨学学阳明,以"觉民行道""讲学启民"为指导为儒学当代开展觅求新的空间。也就是说,当代儒学重建应适度规避政治,避免与权力结合的、政治化的旧路,把目光投向广阔而又极富生气活力的民间社会,致力于儒学的生活化、社会化、大众化、民间化、草根化、实践化开展。唯有定准了儒学复兴的方向和目标,才能避免来自各方的警惕和质疑,确保儒学重建与复兴的理论研究和实践工作真正落到实处。我们相信,儒学的生活化、社会化、大众化、民间化、草根化、实践化开展,儒学之活水方能流向民间,重返生活世界,走出书斋,走出讲堂,"来到我们身边,活在我们中间",以大众喜闻乐见的形式,令妇孺皆知,如春风化雨般教化国民,收到"移风易俗""导人向善"之效果。诚如是,儒学自能摆脱"博物馆化"和"游魂"的命运,实现第三期的发展前

---

① 方克立:《关于马克思主义的三点看法》,《红旗文稿》2009 年第 1 期;黄玉顺:《儒学与中国之命运——纪念五四运动 90 周年》,《学术界》2009 年第 3 期。

② 林存光:《复兴儒教抑或回归孔子?——评蒋庆〈关于重建中国儒教的构想〉》,孔子 2000 网,http://www.confucius2000.com/admin/list.asp? id = 2192,2005 年 12 月 28 日。

③ 比如,蒋庆就明确指出,要"将'尧舜孔孟之道'作为国家的立国之本即国家的宪法原则写进宪法,上升为国家意识形态;也就是说,恢复儒教古代'王官学'的地位,把儒教的义理价值尊奉为中国占主导地位的统治思想"。(转引自方克立等《大陆新儒学思潮平议》,《中国社会科学报》2014 年 7 月 30 日第 A04 版;另参阅张世保《评崇儒反马的大陆新儒学思潮》,《思想理论教育导刊》2010 年第 6 期)

景。当然，我们讲儒学"美俗"，适度规避政治并非全然无视其"美政"的追求，正如颜炳罡认为的："规避政治并不表明民间儒学不关心政治，更不意味着与政治绝缘，同样也不是说儒家的政治资源（德治仁政的观念、大同社会的追求、以道抗势的精神等）在今天毫无意义。然而，民间儒学注重儒家政治资源的超越意义而不是它的具体操作意义。"①

具体地说，儒学生活化宜走适度规避政治的下行路线主要是指儒学应避免与权力的结合，使儒家的价值理想为政治现实所"反转"。这种适度规避政治的下行路线显然并不否认这样的一个基本事实：儒学传统中所蕴藏的许多治政文化的优秀思想资源仍可为今所用，当代治国理政可以而且应该从儒家为主要代表的传统治政文化中汲取精神滋养。从儒学治政文化中汲取治国理政的精神滋养其实就是儒学在当代政治化的应用和实践。在我们看来，当代儒学的生活化开展大致可以有民间化（大众化）和政治化两个方向。② 所谓儒学民间化是指儒学在民间的传播普及，这主要是针对公民大众而言；所谓儒学政治化③（应用）是指儒学在治国理政中的实践应用，这主要是相对公职人员来说。就此而言，儒学民间化开展的现实可能性自不必多说，而其实儒学的政治化应用也是必要而且大有可为的。也就是说，政治儒学化只能是儒家少数理想主义者一厢情愿的

---

① 颜炳罡：《民间儒学何以可能？》，载国际儒学联合会编《国际儒学研究》（第十四辑），九州出版社2006年版，第371页。

② 有论者指出，在目前的讨论中，关于儒学实践方式的思考大致上可以分为三个层面或方向："第一是儒学体现在一般人的人文素养、道德品质中，基本上处于不被自觉的状态中；第二是儒学体现在商业、政治、教育等层面，基本上处于被自觉到但不被作为主导思想的状态中；第三是儒学被投入系统化的实践，且作为意识形态在社会上大规模推行。"（刘韵冀、刘东超：《当代儒学的困境和出路》，孔子2000网，http://www.cccrx.com/2006-8/2006830115838.asp，2007年12月7日）我们所谓儒学生活化的民间化（大众化）、政治化的两个方向主要就是指以上的前两个层面。

③ 一般说来，学界倾向于将儒学政治化定义为儒学价值理想为政治权力所"反转"，造成儒学本真精神的异化、变质。我们这里所谓儒学政治化特指儒学一些优秀的价值资源在当代的政治化应用和实践，这种应用和实践显然也并不是作为（刚性）意识形态来说。

设想,当代"政治儒学"儒学的开展方向只能是儒学的政治化应用和实践,而且儒学政治化(应用、实践)绝不是指儒学为政治所"化",而是指从儒学治政文化中汲取治国理政的精神滋养。或如涂可国所概括的:"所谓儒学政治化并不是要求国家大政方针奉行王道主义,也不是要儒化共产党、儒化社会主义,更不是要恢复儒家政统,而是一方面要让儒家主导价值观如仁爱、贵和、尊礼、尚中等成为主流文化核心价值体系不可或缺的价值支撑和价值基础,成为全球价值观的有机构成;另一方面,则是成为国家领导人在对外文化交往中的重要政治智慧和文化精华,使儒家名言被引用、被宣传、被推广;另一方面则是把儒家德治思想整合到'以德治国'的基本方略之中,吸收传统中国'举孝廉'、以德选官的某些做法,把具备儒家伦理品性的人选入干部队伍,纳入人事考核和管理范围。"[1]

可见,"后新儒学"时代生活儒学的生活化开展可以有民间化(平民化、大众化)和政治化两个基本方向。具体来说,生活儒学可以通过以下三个基本途径建立起可以使儒学连接生活的"管道":"一是使儒学的理念融入政府的政策,使儒学通过政策为广大人民所接受;二是儒学研究者要从书斋里走出去,到社会的各个阶层的人中去宣讲;三是建立儒学社区,使社区成为儒学落实基地。"[2]

就当代儒学通过民间化(大众化)、政治化的路径关联当代社会生活(儒学生活化)而言,在当代社会生活中儒学所应发挥的是"支援意识""柔性意识形态"、文化认同和道德教化等功能,或者说,儒学还可以作为当代人价值信仰一种可能的选择方式,而绝不可能靠政治力量的推动,再现"罢黜百家,独尊儒术"的历史辉煌。

---

[1] 涂可国:《社会儒学建构——当代儒学创新发展的一种选择》,载杨永明主编《当代儒学》(第七辑),广西师范大学出版社2015年版,第102页。

[2] 李承贵:《生活儒学——当代儒学开展的基本方向》,《福建论坛(人文社会科学版)》2004年第8期。

第四章　面向当代——儒学传统如何关联当代生活（一）　　191

由是，当代儒学生活化宜走适度规避政治的下行路线（觉民的民间化开展、治国理政的政治化应用），既坚守儒家的政治关怀（儒学政治化应用），又坚持以"觉民行道，移风易俗"为主，谋求儒学之民间化开展构成了阳明学对当代儒学重建提供的第一点指引。

其二，"儒者之患在好为人师"，即儒学的重建与复兴应避免话语霸权和强迫认同。关于这点，我们可以从当代学人关于"读经运动"问题的讨论说起。提及"读经运动"，最为大家所熟知的恐怕就是由中国青少年发展基金会以官方身份发起，蒋庆等诸多专家、学者参与的"中华古诗文诵读工程"。蒋庆为此主编了十二册之巨的《中华文化经典基础教育诵本》丛书，该工程旨在通过组织青少年诵读传统诗文以使他们进一步了解中国之传统，促进校园文化建设。蒋庆主编的配套教材主要编选的经典内容几乎全部是儒家经典，包括《孝经》《书经》《礼记》《论语》《孟子》《春秋繁露》《朱子语要》《传习录》等，这意味着起初国学意义上的读经运动，已经逐步向儒家文化意义上的读经运动发生转变。尽管这项"读经工程"取得前所未有的普及广度上的成功，但其发起之初就遭到了不同程度的质疑，这种带有强迫性的文化措施引起了许多人的不满。薛涌在2004年7月8日的《南方周末》上发表《走向蒙昧的文化保守主义》一文，对具有官方背景的古诗文诵读工程提出了自己的质疑。细读此文，我们发现，薛先生的立论依据与其说是反对"读经"本身，毋宁说是反对其背后的那种强迫认同和话语霸权的立场，他所担忧的是这场工程会"强迫"人去"背诵"自己"并不懂"的东西，害怕官方的工程会"强迫"自己（民众）"必须认同"并不被自己接受和喜爱的传统文化。他说："一句话，他所提倡的读经，就是要强迫孩子在3—12岁期间背15万字自己并不懂的东西。"在回复秋风的批评时薛涌还说道："'读经派'对孩子的态度，实际上也是他们对待老百姓态度的一个投影。他们觉得自己是权威，别人要等着他们教导。不读他们开的书单，就会如蒋庆所说，不配做'有文化意义的中国人'。"①

对此，我们认为，"读经"本是"回溯源头，传承命脉"（郭齐家语）的大好事，我们该读一点经典，了解一些本民族的原创思想智慧，但我们并不接受由少数专家、学者人为设定的"经典读本"，似乎只有读这些经典才可以堂堂正正做个人，否则就意味着愚昧庸俗。这就要求我们在推广普及儒家价值理念，在倡导读经时，应避免"好为人师"、自我膨胀的态度，处处以大儒自居，"指点江山，激扬文字"，这不仅对儒学复兴无益，反而招致别人的质疑和反感。其实，这正是阳明批评的"拿圣人面孔与人讲学"，他教导我们"须先做个愚夫愚妇，方可与人讲学"，"做个愚夫愚妇"就是告诫当代儒者，立学致思，普及推广当处处以"民"为本，尊重广大庶民百姓的情感态度和自我选择。正如陈寒鸣所指出的，儒学必须完成两大转换，才能获得新生："第一大转换是改变立场，也就是讲明白'从哪里来，到哪里去'这个重要问题。……儒家必须转变自己的态度和立场，从依靠士转向服务人民群众，从空乏的道德说教转向自觉的社会实践，进而赢得尊重与信任。第二大转换就是从封建社会的君本位转向现代社会的以人为本的先进文化观念。"②

当我们在从事儒学的理论重建时，应致力于儒学的生活化、民间化开展，通过对民间儒学传统的诠释和解读，继承发展，返本开新，构创合乎民众要求、时代需要的当代"民间儒学""生活儒学""社会儒学"；当我们倡言诵读经典时也应重视其"民间化"路径，即放弃自上而下的依凭权威的扫盲式读经，变官方的"读经工程"为民间自发的"读经运动"，对于讲授者来说，他有着依据古典价值生活的自觉，能对义务传播古典文化抱有热情；对于授读者来说，他们可以凭借自己的兴趣爱好选择"读"与"不读"，并不存在由

---

① 薛涌：《什么是蒙昧，再评读经，兼答秋风》，《南方周末》2004年7月22日。
② 陈寒鸣、刘伟：《儒学的理论转向：现代平民儒学的建构》，《理论与现代化》2013年第1期。

官方背景引起的文化压力问题。唯有如此,"读经"自身才会逐步得到民众的认同,而相应的儒学自身也会因民众把儒学融入生活而得到真正的推广。① 可见,阳明讲"先做愚夫愚妇",批评"拿圣人面孔与人讲学",其所反对的正是"好为人师""自做圣人"背后的话语霸权和强迫认同。

其三,"成圣成德,尽心而已",即当代儒学重建与复兴要承认个体差异,使百姓大众能知能行。儒学的复兴与转型依托学理创新和大众普及两个途径,阳明良知学对此提供的启示当在于:首先,就儒学的学理创新而言,当代社会所需要的恐怕并非为少数知识精英所津津乐道的"道德形上学""心性儒学""本体诠释学""哲学儒学""良知坎陷""内圣开新外王"诸如此类的高妙学问和思想话语,这种与生活日用绝缘的玄学清谈,毕竟离普通大众太远,难为庶民百姓所知所行,由是儒学也断无第三期的发展前景。因此,当代儒者在从事儒学的转化与重构时,当以"觉民"为要,由"民"的立场出发,积极推动儒学的民间化、草根化、大众化开展,"把儒学从典籍中、少数思想精英中解放出来,效法先贤让儒学走向民间,推进民间草根儒学的健康发展,以形成健康文明、和谐的生活方式"②。唯有这种走向民间的儒学才能"觉民""教民",达成儒家"行道""美俗"之追求。其次,大众普及对当下儒学复兴而言可以说是比学术研究更为紧要和迫切的工作。"对十三亿多人来说,大众普及即民间儒学的传播、生活中儒家伦理道德精髓的实践与应用的意义则显得尤为重要,因为它起着培根固本的作用,是中华民族文化复兴的必由之路。"③ 就儒学的大众普及而言,阳明良知学给我们的启示或在于:儒家价值理念的推广与实践不能无视道德教育的规

---

① 蓝法典:《中国近十年民间儒学发展述评》,载陈炎、颜炳罡主编《国际儒学发展报告2012》,北京大学出版社2013年版,第60—61页。
② 杨洪林:《论民间草根儒学及其传播机制的当代价值》,《学习与实践》2012年第1期。
③ 傅永聚、修建军等编:《生活中的儒家伦理》,山东文艺出版社2010年版,序。

律而由少数道德精英为"民"(大众)设定一个整齐划一的统一标准,标准太高则不能落实,流于虚伪;反之则易堕入庸俗,失却意义。因此,道德教育要承认个体之间资质、禀赋的差异,注意"因材施教""因材成就",使得"人人有个作圣之路"。具体来说,儒学重建就要"破解"理想与现实的纠结,重视"圣贤人格"与"底线伦理"之差异。如何回应这个问题,答案正在于阳明为我们点出的"尽心"二字,即"你如今于父母但尽你心的孝,于兄长但尽你心的敬,于乡党邻里宗族亲戚,但尽你心的谦和恭顺"一语。这就是说,当代儒者教人"成圣成德",当明儒家圣之为圣的真义,"圣也者,尽伦者也""圣人,人伦之至也",成圣的"标准"在此,只是在人伦关系中尽到为人父、为人子的义务和责任,"君君臣臣父父子子""父子有亲,君臣有义,夫妇有别,长幼有序,朋友有信"。在"五伦"关系中,儒家"五常"、忠孝节义之价值意义自可得到守护和说明,而不至于再被诬为"道德枷锁"或"吃人的礼教",人处此人伦日用之间,人性可被砥砺,人格得获提升,良知亦被唤醒,如此自能够尽其心的孝慈悌敬、谦和恭顺,即凡而圣,成德成贤,此方为道德教育的最高宗旨所在。尽心尽伦,此便是儒家"超凡入圣"之道,亦须为当代儒者光大弘扬的圣学要旨。下引牟宗三先生《历史哲学》中的一段精彩描述,作为此论注脚:

> 宗法的家庭族系,依着亲亲之杀,尊尊之等,实兼容情与理而为一,含着丰富无尽藏的情与理之发扬与容纳。……在此种情理合一的族系里,你可以尽量地尽情,你也可以尽量地尽理。……五伦摄尽一切,一切摄于五伦。……无论为天子,为庶人,只要在任何一点上尽情尽理,敦品励行,你即可以无不具足,垂法后世,而人亦同样尊重你。……就在此"尽"字上,遂得延续民族,发扬文化,表现精神。你可以在此尽情尽理,尽才尽性;而且容纳任何人的尽,容许任何人尽量地尽。(荀子云:王者尽制者,圣人尽伦者也。孟子云:尽心知性知天。)在

此"尽"上,各个体取得了反省的自觉,表现了"主体的自由",而成就其为"独体"。①

可见,一个"尽"字是儒家教人向善的"法门"所在,"尽心尽伦,圣在其中矣",这自当是愚夫愚妇能知能行的成德之路,人人皆是如此,个个有所依循,人人有此作圣之路,儒家价值便能重返生活世界,落实于人之举手投足、待人接物之间。诚如是,儒学复兴有望矣。方朝晖强调"人伦重建仍为中国社会秩序重建的基础,同时也是儒学复兴的必由之路"②,所指当在此。

综上,从"民"(大众)的立场出发,以"民"为本立学致思,以"生活化""民间化""大众化"为指引和要求,从事儒学的理论重建与推广实践,是"觉民行道"与"致良知"构成其一体两面的阳明学主要的当下价值所在。阳明点出"须先做个愚夫愚妇,方可与人讲学",一语道尽儒学重建、复兴多少事。当然,就阳明学的"生活化""民间化""大众化"的推进而言,阳明后学王艮及其创立的泰州学派那里获得了更为清晰和明确的表达。正如钱穆所称赞的,泰州学派把阳明心学从讲堂之教授转向日常生活中的随处指点,使学问和生活打成一片。③ 泰州学派不仅在理论上继续深化了阳明学的生活化基调,而且还通过乡村建设的具体实践不断推进着阳明学的生活化落实。从王阳明"不离日用常行"话良知,确立阳明学"生活化"的理论基调,到泰州学派通过乡村建设实践将阳明学的精神价值转化为"愚夫愚妇"的生命态度和生活方式,为我们呈现出一条明代"生活儒学"发展的基本线索。从"生活的儒学"(生活化儒学)到"儒学的生活"(儒学生活化),明代"生活儒学"的范本对"后新儒学"时代生活儒学的完整建构极具启示意义。

---

① 牟宗三:《历史哲学》,吉林出版集团有限责任公司2010年版,第70—71页。
② 方朝晖:《人伦重建是中国文化复兴的必由之路》,《文史哲》2013年第3期。
③ 钱穆:《宋明理学概述》,学生书局1977年版,第327页。

"后新儒学"时代儒学的生活化开展不仅要取法阳明,"先做个愚夫愚妇",从"民"本位的立场对儒学进行生活化的理论解读,实现"生活的儒学"(生活化儒学)的理论创构,使"愚夫愚妇"能知,还要借鉴王艮为代表的泰州学派乡村建设的基本经验,通过民间讲学、订定乡约民规等方式,实现"儒学的生活"(儒学生活化)的落实实践,使庶民大众能够践行儒学价值,收化民成俗(美俗)、经世济民之效。从"愚夫愚妇"能知到庶民大众来行,从"生活的儒学"(生活化儒学)的理论建构到"儒学的生活"(儒学生活化)的具体实践,这是明代"生活儒学"的完整建构对"后新儒学"时代生活儒学的生活化开展的当代启示。

第二节　明代"生活儒学"从阳明学向泰州学展开的当代启示

消解程朱理学形而上学,回归生活世界本身,创构一种为愚夫愚妇能知能行的"生活儒学",是明代心学之主要问题意识所在。心学从阳明学向泰州学的展开正好为我们呈现了"生活儒学"从理论建构到落实实践的完整过程。王阳明以"心即理""致良知"为要的良知学,确立了心学理论之生活化、民间化基调;王艮开创的泰州学派以订定乡约民规、开展平民教育等乡村建设实践将心学价值推向民间。从"生活的儒学"到"儒学的生活",从理论建构到实践应用,从愚夫愚妇能知到庶民大众来行,标志着明代"生活儒学"的真正完成。

我们知道,宋明理学从程朱理学到阳明心学的"哲学转向",近于西方哲学从理性主义(Rationalism)到存在主义(Existentialism)的转向。① 这就是说,心学的理论期许是在于消解程朱理学形上与形

---

① 参阅陈来《有无之境——王阳明哲学的精神》,人民出版社1991年版,第14页;张世英《程朱陆王哲学与西方近现代哲学》,《文史哲》1992年第5期。

下分离的现成化、外在化倾向,以成一面向生活世界本身、贴近日常人生的生命的、生活的学问。更具体地说,就是突破程朱理学的精英化限制,建构一种为愚夫愚妇、平民大众能知能行,从而将理学价值真正落实于日用常行、穿衣吃饭之间的生活化、大众化、民间化、社会化的"生活儒学"[①]。诚然,这样的"生活儒学"应兼具理论义和实践义,包含"生活的儒学"与"儒学的生活"双重意涵,即"生活儒学"成其为一生命的哲学、生活的学问,其真义当在于能真切落实于实际的生活场域,不只止于一种名曰"生活儒学"的理论学说;不仅要为愚夫愚妇所知,更要为庶民百姓来行;"生活的儒学"重理论义,唯其为"生活的",故能为愚夫愚妇所知;"儒学的生活"重实践义,唯其为"儒学的",故能谓儒学真切落实于生活日用之间。"生活的儒学"强调儒学是一种贴近人伦日用,能为愚夫愚妇所知的学问;"儒学的生活"强调儒学能为愚夫愚妇所行,落实于穿衣吃饭、待人接物间,使儒学成为一种生命态度、一种生活方式。由是观之,从"生活的儒学"到"儒学的生活",将生活化的儒学理论最终化作儒学的生活化实践,如此方是"生活儒学"的全副意义所在。从"致良知"到"百姓日用即道",明代心学由阳明学向泰州学的展开,所确立和完成的正是这样一种"生活儒学"。

阳明学以从生活世界寻"理"的真切工夫为要,他讲"心即理",倡"与愚夫愚妇同""满街都是圣人",要人"致良知""事

[①] 需要特别说明的是,这里的"生活儒学"是在此意义下来说的:明代心学的主要问题意识是要求消解程朱理学之抽象化、概念化、形上化倾向,突破其精英化限制,确立一种能为庶民大众能知能行,真切落实于生活日用之间的生命、生活的学问。这种面向生活、贴近人生的儒学我们谓其为"生活儒学",当然,谓其为"民间儒学""平民儒学""大众儒学""社会儒学"也似无不可。这种"生活儒学"的真正确立经历了从"生活的儒学"的理论架构到"儒学的生活"的实践落实的完整过程。大体而言,阳明良知学的主要贡献在于扭转理学的形上超越方向,使其可以面向生活日用,由此实现了"生活的儒学"的理论建构;王艮泰州学的主要贡献则在于以平民立场发挥阳明学,通过订定乡约民规、开展平民讲会等乡村建设实践,将儒学价值真正落实于民间,使儒学不只是一种学问,更是一种生命态度、一种生活方式,我们谓其为"儒学的生活"。

上磨炼",这不仅从哲理上纠正了理学形上与形下分离的本质化、现成化倾向,实现天理良知与生活世界的圆融贯通,而且使理学能够突破精英化的限制,从士大夫之学一变为面向平民大众的学问。可以说,阳明良知学的提出确立了明代儒学的生活化、民间化的理论基调,而这种"生活的儒学"的确立,就为儒学的新拓展找到了一个广阔且极富生机活力的乡里空间,为宋明理学的价值理念向民间社会普及和渗透奠定了坚实的理论基础。阳明在前,泰州继起,将阳明的这种生活化儒学理论化作儒学生活化实践,教人把心学价值落实于日常行为实践之间的正是王门高弟王艮开创的泰州学派。泰州学派以"百姓日用即道"为圭臬,不仅在理论上更加拓深了良知学的生活化、平民化内涵,更为重要的是,其人多能身体力行,积极投身民间社会,展开乡村建设的伟大实践。通过讲会讲学、订定乡约民规、发展家族组织等方式,教人将为圣工夫具体落实到人伦日用之间,视听言动、待人接物、一言一行皆能合乎儒家规范,从而一定程度上收到了移风易俗、教化乡里、和谐秩序的效果。这样,阳明学使"民"能知,泰州学教"民"来行,从阳明学到泰州学,从"生活的儒学"到"儒学的生活",便是我们所谓明代"生活儒学"的完整建构和展开。明代"生活儒学"完整确立的历史经验对"后新儒学"时代生活儒学的建构具有极为重要的借鉴意义。

一 "致良知"与阳明学的民间化、生活化基调

据余英时的考察,"觉民行道"与"致良知"构成阳明学不可分割的一体两面。"觉民"自然与"得君"不同,要使儒家道德价值能为百姓知晓奉行和认同接受,就必先要以此为准对宋代面向士大夫的朱子学进行改造和修正。阳明的良知学就是这样一种着眼于儒家精神落实于民间社会(觉民),从"庶民"(愚夫愚妇)的立场出发,将自己置于"民"的水平上敏求善思而开出的新学问,其"亲民"、"事上磨炼"论、"同德"论、"致良知"论就十分鲜明地表现出了阳明学的平民化、生活化特点。对此,上面已有详细论说,

兹不赘述。

阳明的良知学讲"发明本心""亲民""致良知",倡"满街圣人""事上磨炼""因材施教",表现出自然主义、简易直接、尊重个体的诸多特点,这同时也熔铸了阳明良知学平民化、大众化、生活化、实践化的底色,为儒教伦理通向庶民大众、渗透民间社会打开了通道。正如沟口所认为的,王阳明真正挣脱了宋儒"格物穷理"的旧识,将自己置于"民"的水平上,寄希望于民众发挥他们的当下良知,不把道德的承担者仅限定在官僚士大夫身上,他要将其扩大至地主阶层、市井商人阶层,甚至于农民、工匠阶层,换言之,自父老布衣至市井野老的庶民阶层,这些都是阳明要扩大吸收的对象。此种努力带来的后果是,体制意识形态(主要是孝悌)有望渗透至乡村和城市的各下等阶层。[①] 林安梧也指出:"王阳明面对此而有一番新的革命,他打破了此带有专制性的形式性原理,而开发了道德主体的实践动力,将整个儒学引到平民百姓的伦常日用中。自此,儒学不再只是要去归返形上的本体,不再只是要去符合社会的规范;而是要存在当下真实的感动去开启'一体之仁'的伦常日用之业。这是面对存在真实的主体能动性而走向活生生的生活世界,使得人之为人,成为一活生生的实存而有的'生活学'。"[②] 这就是说,阳明确立的民间化、大众化的良知学,大抵完成了明代"生活儒学"的理论建构,这就为其后泰州学派展开儒学的生活化、社会化实践,奠定了坚实的思想基础。

二 乡村建设与泰州学派的儒学生活化实践

阳明良知学的出现不仅是突破程朱理学形上学的内在理路的要

[①] [日]沟口雄三:《中国前近代思想的屈折与展开》,龚颖译,生活·读书·新知三联书店2011年版,第89页。

[②] 林安梧:《儒学革命——从"新儒学"到"后新儒学"》,商务印书馆2011年版,第74页;参阅王其水《鹅湖系:台湾新儒学的新趋向》,《孔子研究》1998年第2期。

求，更与王阳明毕生的经历和体验有莫大关联。以"心即理""致良知"为要的阳明学可以说正是其人生感悟、生命体验的一次哲理性升华。所谓"心即理""致良知"绝不只是抽象空洞的概念、命题，其真正意义是教人得"理"于其生活中的亲身切实的领会和体验。①"某于此良知之说，从百死千难中得来，不得已与人一口说尽。只恐学者得之容易，把作一种光景玩弄，不实落用功，负此知耳。"对此，我们可以这样理解，王阳明是以"生活"注解儒学，凭此真切生命体验，他所殷切期望的是"学者"能够以"儒学"注解生活，而不是"把作一种光景玩弄"。所谓"以儒学注解生活"，就是教人把心学价值落实于生活日用之间，而不至于使其流为玄学清谈、无用论说。显然，真正将这种理想化作现实，把良知学流布民间乡里，让其价值为广大庶民百姓与知能行的是泰州学派。正是有鉴于此，钱穆先生才会说："守仁的良知学，本来可说是一种社会大众的哲学。但真落到社会大众手里，自然和在士大夫阶层中不同。单从这一点讲，我们却该认泰州一派为王学唯一的真传。"②

以上我们论阳明良知学的民间化、生活化基调，并非直谓其为"平民儒学""生活儒学"。阳明良知学所包含的思想内容是极其丰富多元的，平民化、大众化、生活化只是良知学的一个较为突出而重要的向度，更准确地说，阳明良知学恰处在一个从精英到大众的转换点上。正如余英时所说："阳明的'致良知'之教有'雅''俗'两种版本，这是相应于'觉民行道'而起的儒学新发展。这两个互相交涉而又平行的系列在阳明身后越来越显出清楚的分化。"③冲破这层精英化之区隔而实现这种清楚分化，并最终确

---

① 林丹：《日用即道——王阳明哲学的现象学阐释》，光明日报出版社2012年版，第77页。
② 钱穆：《宋明理学概述》，九州出版社2010年版，第249—250页。
③ 余英时：《宋明理学与政治文化》，吉林出版集团有限责任公司2008年版，第199页。

立"平民儒学"之精神的是泰州学派。① 泰州学派不仅在理论上更加明确了阳明学的平民化、生活化内涵,更重要的是,还为良知学真正落到社会大众的生活实践中做出了许多可贵的尝试和探索。"用现在的语言来讲,泰州学派的工作主要是一种'应用性'的工作,而不是一种'理论性'的工作。这种'应用性'的工作,首先需要的是将儒家理论通俗化。通俗而不走样,通俗而不肤浅,是要下大力气的。王艮在这方面是卓有成效的,他提出了许多诸如'百姓之用是道''明哲保身''不乐不是学'等通俗的生活化的语言,表达儒家精神以利百姓把握。使百姓听了深受启发,很有感触。"② 这里,我们对泰州学派拓展阳明学平民化维度的"理论性"工作不做过多探讨,③ 而是要重点论述其推动儒学走向生活化实践的"应用性"工作。

泰州其学要在"百姓日用即道",此所谓"百姓日用即道"思想的提出、发展、落实之过程,便构成了明代儒学生活化、民间化的内在线索。就"百姓日用即道"思想的落实而言,泰州学派主要是通过讲会讲学、订定乡约民规、创新家族组织等乡村建设实践来实现的。当然,泰州学派为传播心学理念,推进儒学生活化、民间化开展而发动的乡村建设实践是一个极其复杂的系统工程,对此我们不能一一细说,以下仅以讲会讲学为例说明阳明心学是如何经由泰州学人渗透民间、"风行天下"的。讲会讲学,展开平民教育,是泰州学派推进儒学庶民化、草根化的一项重要举措。自创始人王艮

---

① 参阅姚龙生《王艮心学研究》,博士学位论文,南开大学,2014年,第59—61页。
② 季芳桐:《泰州学派新论》,巴蜀书社2005年版,第13页。
③ 对此,黄宣民、陈寒鸣、蒋国保、余敦康等诸位先生已经做了专门研究,兹不赘述。参阅黄宣民《明代泰州学派的平民儒学特征》,《中国社会科学院研究生院学报》1999年第1期;陈寒鸣《论明代中后叶的平民儒学》,《河北学刊》1993年第5期;蒋国保《儒学的民间化与世俗化——论泰州学派对"阳明学"的超越》,《南京大学学报(哲学社会科学版)》2007年第6期;杨生照《儒学平民化的一次尝试——论泰州学派王艮的"百姓日用之学"》,《盐城工学院学报(社会科学版)》2008年第4期。

开始，泰州学派就很重视讲学，提出"为政莫先于讲学""经世之业莫先于讲学"的主张，强调通过讲学可以立师道、育善人，从而有望复归"三代之治"，达成儒家"觉民行道""教化天下"的目的。他说过：

> 六阳从地起，故经世之业，莫先于讲学，以兴起人才。①
> 夫养之有道而民生遂，教之有方而民行兴。率此道也，以往而攸久不变，则仁渐义摩，沦肤浃髓，道德可一，风俗可同，刑措不用，而三代之治可几矣。②

泰州学派的讲会讲学主要是针对下层平民而展开的教育活动。受制于传道对象平民化的客观要求，其讲会讲学表现出这样的突出特点：讲学务求简易通俗，贴近人伦日用。从创始人王艮开始，到王襞、王栋、徐樾、韩贞、朱恕，再到颜钧、何心隐、罗汝芳，以简易通俗为要求展开民间讲学可以说是泰州学派一以贯之的传统。比如，先就心斋来说，他不仅继承发扬了孔子"有教无类""启发式教学"的平民教育传统，强调"不以老幼贵贱贤愚，有志愿学者传之"，樵夫、陶工、佣工、差役、膳夫等下层平民皆能投其门下，而且还能做到以"身教"为先，"言教不如身教之易从也"，注意在学生的细微举止之间指点教学。他说：

> 先生于眉睫之间，省觉人最多。③
> 学者有积疑，见先生多不问而解。④
> 先生教人，大率在言外，令人自觉自化。⑤

---

① 《王心斋全集》，江苏教育出版社2001年版，第18页。
② 《王心斋全集》，江苏教育出版社2001年版，第61页。
③ 《王心斋全集》，江苏教育出版社2001年版，第13页。
④ 《王心斋全集》，江苏教育出版社2001年版，第19页。
⑤ 《王心斋全集》，江苏教育出版社2001年版，第73页。

就讲学风格而言，心斋教人可以"易简快乐"一语概之，讲求寓教于简，寓教于乐，提出"即事是学""即学是乐"的重要理念。心斋本就出身盐丁，受经学章句注疏之烦琐学问、理学理气心性之高明哲理的影响较小，故能"设身处地"以一平民的立场，从庶民大众最亲切熟悉的生活场域出发来治学教人：在学问上，以"百姓日用"注"道"；在实践上，教人于生活日用中用力。其所谓"即事是学"，正是教人从"生活事""日常行"中领会圣学精神，学习做人的道理。这样一种"即凡而圣"（于生活日用中学做圣人）的思想打破了讲学对象的层次分割，使愚夫愚妇皆能参与其中，并为其能知能行。这正是他反复强调的："学是愚夫愚妇能知能行者，圣人之道不过欲人皆知皆行。"当然，除了讲求学须至简至易外，王艮还注意教人在乐中求学、学中求乐。他发挥阳明"乐是人心之本体"的说法，作《乐学歌》，提出"圣学好学""学不累人""即乐是学"的观点。其言如是：

> 天下之学，唯有圣人之学好学，不费些子气力，有无边快乐；若费些子气力，便不是圣人之学，便不乐。①
> 乐是乐此学，学是学此乐。不乐不是学，不学不是乐；乐便然后学，学便然后乐。乐是学，学是乐。②

心斋之后，泰州后学发扬了这种务求简易的教育风格，将泰州学派的平民教育事业推向了新的阶段。王襞直承心斋之教，强调为学须贴近百姓生活，做到"简易明白，不令隐晦"。颜钧讲学注重应用一些简易、浅近的方法，以便于"愚夫愚妇"易知易行。这其中最典型而为人所熟知的就是其"就地打滚"之喻。据《李陵温集》

---

① 《王心斋全集》，江苏教育出版社2001年版，第5页。
② 《王心斋全集》，江苏教育出版社2001年版，第54页。

卷四《答周柳塘》记载，颜钧在一次讲会中，突然起立，就地打滚，说："试看我良知。"他就是用这样浅显易懂的比喻，贴切地说明"良知"如同"就地打滚"一样，是人人皆知皆能、无须学虑的人的知觉和生理本能。罗近溪讲学尤擅通俗讲演，有人把他与王畿相比，说"龙溪笔胜舌，近溪舌胜笔"，赞其口才、辩才了得。他有著名的"童子捧茶"之喻，专讲"赤子良心""圣人即是自己"，善于把握社会下层民众的心理特点和精神需求，讲孝悌，讲乡约，讲大明刑律，剧谈微论，若春行雷动，一洗理学肤浅套括之气，发人深省，很受欢迎。[1] 杨起元秉承其师近溪之说，仍以易简为教。他说："学问原是平常简易，无有许多繁难作为，功夫原自圆通，不是死死做得去的。"在讲学中，他用"歌笑散乐"的方式为学生营造一种宽松愉快的学习气氛，启发学生明白学问本就是简易平常之事，无须繁难求索。[2]

除了讲学风格上的简易、浅近之外，泰州学人还注意使讲学内容贴近人伦日用，易为百姓知晓。众所周知，泰州学派以"百姓日用即道"为本，其实"孝弟"便是这里所谓"百姓日用"的主要内涵所在。泰州学派向平民大众所宣讲的"百姓日用之学"，具体来说，就是最易为庶民百姓与知能行的"孝弟"之道。泰州学派所想教人的就是在"行孝弟"的人伦实践中领会圣人之"道"。这种以"孝弟"来"行道"的思想精神，心斋、近溪那里表现最多。可以说，从心斋到近溪，重视"孝弟"实是泰州学派的一大特色。[3]

王心斋在家乡自学、讲学时期，其学习和讲授的儒家经典就是《孝经》《论语》《大学》，在此期间他还撰有《孝箴》《孝弟箴》，以发挥《孝经》的思想。他在《孝弟箴》中说道：

---

[1] 宣朝庆：《泰州学派的精神世界与乡村建设》，中华书局2010年版，第11页。
[2] 参阅龚杰《王艮评传》，南京大学出版社2011年版，第247—248页。
[3] 吴震：《泰州学派研究》，中国人民大学出版社2009年版，第177—178页。

事亲从兄，本有其则。孝弟为心，其理自识。爱之敬之，务至其极。爱之深者，和颜悦色。敬之笃者，怡怡侍侧。……尧舜所为，无过此职。①

另外他还有一篇专门讨论"孝弟"的文章《与南都诸友》，此文虽长，却不离"孝弟"这一主题。其中有言如下：

是故先王教民六行，以孝为先，纠民八刑，以不孝为先。……在上者果能以是取之，在下者则必以是举之，父兄以是教之，子弟以是学之，师保以是勉之，乡党以是荣之，是上下皆趋于孝矣。……遂至穷乡下邑，愚夫愚妇，皆可与知与能，所以为至简至易之道，然而不至于人人君子、比屋可封者，未之有也。②

心斋讲"尧舜之道，孝弟而已""上下皆当以孝弟为本"，穷乡下邑，愚夫愚妇倘能从"孝弟"做起，便有可能实现"人人君子，比屋可封"的理想社会。不难发现，由于王心斋对"孝弟"的格外重视，使其几乎成为泰州学派的基本标识。历史上，心斋思想给人留下最深刻的印象也恰恰是以"孝弟"为本。关于这点，泰州后学罗近溪与张居正的一段对话最能说明这个问题。有一次两人谈到了有关心斋学术的问题，张居正在读了心斋《遗稿》后，毫不客气地说："世多称王心斋，此书数千言，单言孝弟，何迂阔也！"近溪不以为然地反驳道："嘻！孝弟可谓迂阔乎？"③ 这里，在张居正看来不过是迂阔不实，无益于富国强兵的所谓"孝弟"，对近溪来说却是能"教化天下"的治平之道。

---

① 《王心斋全集》，江苏教育出版社2001年版，第54页。
② 《王心斋全集》，江苏教育出版社2001年版，第51—52页。
③ 《明儒学案》，《黄宗羲全集》（第七册），浙江古籍出版社1985年版，第840页。

罗近溪认为，讲"德学"不能浮泛，唯有讲"孝弟慈"才能切近民身。"若泛然只讲德学，而不本之孝弟慈，则恐于民身不切。"他把"孝弟慈"称作"三件大道理""三件大学术"和"第一件大功德"，将其推崇到了无以复加的理论位置。他说：

> 此三件事（孝弟慈）从造化中流出，从母胎中带来，遍天遍地、亘古亘今。……只尧舜禹汤文武，便皆晓得以此三件事修诸己而率乎人，以后却尽乱做，不晓得以此修己率人。……却不知天下原有此三件大道理，而古先帝王原此三件大学术也。
>
> 今只为民上者实见得此孝弟慈三件事是古今第一件大道、第一件善缘、第一件大功德。

不难看出，到了近溪这里，"孝弟慈"已成为其思想的一个主要标志。在他看来，"孝弟慈"既是"百姓日用"的基本内容，又是天理良知的具体体现。正如有论者指出的："罗汝芳把'百姓日用之道'的内容归结为孝弟慈，明确了'百姓日用之道'的具体内涵，为广大民众在日常生活中体认生存之道奠定了基础，是对'百姓日用之道'的进一步发展。"① 从心斋到近溪，泰州学派以"孝弟"注解其"百姓日用之道"，较为有力地说明了泰州讲学照顾民众精神文化需求，贴近百姓日常生活的特色。

从王艮到罗近溪，泰州学派接续阳明，通过以讲会讲学为主要内容的乡村建设实践，使良知学的价值理念得以推广渗透民间。泰州学人多能放弃仕途举业，投身民间社会，深入平民百姓之中"传道化俗"。其讲学内容不出孝悌人伦，贴近生活，易于知行；采取灵活多样的教学方式，利用农闲时节送学到村，"一村既毕，

---

① 徐春林、方桃华：《罗汝芳的儒学思想与生命精神》，《东华理工大学学报（社会科学版）》2009年第1期；另见徐春林《儒学民间化的内在进路——以泰州学派"百姓日用即道"思想的演进为轴线》，《江西社会科学》2007年第2期。

又至一村"；编写通俗易懂的诗歌作为教材，易读易记，"前歌后答，弦诵之声洋洋"。在轻松愉悦、潜移默化中向愚夫愚妇、农工商贾传播儒学价值，教会人们做人的道理。总之，泰州学人的讲会讲学、平民教育实践成功地打破了程朱理学的精英化限制，将儒学由经生文士之业转变成了百姓日用之学，落实于庶民大众之间，在一定程度上收到了移风易俗、化及乡邑的效果。明巡抚直隶监察御史龙紫海路过王艮的家乡安丰场时有过一番真诚的感慨，他说："臣东巡诲上，每见风俗多浇恶不可言。独过安丰场，谒艮祠，见其后裔，雍肃知礼；而一方父老，多敦行孝弟，多言礼让，皆艮风所遗。且江北自胡安定后，理学寥寥，独艮奉宗传，承前启后，移风易俗。"从这些"雍肃知礼""敦行孝弟"的民众风俗中，我们可以看到，经过泰州学派的乡村建设实践，儒家思想正在化为一种大众的生活方式。

从"致良知"到"百姓日用即道"；从阳明良知学的理论建构到泰州学派的乡村建设实践；从"得君行道"向"觉民行道"的理论转向到"雍肃知礼""敦行孝弟"的民众风俗；从愚夫愚妇能知到庶民大众来行；从"生活的儒学"到"儒学的生活"；阳明学到泰州学这种由生活化的儒学理论向儒学的生活化实践展开，构成了明代"生活儒学"确立的完整过程。明代"生活儒学"完整确立的历史经验对"后新儒学"时代生活儒学的建构具有极为重要的参照意义。

三 明代"生活儒学"完整建构的当代启示

"后新儒学"时代儒学发展的基本方向是生活化，"后新儒学"时代生活儒学的建构要以明代"生活儒学"确立的过程为参照，既要重视"生活的儒学"的理论创构，又要推动"儒学的生活"的落实实践。当代儒家学人唯有创构"生活的儒学"的理论体系，才能使儒学面向大众，为广大民众所知；唯有自觉践行儒学价值（修己），并致力于走出书斋，走向民间将儒学精神传播给社会大众（安人安百姓），使其成为我们大家共同的生命态度和价值追求。由此，借鉴明代"生活儒学"完整确立的基本经验，"后新儒学"时代儒学生活化的开展主要要做好这两方面的工作：第一，回归儒学传统的生活性本质，以当代的言说方式架构生活儒学的理论体系；① 第二，以儒学传统关联当代社会生活为主要问题意识，多着力于生活儒学的实践应用和推广普及。简言之，"后新儒学"时代的儒家学人要真正建构生活儒学，不仅要以"生活化"为要求来"说"儒学，还要以"生活化"为要求来"做"儒学；不仅自己自觉"做"，还要教广大民众来"做"。

也就是说，"后新儒学"时代，我们所谓儒学的"生活化"不唯是对儒学资源"生活化"的理论诠释（说儒学），更是对儒学价值"生活化"的实践落实（做儒学）。以"生活化"之路径来重建儒学，就是一方面要我们"发掘出儒学中以生活为重的思想和观念"，把儒学传统中那些生活性的精神资源充分揭示出来；另一方面，又要面向当代社会生活着力思考如何把这种生命智慧具体落实、实践于当代。这就意味着，生活儒学的完整确立、儒学"生活化"的开展，不仅要切中人伦日用来"说"儒学，更要在生活日常中来"做"儒学。不能在当代社会生活中去"做"的"生活儒学"并无"生活"的真实意义可言，它甚至很难说还是儒学。② 因为孔学、儒学从来都是以工夫实践为第一要义的"做"的生活哲学。"孔子的生活哲学乃是理性的负责任的乐感生活，贯穿于其中的乃是一个'做'字，动态之'做'构成真实的生活，而顺从大道地'做'又赋予其生活之诗意，因此孔子的哲学也就成

---

① 以上我们第三章主要就是试图架构这种生活儒学的理论体系。为此，我们提出了"后新儒学"时代生活儒学"仁礼合一"的道统论、"形而中学"的哲理精神和"新四书"的经典体系。

② 对此下文还有专门讨论，这里暂不展开论述。

为'生活哲学'的经典。"①

具体而言，我们所谓"后新儒学"时代的"生活儒学"也应兼具理论义和实践义，包含"生活的儒学"与"儒学的生活"双重意涵，即"生活儒学"成其为一生命的哲学、生活的学问，其真义当在于能真切落实于实际的生活场域，不只止于一种名曰"生活儒学"的理论学说；不仅要为"愚夫愚妇"所知，更要为庶民百姓来行；"生活的儒学"重理论义，唯其为"生活的"，故能为"愚夫愚妇"所知；"儒学的生活"重实践义，唯其为"儒学的"，故能谓儒学真切落实于生活日用之间。"生活的儒学"强调生活儒学是一种贴近人伦日用，能为"愚夫愚妇"所知的学问；"儒学的生活"强调生活儒学能为愚夫愚妇所行，落实于穿衣吃饭、待人接物间，使儒学成为一种生命态度、一种生活方式。由是观之，从"生活的儒学"到"儒学的生活"，将生活化的儒学理论最终化作儒学的生活化实践，如此方是我们所期许的"后新儒学"时代的生活儒学。

就"生活的儒学"而言，当代生活儒学的语言表达，应是生活性的、大众化的语言，而不是抽象的、晦涩的、学术的语言，建立一套与"形上层面"相匹配的"形下层面"的话语，使普通人能在他们的语言能力层面把握儒学，接受儒学；而且生活儒学的宣传对象也应是生活化的，即儒学所面对的是所有人，而不像传统儒学往往把儒学当成奢侈品，只有"君子"才可受到儒学的教育。② 由"儒学的生活"来看，当代生活儒学要面向当代的时代主题、社会生活，着力思考"儒家思想如何关联当代社会生活"的问题。为此，生活儒学要重视对当下存在的，诸如道德滑坡、人情淡薄、信仰缺失、生态危机等现实问题做出儒家式的回应，深化对儒学资源的应

---

① 郭继民：《回归哲学的"生活世界"——以孔子为例》，《中国社会科学院研究生院学报》2011年第5期。

② 李承贵：《生活儒学——当代儒学开展的基本方向》，《福建论坛（人文社会科学版）》2004年第8期。

用性和实用化的研究；生活儒学还要面向社会大众，积极投身民间，通过民间讲学、民间弘道等"百姓儒学""乡村儒学"的实践活动，大力传播孝悌忠信、礼义廉耻等与老百姓的日用常行密切相关的儒学价值。

总之，"后新儒学"的当代语境下，我们强烈期望儒学能够走出形上超越的迷思，从书本课堂、书斋会议中走出来，落实于当代人们的日用常行之间，变成国民的一种生活态度和生活方式。然而，儒学回归生活世界，并非构建一套名曰"生活儒学"的理论就可毕其功。我们认为，"后新儒学"时代的生活儒学应兼具"理论义"和"实践义"，既有意义支撑又有生活实践，既能为平民百姓所知，又能为庶民大众所行。这就是说，"后新儒学"时代生活儒学的完整确立，既要学习王阳明，更要取法泰州学派。不仅需要知识精英、专家、学者能够从"民"的立场出发，做到阳明所说的"须先做个愚夫愚妇，方可与人讲学"，创建贴近人伦日用，满足民众精神需求的大众儒学、通俗儒学；除此之外，还需要鼓励民间儒学的发展，吸引更多的"公共知识分子"投身民间，加入儒学推广普及的伟大实践中。正如郭齐勇先生提出的："民间儒学是儒学的核心价值、主要精神深入家庭、学校、社会、企业、机关，变成国民的信仰、信念与日用常行之道的精神形态。民间儒学，也可以理解为在民间、在日常生活世界里的儒学，或民间办儒学，即民间组织推动的儒学。所以我们尤其要提倡民间儒学，并鼓励青年学子立志到民间去弘大儒学，再植灵根。"[①] 我们相信，随着民间儒学的蓬勃发展，儒学定能不断扩大其社会基础和文化载体，促使儒家知识分子不断涌现，[②] 儒学灵根再植、附体新生，实现第三期的发展前景是大有希望的。十分可喜的是，"中国新儒学的主流倾向在 2014 年已经显现，这就

[①] 郭齐勇：《民间儒学的新开展》，《深圳大学学报（人文社会科学版）》2013 年第 3 期。

[②] 参阅杜维明《现代精神与儒家传统》，生活·读书·新知三联书店 2013 年版，第 495—496 页。

是由学术殿堂走向民间社会,由理论言说转化为行为实践,由少数知识分子研究对象转化为大众的生活向导,开启了儒学大众化、草根化、生活化、实践化的大幕"①。

---

① 颜炳罡:《由学术殿堂走向民间社会——2014年新儒学主流倾向显现》,《人民论坛》2015年1月21日。

第五章　面向当代——儒学传统如何关联当代生活（二）

宋儒"理一分殊"睿识指引下的儒学重建，首先是以"理一"为原则，面向传统，追寻儒学的生活性本质和"日用即道"的生命智慧，通过当代的理解、诠释，把儒学的这种生活性揭示出来，进而通过当代哲学的言说方式建构既合乎儒学生活性的特质，又顺应"后新儒学"时代儒学生活化发展要求的生活儒学；更为重要的问题是，如何以"分殊"为原则，面向当代，把儒学的生活性本质表现和落实于当代，将儒学的精神价值转化为当代人的生命态度和生活方式。"理一不难，惟分殊难耳"，以一种本质主义的思维方式为基础，建构合乎儒之为儒的本质要求的生活儒学并不难，真正的困难在于在一种存在主义的视野下，从当代人如是这样的生活世界去思考如何去"做"儒学、"行"儒学。可以说，如何让当代的社会大众去"做"儒学、"行"儒学是"后新儒学"时代的生活儒学的主要目标和追求。为实现这种诉求，生活儒学所要面临的一个最基本的问题是——"什么是儒学，怎样学儒学"。回答"什么是儒学"的问题，主要是让百姓大众能够"知"儒学；回答"怎样学儒学"的问题，主要是让百姓大众能够"行"儒学。对此，现代新儒家的重要代表梁漱溟从面向"生活的本身"的视野出发，论述了"儒学""学儒"的问题。在梁漱溟看来，儒学就是"生活的学问"，学儒则需在"生活上去理会实践"。

面向"生活的本身"是梁漱溟提出理解儒学的独特视域。在此视野下,梁漱溟不仅揭示了"儒学"作为切合生活之"理"、人伦之"情"而建构的"生活的学问"的精神特质,还为我们指明了"生活上去理会实践"的"学儒"的基本态度和方法。梁氏这种面向"生活的本身"而论"儒学"与"学儒"的新儒学构想,对我们当代人了解(知)儒学、实践(行)儒学极具借鉴意义。"接着梁漱溟来讲"、面向"生活的本身",重建儒家思想与当代社会生活的关联,需要当代儒家学者依"生活化"的要求来"说"儒学、"做"儒学;需要社会大众以涵养德性、修身立德为要来读经学儒。

另外,在"后新儒学"时代生活儒学的立场上,我们提出"儒道在人,尽伦为圣"的命题,试图回答"什么是儒学,怎样学儒学"的问题,使当代民众可以"知"儒学、"行"儒学。所谓"儒道在人"就是认为"儒学"应该是修身立德的人学;所谓"尽伦为圣"就是认为"学儒"就是在人伦日用中尽"我"之本分,不断实现日常生活世界意义的升华(成圣成贤)。

第一节　梁漱溟论"儒学""学儒"及其当代意义

梁漱溟是现代新儒学的开创性人物之一,是现代新儒家的重要代表。与现代新儒家的主流熊、牟、唐等以形上化、哲学化的路径来建构其哲学体系不同,梁氏另辟蹊径循生命、生活的方向来开显儒学传统的现代意义。他提出"返回到事实"、面向"生活的本身"来理解儒学。在此视野下,梁漱溟不仅揭示了"儒学"作为切合生活之"理"、人伦之"情"而建构的"生活的学问"的精神特质,还为我们指明了"生活上去理会实践"的"学儒"的基本态度和方法。梁漱溟这种面向"生活的本身"而论"儒学"与"学儒"的新儒学构想,对我们当代人发现孔子、走近孔子、了解儒学、实践儒学极具借鉴意义。"接着梁漱溟来讲"、面向"生活的本身",重建儒家思想与当代社会生活的关联,需要当代儒家学者依"生活化"

的要求来"说"儒学、"做"儒学,最终使社会大众亦可"与知能行";当代人读经学儒也应以涵养德性、修身立德为要,而不以增长"知识"、提升"技能"为功。

一 "生活的学问"——梁漱溟论"儒学"

"返回到事实"是梁漱溟提出的诠释、理解儒学的独特视域和方法。什么是"事实"?梁漱溟明确地说:"我所谓事实者,即是生活。"① 其所谓"返回到事实",就是要求回到生活世界,面向"生活的本身"去诠释儒学、理解儒学。何以如此?梁漱溟指出,那是因为"中国的问题不是向外看,是注意在'生活的本身',讲的是变化,是生活"②;孔子的东西不是一种思想,而是一种生活;儒学亦不是一种纯粹的哲学,而是一种生活的学问。"从孔子起以到宋、明,在那一条路极有受用的,如程明道、王阳明等决不是想出许多道理来告诉人,他们传给人的只是他们的生活。如谓生活谓思想、为哲学,自然非是。所谓思想或哲学者,不过是他的副产物。……盖生活亦学问也,我们不能离开生活而空谈学问。"③ 因此,若本着思想、哲学的意思去讲孔子、说儒学,那是难于得其真义的。他说:

> 在孔子主要的,只有老老实实的生活,没有别的学问。……所以本着哲学的意思去讲孔子,准讲不到孔子的真面目上去。因为他的道理是在他的生活上。不了解他的生活,怎能了解他的道理。④

---

① 梁漱溟著,李渊庭、阎秉华整理:《梁漱溟先生讲孔孟》,商务印书馆2011年版,第11页。

② 梁漱溟著,李渊庭、阎秉华整理:《梁漱溟先生讲孔孟》,商务印书馆2011年版,第4页。

③ 梁漱溟著,李渊庭、阎秉华整理:《梁漱溟先生讲孔孟》,商务印书馆2011年版,第4页。

④ 梁漱溟著,李渊庭、阎秉华整理:《梁漱溟先生讲孔孟》,商务印书馆2011年版,第17页。

唯有"返回到事实"、面向"生活的本身"去理解儒学,才能充分开显儒学作为一种生活的学问的全副意义。如何回到生活去理解儒学?梁漱溟提出了两个具体的路径:将儒学从符号形式还原为现实生活;从道德规范还原为人的心理情感。①经此"还原",梁氏为我们清楚分明地点出了儒之为儒的深层意涵:儒家讲的是生活之"理"、人伦之"情";儒学就是切中生活之"理"、人伦之"情"而建构的生活、生命的学问。

其一,将儒家的符号形式还原为现实生活,方可知儒家所言不过生活之"理"。梁漱溟认为,儒家虽有自身的一套符号形式和思想哲理,然那都是在生活上讲、在事实上说的。要真正理解儒学就不能对此做一种客观的研究和逻辑的说明,而是要将其还原到事实上、回归到生活中去体认琢磨。唯有"从生活入手"去体证,舍弃那种求事物之"理"(事理)的逻辑推演方法,方可真切把握儒家的生活之"理"、人伦之"理"(伦理)。梁漱溟说:

> 我们说凡是符号,都要返回到事实去,才能研究这种东西。……要是我们从事实(生活)入手,虽不能了解古人真正的意义,却可以扫除这一切依稀仿佛的假观念。要知道他们本来是简单的,痛快的。所以总要切近事实研究,不要用那形而上学推演辩证的方法。②

其二,把儒家的道德规范还原为人的心理情感,自能明儒家所讲不外人伦之"情"。梁漱溟认为,儒家讲的礼乐孝悌并非仅是一套外加于人、形式僵化的道德规范。礼乐孝悌皆有内在于人的根据,这个根据正在于它们皆能合乎人之情理。他指出,孔子虽重视礼文,

---

① 刘子阳、朱寰:《以生命之学达宗教之用——梁漱溟儒学思想简析》,《聊城大学学报(社会科学版)》2006年第1期。
② 梁漱溟著,李渊庭、阎秉华整理:《梁漱溟先生讲孔孟》,商务印书馆2011年版,第10页。

但礼文却以情理为其内容。礼文的本质在情理，情不足而装饰以繁文缛节是最有害不过的。孔子说："礼与其奢也，宁俭；丧与其易也，宁戚。"又说："为礼不敬，临丧不哀，吾何以观之哉！"由此来看，孔子是认真在情理上，而断不执着于任何徒有其表的礼貌仪文。①梁漱溟还进一步分析说："孔子学说原是从他对人类心理的一种认识而来。孔子认识了人，才讲出许多关于人的道理。他说了许多话都是关于人事的，或人类行为的；那些话，如果里面有道理，一定包含对于人类心理的认识。对于人类心理的认识，是他一切话与一切道理的最后根据。"②

除此之外，梁氏还特标出儒家"因情而有义"之说，简而明地说明了儒家因情理而设礼义的真精神。所谓"因情而有义"，就是强调礼乐因人之情理而制作，人与人相处莫不有情，有情因而有义。对此，梁还有一番极其精彩动人的论说：

> 人一生下来就有与他相关系的人（父母兄弟等），人生将始终在与人相关系中而生活（不能离社会）。既在相关系中而生活，彼此就发生情谊。亲切相关之情发乎天伦骨肉，乃至一切相关之人，莫不自然有其情。因情而有义。父义当慈，子义当孝，兄之义友，弟之义恭，夫妇、朋友乃至一切相关之人，随其亲疏、厚薄，莫不自然互有应尽之义。③

> 若孔子教人所行之礼，则是人行其自己应行之事，斟酌于人情之所宜，有如礼记所说"非从天降，非从地出，人情而已

---

① 梁漱溟著，李渊庭、阎秉华整理：《梁漱溟先生讲孔孟》，商务印书馆2011年版，第218页。

② 梁漱溟：《重新认识孔子的学说》，《乡村建设》1934年第4卷第5期。或如牟宗三说的："在只是典章制度风俗习惯之传统的窒息与僵化下，他（梁漱溟）独能生命化了孔子，使吾人可以与孔子的真实生命及智慧相照面。"（牟宗三：《生命的学问》，三民书局1984年版，第112页）

③ 梁漱溟：《乡村建设理论》，上海人民出版社2011年版，第26页。

矣"。其标准不在外而在内，不是呆定的而是活动的。①

这里梁漱溟特别提出，要将儒家礼乐孝悌的道德规范"还原"到人的情理上去理解，唯有如此，才可以深明圣人"制礼作乐"的真正用心。从"生活"入手，由"情理"切入，梁漱溟把儒家的符号形式还原为现实生活，道德规范还原为人的心理情感。由此，在"返回到事实"、面向"生活的本身"的视野下去理解儒学，梁氏为我们深刻揭示出了儒学作为切合生活之"理"、人伦之"情"而建构的生活的学问的精神特质。如何"学习"儒学这样一种生活的学问？梁漱溟指出，学孔子、习儒学要在"生活上去理会实践"，断不可做"知解"上的讲求。

二 "生活上去理会实践"——梁漱溟论"学儒"

"生活上去理会实践"是梁漱溟开出的学孔子、习儒学的基本态度和方法。其所谓"生活上去理会实践"儒学，就是教人在"生活"上去"理会"孔子儒家的精神，又在"生活"中如是这般地"实践"这种精神。梁漱溟讲"生活上去理会"是强调：既要"设身处地"回到古人的生活世界，又要"将心比心"结合自身当下的生活经验去理解和把握儒家的经典文本和义理精神。这里，梁漱溟特以"学孔学"为例进行了详细说明。他认为，孔子所讲的"实在是自己的一个生活"，孔子的道理都是在他的生活上说，不了解孔子的生活也就不能理解他讲的道理。他说："寻孔子不向生活这个方向去寻，绝对寻不着。我们对于他的生活如果彻底了解，对于他的真面目就容易认识了。"② 正是基于这种立场，梁氏不喜汉代经学家那种"丢下孔子的生活"去"学孔学"的做法。他对此批评道：

---

① 梁漱溟：《中国文化的命运》，中信出版社2013年版，第48页。
② 梁漱溟著，李渊庭、阎秉华整理：《梁漱溟先生讲孔孟》，商务印书馆2011年版，第17页。

汉代经学家要划在孔学范围以外，因为他们不在生活上去学孔学，将孔子生活丢下，只是去研究孔子的书籍、孔子的思想，他们的方向不是孔子的方向，当然要被划在范围之外。①

除了回归孔子的生活世界去了解他的道理外，梁漱溟还教人在个体自我的现实生活中去"验证"这些道理。"验证"这些道理，就是要在"工夫上去验证""事实上去说话"，并"实地去作这种生活"。他说："不在工夫上去验证，事实上去说话，只从符号上去讲求，终无头绪。最要紧的方法，是要把符号用事实去验证出来。除此之外，都不成功。换言之，即是要实地去作这种生活，方可以讲这个东西。要把他当作思想或哲学家客观的研究，完全不能讲。"②其所谓"实地去作这种生活"正是教吾人要在"生活上去实践"儒学。

梁漱溟讲"生活上去实践"儒学，是教人在生活上"理会"了儒家礼乐孝悌的"理"（情理）后，又在自家的生活中去表现、落实此"理"，这也就是儒家所说的"工夫"。在梁看来，儒家所谓工夫不外是教人在生活日用中去"行"这个礼乐孝悌的"理"，去"做"合乎此"理"的生活。其言如是：

"人要不断自觉地向上实践他所看到的理"，大致不外是看到此情义，实践此情义。其间"向上之心"，"相与之情"，有不可分析言之者已。不断有所看到，不断地实践，则卒成所谓圣贤。

所谓工夫，不是在我们生活是如此之外，格外用力。我们先要了解人心本来如是，本来是人心，本来是仁。一刹那，两

---

① 梁漱溟著，李渊庭、阎秉华整理：《梁漱溟先生讲孔孟》，商务印书馆2011年版，第18页。
② 梁漱溟著，李渊庭、阎秉华整理：《梁漱溟先生讲孔孟》，商务印书馆2011年版，第10页。

刹那，十年百年，莫不如是。所谓工夫，就是让他接连着如是，这就是不懈。一懈就间断了，一用力就是孟子所谓助长了。常常如是"我们本来如是"，就是仁，常常如是生活，就是仁者的生活。①

按照梁氏的说法，学儒的"工夫"无非是在生活中表现和落实我们所"理会"到的孔子、儒家的"理"（本心、仁），欲表现和落实此仁此心主要就是要人实地去行礼乐孝悌，过仁者的生活。梁漱溟特别强调，礼乐孝悌是"孔家所有的工夫"，像宋明人那样舍弃礼乐孝悌而讲的性命工夫并非"真工夫"。他说："然舍孝弟而言仁者事功，实无真事功。……宋明人喜讲性命的工夫，若舍孝弟而言性命的工夫，实无真工夫。离此而言事功，亦实无真事功。……儒家工夫的开端完全在此一点。《中庸》所谓参赞化育也就在这一点，这点就是全部孝弟的道理，就是孔家所有的道理。这种工夫就是孔家所有的工夫，一了百当的话，如此即是。"②

可见，梁漱溟所谓"生活上去理会实践"儒学，就是教人在"生活"上理解儒家讲的礼乐孝悌的"理"（情理），又在"生活"中"验证"此"理"，也即自己去行礼乐孝悌。概言之，梁氏提出的"学儒"的基本态度和方法，在于真切理会礼乐孝悌背后那个"柔和的心理"（仁、本心），并使此心此仁自然形诸外面成为"克己复礼"的道德实践。"礼乐的根本地方是无声之乐，无体之礼，即生命中之优美文雅。孝悌之根本还是这一个柔和的心理，亦即生命深处之优美文雅。可以说礼乐孝悌是同样的情形，就是由里面灵活的，自然的心理，到后来形诸外面，成为许多事为（规范的东

---

① 梁漱溟著，李渊庭、阎秉华整理：《梁漱溟先生讲孔孟》，商务印书馆2011年版，第112页。
② 梁漱溟著，李渊庭、阎秉华整理：《梁漱溟先生讲孔孟》，商务印书馆2011年版，第109页。

西)……此即由个人生活本体问题而落入社会生活应用问题。"① 这里梁漱溟意在强调"儒家所为种种的礼,皆在自尽其心,成其所以为人"②,也即是通过实践礼乐孝悌以"践行尽性"、立德成圣,从而使生命成为智慧。他还说:

> 从本质上说,它(儒家)不是宗教,而是人生实践之学,正如他们所说"践行尽性"就是了。践人之形,尽人之性,这是什么?这是道德。③
>
> 儒家之所谓圣人,就是最能了解自己,使生命成为智慧的。普通人之所以异于圣人者,就在于对自己不了解,对自己没办法,只往前盲目机械地生活,走到哪里是哪里。儒家所谓"从心所欲不逾矩",便是表示生命已成为智慧的——仿佛通体透明似的。④

"生活上去理会实践"儒学,梁漱溟是那样说,他当然也是那样去做。他不仅结合自己的生命生活体验在"说"儒学,也在自己的生命生活中去"做"儒学。以"返回到事实"、面向"生活的本身"为要求,梁氏除了在理论上初创了"生活化"的新儒学体系,开显儒学传统作为一种生命、生活的学问的现代意义外,还试图通过乡村建设的社会运动,在实践上推动儒学的生活化。他服膺泰州王学,坦言自己因读王艮而由佛转儒,对儒家精神有所"理会"。他自述说:"我曾有一个时期致力过佛学,然后转到儒家。于初转入儒家,给我启发最大,使我得门而入的,是明儒王心斋先生;他最称颂自

---

① 梁漱溟著,李渊庭、阎秉华整理:《梁漱溟先生讲孔孟》,商务印书馆2011年版,第107页。
② 梁漱溟:《中国文化的命运》,中信出版社2013年版,第17页。
③ 梁漱溟著,李渊庭、阎秉华整理:《梁漱溟先生讲孔孟》,商务印书馆2011年版,第204页。
④ 梁漱溟:《中国文化的命运》,中信出版社2013年版,第17—18页。

第五章 面向当代——儒学传统如何关联当代生活（二）

然，我便是由此而对儒家的意思有所理会。"① 正因为如此，梁氏的新儒学思想也多有取法心斋之处，具有浓重的行动主义色彩。② 作为一种学说，梁漱溟的新儒学具有贵行动、重实践的理论特质；作为一位儒者，梁漱溟本人又在本着自己的儒学思想去行动、去实践。他本人自谦："我不是学问家而是实干家"，别人则称赞他是"独立思考，表里如一"的"最后的儒家"。

为什么称梁漱溟为"最后的儒家"？艾恺对此专门解释，那是因为梁漱溟是表里如一的人，其思想和道德是一致的。他说："在近代中国，只有他一个人保持了儒者的传统和骨气。他一生的为人处事，大有孔孟之风；他四处寻求理解和支持，以实现他心目中的为人之道和改进社会之道。"③ 应该说，梁漱溟无愧是"一个有思想，又且本着他的思想而行动的人"④，他是本着其生活化的儒学思想来从事儒学生活化"行动"的实干家，是继承传统儒者立身行道的优良传统，将自己的文化理念转化为入世之积极实践，体现出强烈实践精神的真儒者。⑤ 韦政通评价说："他（梁漱溟）是一个行动的人物，他为了行动而思考。在行重于智这一点上，他是现代新儒家中最能相应原始儒家精神的人。"⑥ 无论是从开显儒学作为一种生命、生活的学问的意义来说，还是就回应"儒家传统如何关联现代生活"的

---

① 梁漱溟：《中国文化的命运》，中信出版社2013年版，第13页。
② ［美］艾恺：《最后的儒家——梁漱溟与中国现代化的两难》，王宗昱、冀建中译，江苏人民出版社2003年版，第79页。
③ ［美］艾恺：《最后的儒家——梁漱溟与中国现代化的两难》，王宗昱、冀建中译，江苏人民出版社2003年版，序言第3页。
④ 梁漱溟反复声明"我无意乎学问""我不是学问家""以哲学家看我非知我者"。他期望别人这样评价他："他是一个有思想的人""他是一个有思想，又且本着他的思想而行动的人""他是一个思想家，同时又是一社会改造运动者"。（梁漱溟：《中国文化要义》，上海人民出版社2011年版，自序第6页）
⑤ 许宁：《儒学的社会化与社会化的儒学——梁漱溟文化哲学简论》，《齐鲁学刊》2007年第5期。
⑥ 韦政通：《梁漱溟——一个为行动而思考的儒者》，载《儒家与现代中国》，东大图书公司1984年版，第219页。

时代课题而言,梁漱溟都为当代重建儒学①提供了有益借鉴,为当代人"说"儒学、"做"儒学做出了成功示范。

三 梁漱溟论"儒学""学儒"的当代启示

在"返回到事实"、面向"生活的本身"的视野下,梁漱溟将儒学"定义"为切合生活之"理"、人伦之"情"而建构的生命生活的学问,对于这样一种生命生活的学问,梁氏强调"学儒"须在"生活上理会实践"。梁漱溟这种对儒家精神特质的论定以及开出的"学儒"的基本态度和方法,对我们当代人发展儒学、学习儒学无疑是极具借鉴意义的。这里,我们所谓"发展儒学"指的是儒学的理论创新,它主要是针对当代儒家学者提出的诉求,也即是说:鉴于儒学作为生活生命的学问的精神特质,当代儒家学者应放弃牟宗三等那种套用西方形而上学来展现儒学传统的现代意义的方法,循"生命""生活"的方向来实现儒学的范式转换和理论创新。"学习儒学"主要针对当代社会大众来说,即当代人"学儒"当如梁漱溟所提出的在"生活上理会实践"。需要特别说明的是,"生活上理会实践"或应成为当代人"学儒"的普遍态度,普通民众是这样,儒家学者更是如此。当代儒家学者作为对儒家精神"先知先觉"的人,理应反躬修己、以身作则,不仅在"生活"上去"说"儒学,更要在生活中去"做"儒学。具体地说,"接着梁漱溟来讲",重建儒家思想与当代社会生活的关联,需要当代儒家学者依"生活化"的要求来"说"儒学、"做"儒学,最终使社会大众亦可"与知能行";当代人读经学儒也应以涵养德性、修身立德为要,而不以增长"知识"、提升"技能"为功。

其一,儒家学人当依"生活化"的方向和要求来"说"儒学、"做"儒学,最终使社会大众亦可"与知能行"。

---

① 我们这里所谓"重建儒学"并非只是重建一种当代儒学的理论范式,更主要的是要重建儒家思想与社会生活的关联。

第五章 面向当代——儒学传统如何关联当代生活（二）

首先，以"生活化"为要求来"说"儒学，需要当代儒家学人对儒学就行"生活化"的解读和研究，实现现代儒学由哲学化、精英化的现代新儒学（主流）向生活化、大众化的"后新儒学"转轨。就建构生活化、大众化的儒学新范式来说，当代儒家学者要坚持面向传统、面向当代两个定向，通过"返本"与"开新"实现儒学的创造性转化和创新性发展。所谓"面向传统"（返本），就是将较能开显儒学作为一种生命生活的学问的意义的历代儒者及其思想关联起来做系统研究。所谓"面向当代"（开新），就是在整合这些"生活化"的思想资源的基础上以面向当代为要求，努力思考和回应"儒家思想如何关联当代社会生活"的时代课题。坚持面向传统、面向当代，返其"本"又开其"新"，从而建构既充分尊重儒学传统之思想性格又能切入当代社会生活的新的儒学理论体系——"生活儒学"（大众儒学、民间儒学）。①

就面向传统"确认"儒学"生活化"的思想性格、开显儒学"生活化"的精神特质而言，现代新儒家的梁漱溟无疑已开始了这样的理论探索，为我们做出了示范。梁氏"说"儒强调先明孔孟儒学真义，在此基础上把能接续孔孟精神的儒者专门提出来讲，从而可以使儒家的意思"痛快淋漓"地表现出来。他说：

> 我们先讲明孔孟之真意之后，再把程明道、王阳明提出来

---

① "生活儒学"（大众儒学、民间儒学）总需要一定的理论化、体系化，然它的根本基调应该是"生活化""大众化""民间化"的。"生活化"的基调决定了"生活儒学"应区别于目前专家教授对儒学经学化、哲学化的系统研究。当然，这并不意味着"生活儒学"排斥经典诠释和哲理论证，而是说"生活儒学"要以"生活化"为要求对儒家经典进行解读，对儒家哲理进行说明。在"生活儒学"（民间儒学）中，"生活化"（民间化）应是置于经学化、政治化、哲学化等之前的"第一序"的思考。或如景海峰所说："所谓的民间儒学，或民间社会的接受形态，与正统的学理派、与义理层面的精英传递方式是有很大差别的，它的特点是所谓的接地气，或者跟日常生活有着非常密切的关系，是一种应用型的'活学活用'，有非常强的切己感和现实关怀。"（转引自魏沛娜《"儒学在民间"的重新定位与思考——"深圳学人·南书房夜话"第九期 探讨儒学与民间社会的关系》，《深圳商报》2015年4月21日。）

讲，意在把孔家的意思说个痛快淋漓，使大家知道。①

> 我们要本着事实（生活）去讲，比较能了解清楚一些，确实一些，切切不要说那种包揽笼统的话。……宋明人不问问题发生的地方，就是宋人形而上学的色彩较多一些。而阳明差不多完全是在生活上讲话，不取玄学上的说法。我的意思也是要抱明儒那种态度去讲，则许多问题都可依此解决。②

绕开汉唐经学家，从孔孟直接跳到明道、阳明、心斋来讲儒学，③梁漱溟似乎为我们编织了一个"生活儒学"的道统谱系。这种哲学诠释（内在诠释）④的理论后果是整合了儒家"生活化"的思想资源，极大地透显了儒学作为一种生命生活的学问的精神特质。当代儒家学者可以"接着梁漱溟"讲，在面向传统确认儒学"生活化"的思想性格后，坚持面向当代的定向，进一步思考如何将儒学传统中那些"生活化"的价值理念表现、落实于当代人的生活世界中，从而在构创生活化的儒学体系的同时又能使这种儒学充分地生活化。当然，欲使生活化儒学的理论变为儒学生活化的实践，首先需要当代儒者能够率先垂范来"做"儒学，然后面向大众去"说"儒学，最终使社会大众亦可"与知能行"。

其次，以"生活化"的要求来"做"儒学，就是要求当代儒

---

① 梁漱溟著，李渊庭、阎秉华整理：《梁漱溟先生讲孔孟》，商务印书馆2011年版，第12页。
② 梁漱溟著，李渊庭、阎秉华整理：《梁漱溟先生讲孔孟》，商务印书馆2011年版，第11页。
③ 有论者特别指出，阳明心学、泰州学派构成梁漱溟现代新儒学的重要思想渊源。参见陈奇娟《梁漱溟"内圣外王"思想研究》，博士学位论文，南京理工大学，2012年，第40—43页。
④ 一般来说，思想诠释可以分为哲学诠释（内在诠释）和历史诠释（外在诠释）两种路径：哲学诠释（内在诠释）注重"哲学概念与义理之间的演变与迁延"；历史诠释（外在诠释）强调"时代背景与哲学思想之间的互动关系"。"'内在诠释'一般要求研究者对思想对象系统有深切的体认和细致深刻的理解，抛开外来的框架和外在的对照而使解释和叙述自成一系统。"［程志华：《中国哲学史研究的诠释理路》，《西南民族大学学报（人文社会科学版）》2008年第9期］

家学者能自觉践履儒家的价值规范,把儒家的义理精神化作自己生命生活的真实体验,实现从"研究儒学"到"做个儒家"的转变。"做个儒家"可以没有高深的学养,亦不需要等身的著述,重要的只是依照梁漱溟所说的"实地去作儒家的生活"。诚如杜维明所说:"作为儒者要在行为上得到表现。……如果一个人能够在家庭关系、邻里关系、上下级关系上处理得和睦,能够符合仁、义、礼、智、信的标准,那么我们可以认为他就是一个儒者。毫无疑问,这样的人虽然没有学过儒学的传统,也可以认为他是儒者。而另外一种人格形态,可能口头上讲得天花乱坠,没有实际的体现和检验,那只不过是自我标榜的儒家,仍然是不具备儒者的基本资格的。"①

现代儒学发展的一个重要困境是现代社会生活中鲜有真正的儒者典范,能让广大民众受到儒家精神的感召,对儒家产生向往。须要承认,以儒学为研究对象的专家、学者自是一个庞大的社会群体,然带着生命生活体验去"做"儒学的儒者却不多见。如果当代中国没有一大批儒家典范人物的出现,儒学这一精神传统恐怕是难有复兴与重建的光明前景的。孔子之所以被世人尊为"万世师表",儒学之所以能传承千年、泽被东方,其中一个不可忽略的原因在于孔子本人首先就是一位活的儒者典范。我们很难想象,一个言行不一、人格卑劣的人能开创儒学这样一种富有深层历史文化底蕴的生命生活的学问。孔子说:"其身正,不令则行;其身不正,虽令不从。"又:"君子耻其言而过其行。"② 他教导我们要先"修己"方可"安人安百姓"。确实如此,己身不正如正人何?当代儒家学者若不能先"做个儒家",又岂能有资格去面向大众宣扬儒学?苟勉力为之,非但不能让人信服和接受,反有强迫认同之嫌。

作为"最后的儒家",梁漱溟"表里如一",能本着儒家的精神

---

① 杜维明:《二十一世纪的儒学》,中华书局2014年版,第12页。
② 杨伯峻译注:《论语译注》,中华书局1980年版,第136、155页。

去行动，始终保持着孔孟的气节与风骨，保持着儒者的情怀与担当。当代学人要"做个儒家"当以梁漱溟为典范，先以儒学来修己立身，然后还要敢于担当为儒家去行道。"行道"就是要走出书斋、走出高校、深入民间、面向大众去宣扬儒学。正如梁漱溟指出的，儒学不能成为少数人的高深学业，应当多致力于普及，可以把孔子的路放得极宽泛，极通常。他说："照我的意思是要如宋明人那样再创讲学之风，以孔颜的人生为现在的青年解决他烦闷的人生问题，一个个替他开出一条路来去走。"①"再创讲学之风"，要求当代儒家学人能够积极投身民间宣讲儒学，以简易通俗、生动传神的"生活化"的语言为老百姓"讲清楚"儒家的价值追求和生命智慧，令"愚夫愚妇"不仅能"知"儒学，亦能行儒学。通过"觉民"以"行道"，在民间儒学的伟大实践中，推动儒学的重建与复兴。

于此，受梁漱溟"乡村建设"理论和实践的启发，赵法生、颜炳罡等依托山东泗水尼山圣源书院而发起推动的"乡村儒学"运动颇可称道。作为"乡村儒学"的亲身实践者，颜炳罡以夫子自道的口吻说过："我并不因为看到农村的诸多凋敝和不良现象才下乡讲儒学，而是出于一种知识分子的社会担当。今天的知识分子，不应仅做社会的看客和批判者，而应做建设者；学界不缺我那几篇论文，但乡村真缺伦常秩序，乡亲们真缺听得懂用得上的文化向导。"② 在我们看来，走向民间、面向大众去宣扬儒学，不仅是出于儒者"为往圣继绝学"的责任担当，更是使儒学摆脱"博物馆化"存在和"游魂"命运，实现灵根再植、附体新生的现实要求。当代儒家学者唯有依"生活化"的要求来"说"儒学、"做"儒学，使社会大众亦可"与知能行"，从而在当代中国涌现一大批儒家思想的见证者，

---

① 梁漱溟：《东西文化及其哲学》，商务印书馆 2010 年版，第 234 页；另参阅罗勇、秦国柱《梁漱溟与中国讲学传统》，《汕头大学学报（人文社会科学版）》2011 年第 2 期。

② 转引自赵亮《在乡土人情的寻常中唤起文化良俗——山东泗水"乡村儒学现象"探寻》，《工人日报》2014 年 10 月 20 日第 5 版。

儒学复兴与重建才有现实意义可言。①

其二，当代人读经学儒应以涵养德性、修身立德为要，而不以增长"知识"、提升"技能"为功。毋庸置疑，读经是"学儒"的基本路径，在一定意义上，"学儒"即是读经，读经即是"学儒"。当代人要走近孔子、"学习"儒学也应从"阅读"儒家经典开始。在我们看来，当代人（包括孩子）要不要读经、要不要"学儒"这根本不成其为问题，真正的问题在于如何读经？如何学儒？对此，梁漱溟开出的"生活上去理会实践"的"学儒"之路或可为我们提供正确指引。"生活上去理会实践"，梁漱溟告诉我们，"学儒"当把儒家经典中的思想、话语（符号形式）放到"生活"（包括古人的生活世界和自己的生活体验）上去理解，深明古人缘何这样立说的"道理"和"用心"（知）；然后在自己的生活世界实地去实践这个"道理"，去"验证"这个"用心"（行）。他说："我是先自己有一套思想再来看孔家的诸经的；看了孔经，先有自己意见再来看宋明人书的；始终拿自己思想作主。"②

在梁氏这里，"读经"绝非仅是停留于经典文本之上的纯粹的认知活动，其终极目的是，要使经典文本中的生命智慧关联个体自身的生命生活，化作自己处世立身、待人接物的准则和依循。按照这个要求，当代人学儒读经或许可以参照宋儒朱熹的"朱子读书法"来具体进行。朱熹教人读经，强调"读书只是要见得许多道理"，而"以心体之，以身践之"。他说："自秦汉以来，士之所求乎书者，类以记诵剽窃为功，而不及穷理修身之要。"③ 以穷理修身为要，不以记诵剽窃为功，用心去体会，以身去实践所见的"道理"，这构成

---

① 杜维明认为，儒学复兴的关键决定于儒家的学术思想到底有无见证者，即在儒学的传统中能否出现一些像样的哲学家、文学家、艺术家，甚至政治家、企业家。（杜维明：《儒学第三期发展的前景问题——大陆讲学、答疑和讨论》，生活·读书·新知三联书店2013年版，第24页）
② 梁漱溟：《东西文化及其哲学》，商务印书馆2010年版，第235页。
③ 《朱子全书》（第二十四册），上海古籍出版社、安徽教育出版社2010年版，第3734页。

了"朱子读书法"的主要内容。朱熹围绕这个中心而提出的许多深刻洞见，值得今人反复学习、玩味。其言如是：

> 或问读书工夫。曰：这事如今似难说。如世上一等人说道不须就书册上理会，此固是不得。然一向就书册上理会，不曾体认着自家身已，也不济事。
>
> 读书，不可只专就纸上求义理，须反来就自家身上（以手自指）推究。
>
> 读书，须要切己体验，不可只作文字看，又不可助长。①
>
> 读书须将圣贤言语就自家身上做工夫，方见字字是实用。②
>
> 今学者皆是就册子上钻，却不就原处理会，只成讲论文字，与自家身心都无干涉，须是将身心做根柢。③

读经不能"一向就书册上理会""专就纸上求义理""只讲论文字"，须要"切己体验""将身心做根柢""就自家身上推究"。在朱子看来，"读书或经典诠释活动本身即是一种身心修炼的工夫。……作为身心修炼的经典诠释活动既有迁善改过之功，又具有身心治疗的意义和效果。也正是由于这一点，使得读书在朱子那里不仅具有一套认识论意义上的诠释学意义，更具有一种价值实践的宗教学意涵"④。与朱熹完全一致，梁漱溟所谓"生活上去理会实践"儒学的深层意涵恐怕也正在于此，即教人将读经学儒化为具有价值实践的宗教学意涵的身心修炼工夫。

---

① 《朱子全书》（第十四册），上海古籍出版社、安徽教育出版社2010年版，第338、337、337页。

② 《朱子全书》（第十五册），上海古籍出版社、安徽教育出版社2010年版，第1221页。

③ 《朱子全书》（第十八册），上海古籍出版社、安徽教育出版社2010年版，第3588页。

④ 彭国翔：《儒家传统——宗教与人文主义之间》，北京大学出版社2007年版，第55页。

由此，当代人以朱熹"以心体之，以身践之"、梁漱溟"生活上去理会实践"的思想为方法论指引去读经，就不能以增长"知识"、提升"技能"为功，而应以涵养德性、修身立德为要。读经若只停留在能句读、会背诵、详训诂、明义理的"技能"或"知识"的层面，这种读经本身是不值得提倡的。因为这既背离儒家教人读经的初衷，更何况这种所谓的"知识"或"技能"对当代人也没有多少益处可言。多读多看、能背能记固然甚好，然儒家并不以此为能，而是以精神的洗礼、良知（善心）的唤醒为要。比如，我们读《论语》，不能只会哇哇背诵"学而时习之""有朋自远方来"等几句简单的话语，重要的是要尝试去"理会实践"其中贯穿的礼乐孝悌的"道理"。就像梁漱溟所指出的那样：

把《论语》零碎的东西，弄成个整个的东西，把其中极昭著的态度，极鲜明的色彩的地方，先提出来，再去确定他。把他的许多态度一一列出，然后在生活上理会，去证实那种生活，看他最重要的观念是什么？是否可以贯穿全部于此，通通都可以得一解释。[1]

当读到"今之孝者，是谓能养。至于犬马，皆能有养；不敬，何以别乎""礼，与其奢也，宁俭；丧，与其易也，宁戚""居上不宽，为礼不敬，临丧不哀，吾何以观之哉"[2] 等话语时，我们或许无需刻意去背记，关键是切己自省回到自家生活上去"理会"这种"敬""戚""哀"的情感和心理（仁），然后能够正视自己的过往，带着此"仁"的情感和心理去为礼尽孝，最终能够成德成圣，做个仁人君子。这就是孔子所深刻揭示的中华文明仁礼互含的底蕴。[3] 因

---

[1] 梁漱溟著，李渊庭、阎秉华整理：《梁漱溟先生讲孔孟》，商务印书馆2011年版，第20页。
[2] 杨伯峻译注：《论语译注》，中华书局1980年版，第14、24、34页。
[3] 牟钟鉴：《新仁学构想——爱的追寻》，人民出版社2013年版，第85页。

此，读《论语》最重要的就是先"确定"孔子仁礼合一的这种"极昭著的态度"，"然后在生活上理会，去证实那种生活"。孔子讲："人而不仁，如礼何？人而不仁，如乐何？"又讲："克己复礼为仁。"① 他教导我们一方面要依德性（仁）以实践礼仪（礼）；另一方面，又要以礼仪实践来涵养德性。在生活上理会孔学仁礼合一的真义，实践儒家礼乐孝悌的"道理"，这是我们读《论语》的基本态度，也应作为我们"读"儒家经典的一贯立场。梁漱溟所谓"生活上去理会实践"儒学，对于当代人读经学儒的启示也正在于此。

面向"生活的本身"，梁漱溟揭示了儒学作为生命生活的学问的精神特质，开出了"生活上去理会实践"的"学儒"之路。"后新儒学"时代重建儒学，实现儒家传统与当代社会生活的关联，当代儒家学人要"接着梁漱溟讲"，切中儒学传统本身的思想性格，努力建构生活化儒学的理论体系，积极参与儒学生活化的社会实践。除此之外，当代人读经学儒也应服膺梁氏"生活上去理会实践"的睿识，把"读经"由句读训诂、"记诵剽窃"的认知活动转化提升为具有价值实践的宗教学意涵的身心修炼工夫。

第二节 "儒道在人，尽伦为圣"——试论"儒学"与"学儒"

"后新儒学"时代儒学开展的基本方向是生活化，所谓生活化就是要使现代儒学突破精英化的限制、走出"良知傲慢"的理论困境，由"天国"返回"人间"、从超越世界回归生活世界，面向大众、面向生活，为广大民众与知能行，转变成一种生命态度、生活方式。为此，"后新儒学"时代儒学重建的一个基本任务就是让庶民百姓能够走近孔子、了解儒学。这就要求当代儒学研究者要走出书斋，走进民间，做一番"儒学启蒙"的工作。所谓"儒学启蒙"最重要的

---

① 杨伯峻译注：《论语译注》，中华书局1980年版，第24、123页。

就是要让老百姓能够"知"儒学,进而能够"行"儒学。具体而言,就是要讲清楚什么是儒学、怎样学儒学的问题。正是基于这种考虑,我们试图在一种平民化、民间化和大众化的视野下对儒学与儒学进行解读,以期对儒学的生活化开展有所裨益。当然,这种解读或许"卑之无甚高论",恐也"难登大雅之堂",但可能也只有这种为下里巴人所能明了的"儒学启蒙"的理论工作才是儒学平民化、民间化、大众化的正途。以平民化、民间化、大众化为基本要求思考儒学与学儒的问题,我们提出"儒道在人,尽伦为圣"的命题。所谓"儒道在人"就是认为"儒学"应该是修身立德的人学;所谓"尽伦为圣"就是认为"学儒"就是在人伦日用中尽"我"之本分,不断实现日常生活世界意义的升华(成圣成贤、做个儒家)。

一 "儒道在人"——儒学是修身立德的人学

何谓儒学?这完全是一个仁者见仁、智者见智的问题。在我们看来,儒学就是教人修身立德的人学。就儒学传统整个的义理精神而言,儒学者,就是教人在日常生活中修身立德,从而转化自我、提升生命意义和质量的学问。修身立德在儒家那里是关乎人之所以为人之存在意义的头等大事,就像王阳明所说的"人生第一等事便是读书做圣贤"。尽管历代儒者建构了形态各异、义理精神各有侧重的儒学,但其著书立言的终极追求无不落在修身立德以彰显人性尊严和人的存在意义上,无论孔孟荀,还是程朱陆王皆是如此。概言之,在儒家的视野下,修身立德为的就是焕发人性神圣光辉、体现人的存在意义。

修德为何?孔子讲"克己复礼为仁,一日克己复礼,天下归仁焉",所谓修身立德其实就是要做到视听言动、举手投足皆合乎礼,从而能够外化仁、实践仁。也就是说,在孔子这里,克己复礼就是修身立德的过程,我们之所以如此,是要实现"仁"的意义,把我们的仁心仁性变为仁德仁行。有此仁德仁行,方谓之仁人君子。可见,仁人君子不过就是尽了"仁"(人)的本分的纯粹的人。"仁也者，人也"，此之谓。

孔子之后，孟子进一步开显、深化了孔子"仁"的意义，倡言"性善""四端"。孟子相信，人心（性）皆有向上向善的自觉和可能，他说：

> 人性之善也，犹水之就下也。人无有不善，水无有不下。
> 恻隐之心，仁也；羞恶之心，义也；恭敬之心，礼也；是非之心，智也。仁义礼智，非由外铄我也，我固有之也，弗思耳矣。①

孟子认为，人之所以要修身立德就是为了发扬这种善心善性，把"四端（萌芽）"扩而成为"四德"。只有将人禽之间相差"几希"的这点善心善性不断拉大，人才能充分彰显人性、活出人样，修身立德意义在此。孟子讲"唯圣人可以践其形"，说的就是这个道理。他明白地指出：

> 今人乍见孺子将入于井，皆有怵惕恻隐之心——非所以内交于孺子之父母也，非所以要誉于乡党朋友也，非恶其声而然也。由是观之，无恻隐之心，非人也；无羞恶之心，非人也；无辞让之心，非人也；无是非之心，非人也。恻隐之心，仁之端也；羞恶之心，义之端也；辞让之心，礼之端也；是非之心，智之端也。……凡有四端于我者，知皆扩而充之矣，若火之始燃，泉之始达。苟能充之，足以保四海；苟不充之，不足以事父母。
> 人之所以异于禽兽者几希，庶民去之，君子存之。舜明于庶物，察于人伦，由仁义行，非行仁义。②

---

① 杨伯峻译注：《孟子译注》，中华书局1960年版，第235、239页。
② 杨伯峻译注：《孟子译注》，中华书局1960年版，第72—73、176页。

第五章　面向当代——儒学传统如何关联当代生活(二)

与孟子"性善""四端"说相反,荀子讲"人性恶"。性善、性恶,孟荀所论虽看似水火不容,然二者却也是殊途同归,都凸显出了修身立德的重要意义。孟子道"性善"是强调要通过修身立德来扩充善性,荀子言"性恶"则偏重以修身立德来"化(恶)性"——"化性起伪","人之性恶,其善者伪也"。"伪"者,并非今天虚伪之"伪","人为"之谓。所谓"伪"就是诉诸后天的教育学习即修身立德来转化恶性以趋于善。

与孟荀单纯从人性论的角度切入不同,宋明儒者则是从形上本体的高度来论证儒家修身立德的重要性。程朱陆王等建构了和合本体、心性、工夫的新儒学,具体地说,他们是通过和合本体、心性的形上学,以"逼显"工夫即修身立德的重要意义。程朱理学以"性即理"为核心,朱熹说:"天地之间,有理有气。理也者,形而上之道也,生物之本也;气也者,形而下之器也,生物之具也。是以人物之生,必禀此理,然后有性;必禀此气,然后有形。"他强调天下万物皆有其"理"(性),"天下无性外之物"。之所以如此说,其理论重心实在于要人认识到人之所以为人必有其"理"(性),人唯有通过"穷理灭欲",乃可以活出人的这个"理"。朱子所谓"格物致知"的主要意涵也正在于此。可见,朱熹讲理气心性的哲学形上学,看似玄妙高深,其落脚点无非是教人真切落实修身立德的工夫。朱熹说:

> 孔子之所谓"克己复礼",《中庸》所谓"致中和,尊德性,道问学",《大学》所谓"明明德",《书》曰:"人心惟危,道心惟微,惟精惟一,允执厥中。"圣人千言万语,只是教人存天理,灭人欲。①

---

① 《朱子全书》(第十四册),上海古籍出版社、安徽教育出版社2010年版,第367页。

这里值得说明，"存理灭欲"并非宣扬禁欲主义，朱熹那里本就有逻辑分明的方便说法，即"饮食，天理也；要美味，人欲也"。"存理灭欲"其实正是通过修身立德的工夫来彰明善性、泯除恶欲的修行过程。

与程朱理学借重外在"天理"之权威为修身立德立定终极依据不同，陆王心学直承孟学"仁义礼智根于心""非由外铄"的慧命，倡言"心即理""心外无物"。在阳明心学的视域下，所谓"穷理"非是朱熹所谓"穷理于事事物物"，而是"致吾心之良知于事事物物"。事实上，这近于孔子"克己复礼为仁"、孟子扩充善性、"求其放心"的理路，即通过修身立德使内在的本心、良知做主，真诚无欺地外化落实在人伦日用之间。正如阳明说的：

> 盖良知只是一个天理，自然明觉发见处，只是一个真诚恻怛。故致此良知之真诚恻怛以事亲，便是孝；致此良知之真诚恻怛以从兄，便是弟；致此良知之真诚恻怛以事君，便是忠，只是一个良知，一个真诚恻怛。①

很明显，阳明"致良知"的说教，无疑也有类于孔子"克己复礼"以实现"仁"，孟子"扩而充之"以发扬善心善性，荀子"起伪"以"化（恶）性"，程朱"穷理灭欲"以复天地之性、尽人之"理"的义理精神，其落脚点皆是强调通过修身立德之工夫以彰显人性的神圣光辉、体现人的存在意义。总之，修身立德在儒家视野里是关系人之为人的存在意义的头等大事。儒学之所成其为教者就是它能够教人在日用人伦中修身立德以尽人之"理"（道、性、则），即实现自我生命的终极转化。《诗》曰"天生烝民，有物有则；民之秉彝，好是懿德"，就最能说明这层意义。正是在这个意义上，我们说，儒学就是教人修身立德的人学，"儒道在人"，此之谓也。

---

① 《王阳明全集》（上），上海古籍出版社2011年版，第84页。

二 "尽伦为圣"——试论"学儒"之路

儒学是教人修身立德的人学,学习儒学就是要学修身立德,最终能够做个儒家(成人)。那么,我们该如何去修身立德,做个真儒家呢?这就涉及了儒家修养方法和工夫路径的问题。众所周知,教人通过修身立德以实现对自我之有限生命的转化和超越是儒家的终极追求。为此,从儒家创始人孔子开始,历代儒者无不把修养工夫作为自家学说的重要一环,由此提出了许多各具特色的修养方法。比如,孔子的"克己复礼";孟子的"知言养气""尽心知性";荀子的"尽伦为圣""虚壹而静";《大学》的"格致正诚";《中庸》的"诚意慎独";伊川的"涵养用敬""进学致知";朱熹的"格物致知""穷理灭欲";象山的"先立乎其大";阳明的"致良知""知行合一";等等,无不是试图给人点明一条作圣之路。

然在我们看来,上述许多修养方法,如"知言养气""尽心知性""虚壹而静""涵养用敬""慎独""穷理灭欲",与今人毕竟隔了一层,显得过于抽象神秘,实难落实。相比而言,孔子的"克己复礼为仁"、荀子的"尽伦"、阳明的"致良知"等较是儒家修养工夫的纯正表达,亦最易为今人把捉、践履。我们认为,就孔子儒学的原创生命智慧而言,孔子、儒学的真精神当在"仁礼合一"一语,所谓"仁礼合一"就是将我们内在的"仁"外化、落实为人伦日用间"克己复礼"的具体行为。孔子所谓"克己复礼为仁",不过教人把内在于我的"亲亲之情""亲亲之爱"(仁)[①]转化为"君君臣臣父父子子"的人伦关系间对"礼"的恪守和践行,从而实现"仁"、成就"仁"。这里,"仁"是统摄诸德的广义的仁,"仁"之下可包含仁(狭义)、忠、恕、孝、悌、礼、敬、信、义等各种

[①] 《中庸》《孟子》以"事亲""亲亲"之义进一步点明了孔子"仁"的意义;《论语》中孔子虽未明白以"亲亲"释"仁",然这里用此说只为表达更加清楚明白,当然,恐也不违背孔子仁学本身之精神。

德目。

这就是说，这个内在于我的"亲亲之情"（仁、性、道、心、理）因落实在不同的人伦关系中，会有相对应的需要我们践行的"礼"，从而也成就相应不同的德。亲亲之"仁"首先落实在父（母）子、兄弟姐妹之间，故父子、兄弟各须"尽"为人父、为人子、为人兄、为人弟之"礼"，由是可成就慈、孝、友、恭（悌）诸德。此正《论语》所言"孝悌也者，其为仁之本欤"。同理，亲亲之"仁"层层向外展开，由家庭而社会、国家，便要求人在君臣、上下、长幼、朋友的关系中各"尽"其"礼"，由此也各有忠、义、礼（狭义）、信等诸德。孔子讲："君使臣以礼，臣事君以忠。"上引《大学》所言"为人君止于仁，为人臣止于敬，为人子止于孝，为人父止于慈，与国人交止于信"，说的都是这个道理。

就孔子儒学仁礼合一的精神特质而言，王阳明和合"良知"与"致良知"的良知学颇能接续儒门之思想睿智。在阳明那里，"致良知"就是把内在于我的"良知"（抛开其形上意义不言，就是有类于孔子之谓"仁"）外化落实在人伦日用之间各尽其"礼"的过程（也即荀子说的"尽伦"）。"致良知"所关联的是"事亲""从兄""事君""交友""治民"的日用常行。阳明强调"事上磨炼"，正是要教人将致良知落实于人情俗事、衣食住行之间，在人伦日用与洒扫应对进退之间进行工夫实践（践行礼），从而实现日用常行的生活世界的意义提升。阳明心学"心即理"（心外无物）、"致良知"之要义正在于此。

所谓"心外无物""致良知"看似晦涩难懂，其实不过是为儒家开出的切己在人的功夫修养路径在做论证，即强调在人伦日用的生活世界中主体只要能自觉做到顺遂本心、良知而行，自可从容中道、求仁得仁。孔子之谓"为仁由己""人能弘道"，或应作如是观。阳明所说的"心与物接""致良知于事事物物"的过程，其实也就是主体通过道德修养实践赋予生活世界以意义的过程。或如陈少明所洞见的"理解'心外无物'命题的关键在于从存在论转化到意义论,其确切的含义是,任何事物离开人心的关照,意义得不到确认,与人的价值关系无法确立"①。

王阳明有言说:"意之所在便是物。如意在于事亲,即事亲便是一物。"这里,抛开其中的心学之思不谈,似乎也包含着如下含义:意之在物既是一个意向(意指向对象)的过程,又是主体赋予对象以意义的过程。"对缺乏伦理、道德意识者来说,亲(父母)只是一般对象意义上的存在(自然层面的物),只有当具有道德意识的心体指向这种对象,亲(父母)才作为伦理关系上的一方而呈现于主体,亦即对主体来说才获得伦理存在的意义。"②"意之在物""心与物接"其实主要就是以此"纯乎天理之心"来事父、事君、交友、治民,从而实现孝、忠、信、仁的意义和价值。如《传习录》所载:

> 爱问:"至善只求诸心,恐于天下事理有不能尽。"先生曰:"心即理也。天下又有心外之事,心外之理乎?"爱曰:"如事父之孝,事君之忠,交友之信,治民之仁,其间有许多理在,恐亦不可不察。"先生叹曰:此说之蔽久矣,岂一语所能悟?今姑就所问者言之:且如事父不成,去父上求个孝的理;事君不成,去君求个忠的理;交友治民不成,去友上、民上求个信与仁的理:都只在此心,心即理也。此心无私欲之蔽,即是天理,不须外面添一分。以此纯乎天理之心,发之事父便是孝,发之事君便是忠,发之交友治民便是信与仁,只在此心"去人欲,存天理"上用功便是。③

可见,如何修身立德,做个儒家?那就是要按孔子、荀子、阳明等的指点进行"克己复礼""尽伦""致良知"的工夫实践。"克

---

① 陈少明:《"心外无物":从存在论到意义建构》,《中国社会科学》2014年第1期。
② 杨国荣:《道论》,北京大学出版社2011年版,第218页。
③ 《王阳明全集》(上),上海古籍出版社2011年版,第2页。

己复礼""致良知"就是顺遂内在于我的亲亲之"仁"(本心、良知)真诚而行,将之外化为"复礼""尽伦"的具体生活行为。孟子讲"由仁义行,非行仁义",正是此意。举例而言,其实每个人都有孝顺父母的"心意",那就真诚地让这个"心"做主,由它而行,把此"心"化作此行。当孝心化作了孝行,便成就了孝的德,我们方可被称为孝顺的人。那么,为何会有不孝呢?往往是因为"不诚"而欺了本心之明,不顺遂内在于我们的"仁"(良知、本心)而行。试想,如果"孝"只是心里想想、嘴上说说而不能真切地落实为去践行为人子的礼,那便不能称"孝"。由此来看,"诚意"在儒家修养工夫中的重要位置。"所谓诚其意者,毋自欺也。如恶恶臭,如好好色,此之谓自谦。"孔子仁与礼之间、阳明良知与致良知之间转换的枢纽正在于一个"诚"。《论语》中虽未明言"诚",但孔子说"唯仁者能好人能恶人",开显的正是"诚"的意义。至于阳明的良知之教、知行合一之旨,其落脚处也正是"诚意"二字,所以他说,"工夫到诚意始有着落处""君子之学,以诚意为主""诚意之说自是圣门教人用功第一义"。可见,王阳明知行合一之说讲的也正是诚意工夫,知与行"合一"的关键在于"诚"(不欺)。对此,黄宗羲解释曰:"本心之明即知,不欺本心之明即行。"可谓颇得其精髓。

其实成为儒家不难,就只要自觉做到敦伦尽职,即不欺内在于吾人的"仁"(本心、良知),自觉在日用人伦中尽吾人所当尽的"礼",做到视听言动、待人接物合乎"礼"。更进一步地说,儒家传统教我们的正是这样一种敦伦尽职的"角色意识"①、家庭责任感、社会责任感。在父子、夫妇、兄弟的"角色"上各尽其责、各

---

① 关于儒家"角色意识""角色伦理"的研究,可参阅[美]安乐哲、孟巍隆《儒家角色伦理》,《社会科学研究》2014年第5期;沈顺福《德性伦理抑或角色伦理——试论儒家伦理精神》,《社会科学研究》2014年第5期;[美]安乐哲、王堃《心场视域的主体——论儒家角色伦理的博大性》,《齐鲁学刊》2014年第2期;张钦《先秦儒家角色伦理架构分析》,《道德与文明》2012年第4期;赵清文《儒家伦理是"角色伦理"吗?》,《学术界》2012年第12期。

第五章　面向当代——儒学传统如何关联当代生活（二）　　239

行其礼，如此便是慈、孝、义、顺、友、恭（悌）；于尊卑上下、邻里朋友之关系中各尽其责、各行其礼，如此便是忠、礼、让、信。能做到孝悌忠信，便是志士仁人、圣贤君子，便是真正的儒家。概括起来一句话，做得"敦伦尽职"，则"满街都是圣人"，人人皆是儒家。

　　总之，"尽伦"是学儒之途，正是在这个意义上，我们特标出荀子"尽伦为圣"的命题，强调在人伦日用中做到一个"尽"字，人的生命意义自可实现"圣"的升华。"儒道在人，尽伦为圣"，儒学就是教人在人伦日用的礼仪实践中实现生命意义的提升的学问，学习儒学、实践儒学关键在"尽伦"，从而能够成圣成贤，做个儒家（成人）。孟子说"圣也者，人伦之至"，荀子讲"尽伦为圣"，此二语最得其要。"尽伦为圣"其实就是教人在"君君臣臣父父子子"（孔子语）的人伦关系（"五伦"）中自觉做到尽自我之本分。正如彭国翔指出的，在传统中国，父子、君臣、长幼、夫妇和朋友这所谓"五伦"构成儒家身心修炼的基本实践脉络。每一种不同的关系中都要求履行不同的准则。父子之间要有"亲"，君臣之间要有"义"，长幼之间要有"序"，夫妇之间要有"别"，朋友之间要有"信"。而贯穿"亲""义""序""别""信"之中的一条更为普遍性的准则是"恕"道或相互性。儒家的身心修炼就是指身体力行这种一般意义上的"恕道"或相互性以及特定意义上的"亲""义""序""别""信"。[①]

　　可见，人伦关系构成儒家身心修炼的实践脉络，"尽伦"是儒家身心修炼的主要工夫所在。所谓"尽伦"就是在人伦关系中自觉身体力行一般意义上的"恕"和特定意义上"亲""义""序""别""信"，而身体力行一般意义上的"恕"和特定意义上"亲""义""序""别""信"其实主要就是在人伦关系中贞定自我，践履主体

[①] 彭国翔：《儒家传统——宗教与人文主义之间》，北京大学出版社2007年版，第249—250页。

自身所当行之"礼"的过程。孔子之所谓"克己复礼为仁""非礼勿视,非礼勿听,非礼勿言、非礼勿动",是也。

总之,尽伦是在每个人都自然身处的日用人伦中修身立德的过程,它主要表现为在人伦关系中贞定自我,践行主体自身所当行的"礼"。在人伦关系中自觉践行所当行之"礼"便是尽伦。当我们在父子一伦中做到了"尽",也就是能自觉践履为人父、为人子的礼,便立住了"慈"和"孝"的德;在兄弟一伦中做到了"尽",也就是能自觉践履为人兄、为人弟的礼,便立住了"友"和"恭"("良"和"悌")的德;在朋友关系中做到了"尽",也就是能自觉践履作为朋友的礼,便立住了"诚"和"信"的德;等等,以此类推。《左传》言"五典",即"父义、母慈、兄友、弟恭、子孝";《礼记·礼运》"十义"之说:"何谓人义?父慈、子孝、兄良、弟悌、夫义、妇听、长惠、幼顺、君仁、臣忠……故圣人之所以治人七情,修十义,讲信修睦,尚辞让,去争夺,舍礼何以治之?"《大学》讲"为人君止于仁,为人臣止于敬,为人子止于孝,为人父止于慈,与国人交止于信",最得此要。由此,当尽了伦、行了礼,我们便是有德之人。儒家所谓圣贤、君子、仁者不过就是能够自觉"克己复礼"、尽人伦义务的普通人。在日用常行中做到克己复礼、敦伦尽职,这是儒家所开出的能够切合每个普通个体的修养路径。正因为儒家所开出的是这样一种"切己""在人"的工夫修养路径,孟子才会说"人皆可以为尧舜",荀子方可言"涂之人可为禹",阳明也才会讲"满街都是圣人"。可见,在儒家这里,尽伦便是克己复礼、修身立德的过程,尽了伦、行了礼便立了德,立了德自可安身立命。所谓安身立命就是我们在尽伦立德、克己复礼中能够感到生命有意义、有价值、有尊严。

如是这样,当我们按照儒家价值理想方向的指引自觉去克己复礼、敦伦尽职、修身立德,从而实现生命之自我转化的时候,儒家便尽了近乎宗教那样为我们提供安身立命之所的作用。按西方学者对宗教的理解,比如,田立克主要将宗教界定为"终极关怀",希克把宗教理解为人类对超越者的回应方式,①且这种回应方式塑造了人们的日常生活并使人们的存在意义获得一种终极性的自我转化。据此而言,儒教就是教人在人伦日用中修身立德,实现存在意义的终极转化的"正宗大教"。由此来看,儒学就不能被简单地视为伦理学,它是"即伦理即宗教"的。在儒家这里,"尽伦"的有限可以通于神圣的无限。正如英国大哲学家罗素发现的,中国人"以孔子、儒家的伦理为准则而无宗教";梁漱溟指出中国是"以伦理代宗教";牟宗三认为儒教就是道德的宗教、人文教、成德之教;杜维明则是将儒学传统界定为"精神性人文主义"。其实儒学(教)之所以不同于普通所谓宗教者,正在于它将宗教仪式转化为了人伦日用中的修身立德,儒家的修身立德就是宗教所谓的修行。我们称儒家是道德的宗教、成德之教,正是着眼于它是教人在人伦日用的生活世界("尽伦")中实现存在意义的终极转化(立德立命)的修身立德的人学。诚如牟宗三先生所言:

> 儒教是就吉、凶、嘉、军、宾之五礼以及伦常生活之五伦中尽其作为日常生活轨道之责任的。此与基督教及佛教另开日常生活之轨道者不同。②

> 孔子开精神生活的途径,是不离作为日常生活轨道的礼乐与五伦的。他从此指点精神生活之途径,从此开辟精神生活之领域。故程伊川作《明道先生行状》云:"尽性至命,必本乎孝弟。穷神知化,由通于礼乐。"但是基督教与佛教却不就这日常生活轨道开其精神生活的途径。中国人重伦常,重礼乐教化,故吉、凶、嘉、军、宾都包括在日常生活轨道之内,并没有在这些轨道之外,另开一个宗教式的日常生活轨道,故无特殊的

---

① 转引自彭国翔《宗教对话——儒学第三期发展的核心课题》,《孔子研究》2006年第3期。

② 牟宗三:《中国哲学的特质》,上海古籍出版社2007年版,第85页。

宗教仪式。①

回答什么是儒学，怎样学习儒学、做个儒家，是走向民间、面向大众进行"儒学启蒙"所要面对的首要问题。以上我们在一种平民化、民间化、大众化的视野下对此进行了尝试性的解读，我们认为，儒学就是教人修身立德的人学，通过人伦日用中的修身实践人才能充分实现其作为人的存在意义（成人），实现生命意义"圣"的升华。"儒道在人，尽伦为圣"，或能简明地回答什么是儒学、怎样学习儒学，做个儒家的问题。唯有先讲清楚何谓儒学、怎样学儒的问题，我们或许才能走出书斋、走进民间，从事"儒学启蒙"的工作，进而也才能推动"后新儒学"时代儒学的生活化开展。

---

① 牟宗三：《中国哲学的特质》，上海古籍出版社2007年版，第87页。关于牟宗三对儒学作为"道德宗教"的论定，参阅程志华《儒学之为"道德的宗教"——析牟宗三对宗教问题的论述》，《四川大学学报（哲学社会科学版）》2009年第4期。

结　　语

　　我们的生活儒学是在"后新儒学"的时代语境下，以"理一分殊"为思想指引，以回溯传统和面向当代两个定向为基本要求，以"儒学传统如何关联当代社会生活"为主要问题意识而重新建构的现代新儒学之后的一种儒学新范式。这一儒学新范式主要包含"仁礼合一"的道统论、"形而中学"的哲理精神和"新四书"的经典体系三大基本要件。作为现代新儒学之后的儒学新范式，生活儒学所不同于现代新儒学而成其为一种"后新儒学"时代的儒学论说者主要在于，它从现代新儒家对儒学传统之超越性和精神性的提升转而为对儒学传统之生活性和实践性的开显。

　　为此，我们在宋儒"理一"的睿识指引下，回向儒学传统本身，追寻和定位了儒学这一文明传统"仁礼合一"的道统精神和"日用即道"的生命智慧。尽管以"仁礼合一""日用即道"两说来定位儒学实难尽显儒学这一延绵几千年的文明传统的全貌，毕竟在一种"六经注我"的前瞻性视野和诠释路径下，"我"并非"六经"之全部。然而，以这种"六经注我"的前瞻性视野和诠释路径来照察儒学传统，却可以带着"我"的时代感受和当下的问题意识——儒学的生活化开展，最大限度地在儒学发展的整个历程中追寻到可资为用的生活化的思想资源，从而切实回应好"后新儒学"时代儒学发展面临的走向生活世界的问题。

　　我们确立儒学传统"仁礼合一"的道统精神、"日用即道"的生命智慧，并在此理论基准（"我"）之下格外推重儒学发展进程中周公、孔子、阳明、心斋、梁漱溟、徐复观等圣哲先儒，正是为了找寻推进当代儒学生活化开展的思想资源。从周公、孔子到阳明、心斋，再到梁漱溟、徐复观，在某种程度上就是我们生活儒学所理解的道统谱系。虽有"抽离"、简化儒学的巨大危险，但我们相信，本于儒学生活化（"我"）这个问题意识，最大限度地从他们那里汲取生活化的思想资源，必然会对推动"后新儒学"时代儒学的生活化开展大有裨益。本书上述所有的研究内容大概也正是出于这样一番思虑而设计和展开的。

不过，需要说明的是，我们追寻儒学传统"仁礼合一"的道统精神、"日用即道"的生命智慧，建构以新的道统论、哲理精神和经典体系三大要件构成的生活儒学体系，并明确从周公、孔子到阳明、心斋，再到梁漱溟、徐复观的儒学发展谱系中汲取生活化的思想资源，其实这只是为"后新儒学"时代儒学的生活化开展提供了一点方向上的指引，恐难收到多少儒学生活化实践、落实的具体效果。因此，儒学要真正能够附体新生、灵根再植，成为当代社会生活中一种"活"的精神传统，还需要我们改变那种往后看的回溯传统的思考方向，转而在面向当代这个定向上充分考虑儒学生活化的问题。

就面向当代这个定向而言，未来我们生活儒学的研究应力求打破向后看的惯习，更加自觉地本于当代社会生活的具体情境去思考儒学传统"仁礼合一""日用即道"等精神特质如何在当代显发为用、表现落实，成为真实的生命、生活存在的问题。由此，未来我们生活儒学将紧紧围绕"社会转型与儒学重建"这一核心主题而展开，并在这一核心主题之下深入研究以下两个方面的重要问题。

其一，重建礼乐（我们主要讲礼之损益），将其作为实现生活儒学完整建构最为关键的环节。礼乐重建（礼之损益）对儒学重建为何如此重要？对此，我们可以在生活儒学的主要问题意识、精神旨趣和思想立场上去说明。"后新儒学"时代生活儒学的建构以儒学传统切入当代社会生活为主要问题意识，要实现儒学精神与生活世界的相关，其实关键在于实现礼之损益，"制作"能够适应当代、为人们所实践的礼仪。生活儒学生活化完整确立的基本标志正是让当下的人们能够自觉做到"富而好礼""彬彬有礼""克己复礼"，从而再塑中国"礼仪之邦"的文明形象。

另外，从生活儒学"仁礼合一"的道统论来看，礼的损益之于生活儒学完整建构的意义也不言自明。时至今日，仁学的精神固然需要新的体证和诠释，但礼的损益和"制作"或许比之更为切要。"克己复礼为仁"，我们要实现孝、慈、柔、和、悌、友、仁（狭义）、忠等（可统于广义的仁之下）诸多价值，主要在于能够践履好为人子、为人父、为人妇、为人夫、为人弟、为人兄等的礼。"亲亲，仁也""仁者，爱人"，今天的我们或许并非没有亲近父母家人的"爱心"，但如何表达和实现这份人所特有的美好的爱的情感，这也需要有与之相应的"礼"。比如，能够践履好为人子（女）之礼或许才是对父母爱（仁）的真正表达，孝必由此而立也；能够践履好为人父（母）之礼或许才是对子女爱（仁）的真正表达，慈必由此而立也。"为人子，止于孝""为人父，止于慈"……此之谓也。

同样，从生活儒学"形而中学"的哲理精神（日用即道的生命智慧）来看，一个人要实现生命意义的升华，成为圣贤君子，需要在人伦日用中"克己复礼"、实践礼仪。"作为身心修炼的礼仪实践，正是铸造君子与圣贤人格的必由之路。"[①] 可以说，当代儒学发展的真正困境主要就是无法给身处此时空的人们开出一条作圣之路。现代新儒学之所以陷入"良知的傲慢"的困局，其失正在于偏于心性论的建构和超越精神的提升，忽略了儒学传统重礼仪实践和生活世界的维度。正如彭国翔所指出的："当代儒学（现代新儒学）发展迄今，尽管并非如一些批评者所谓的仅仅局限于道德形上学或哲

[①] 彭国翔：《儒家传统的诠释与思辨——从先秦儒学、宋明理学到现代新儒学》，武汉大学出版社2012年版，第6页。

学领域，而是在政治、社会思想方面都不乏深广的探讨，但心性论探究的细致入微，的确构成当代儒学理论重建的一大特色。相对而言，对于儒家传统中另一个重要向度——礼仪实践——的讨论，则似乎稍嫌不足。"① 由此可见，通过重建礼乐、礼之损益为当代人开出一条"克己复礼"的成圣之路应是"后新儒学"时代生活儒学建构最为关键的环节。② 生活儒学重建礼乐之期许就是"要从世俗生活本身的改善去下手。重新在婚、丧、祭、生活起居、应对进退、饮食男女各方面，恢复礼之精神"③。当然，无论礼乐重建和礼之损益如何迫切，然毕竟"礼者，因时势人情为之节文"，我们人生阅历和思想学识极为有限，断不敢妄言制礼作乐之事，只有待在未来的学习和生活中不断地体贴和琢磨。④

其二，当代社会问题与生活儒学的化解之道。儒学如何走向生活世界，进入当代社会生活？其"出场"的路径应在于对当代社会面临的诸多困境和问题开出儒家的化解之道。唯有顺应时代所需，将儒学复兴和重建与时代潮流密切结合起来，它才可能真正避免在当代中国的"失语"。今天的中国，一方面，改革开放四十多年来我国社会经济建设取得了伟大的成就，中华民族伟大复兴的中国梦有了坚实的依托，"我们现在比历史的任何时期都更加接近中华民族伟大复兴这个目标，我们现在比历史上任何时期都有

---

① 彭国翔：《儒家传统的诠释与思辨——从先秦儒学、宋明理学到现代新儒学》，武汉大学出版社2012年版，第3页。
② 方朝晖认为："今天中华文明的重建，从某种意义上讲就是礼乐的重建。而礼的重建，绝不是在各行各业设立一系列新的文明的行为规范这么简单的事，而是从整体上重新思考中国文化中的制度建设问题。"（方朝晖：《法治中国同样需要礼教文明的重建——从中西方制度文明的比较展开》，《人民论坛》2014年第21期）
③ 龚鹏程：《生活的儒学》，浙江大学出版社2009年版，第76页。
④ 对礼的损益，龚鹏程、张祥龙等诸位先生做出了许多可贵的探索和尝试，值得关注和期待。另外，中国人民大学孔子研究院成立礼学研究中心，旨在"弘扬礼乐传统，复我礼仪之邦"，亦是非常重要的创举。对此，可参阅龚鹏程《生活的儒学》，浙江大学出版社2009年版，第21—43页；张祥龙《复见天地心——儒家再临的蕴意与道路》，东方出版社2013年版，第299—308页。

信心、都有能力实现这个目标"；另一方面，改革已经进入深水区和攻坚期，我国改革发展面临诸多的困难和挑战。与此相应，儒学复兴和重建应与当代中国的时代精神相合拍，应置于这个大的时代背景下去思考。

首先，儒学重建和复兴的追求应与中华民族伟大复兴的梦想统一起来，将儒家思想转化为助力民族伟大复兴中国梦的重要精神动力。具体说来，就是努力发掘儒学传统中可以为全世界人民共享的思想资源，积极推动儒学走向世界，"把跨越时空、超越国度、富有永恒魅力、具有当代价值的优秀文化精神弘扬起来"，使其成为具有世界感召力的精神传统，为中国的"大国崛起"注入文化的力量。

其次，到了改革攻坚期和深水区，与改革开放的巨大成就相伴而至的是社会转型下的种种困局：精神文明建设赶不上物质文明飞速发展的步伐；市场经济浪潮下的道德滑坡、人情冷漠、精神空虚、信仰迷失；经济建设的巨大成就往往以牺牲环境为代价，能源短缺、生态危机、环境问题日益突出。为此，如何以"中国智慧"来化解现实难题，是处于改革攻坚期和深水区的当代中国所要面临的时代问题。

儒学重建与复兴的实现最关键的就是要能够以儒学资源回应改革攻坚期和深水区的种种问题，将儒学传统的思想睿慧转化为可以攻坚克难的重要精神力量。诚如习近平同志在纪念孔子诞辰2565周年国际学术研讨会暨国际儒学联合会第五届会员大会开幕会上的讲话中所指出的："当今世界，人类文明无论在物质还是精神方面都取得了巨大进步，特别是物质的极大丰富是古代世界完全不能想象的。同时，当代人类也面临着许多突出的难题，比如，贫富差距持续扩大，物欲追求奢华无度，个人主义恶性膨胀，社会诚信不断消减，伦理道德每况愈下，人与自然关系日趋紧张，等等。要解决这些难题，不仅需要运用人类今天发现和发展的智慧和力量，而且需要运用人类历史上积累和储存的智慧和力量。"① 儒学的生活化开展必然要在回应当代社会生活中的种种难题的基础上实现。唯其如此，儒学才有可能摆脱"游魂"和"博物馆化"的命运，成为一种活的文明传统。

---

① 习近平：《在纪念孔子诞辰2565周年国际学术研讨会暨国际儒学联合会第五届会员大会开幕会上的讲话》，《人民日报》2014年9月25日第2版。

参考文献

古籍资料

郭彧译注：《周易》，中华书局2006年版。

（明）王夫之：《船山全书》，岳麓书社1992年版。

（明）王艮撰，陈祝生等校点：《王心斋全集》，江苏教育出版社2001年版。

（明）王守仁著，吴光、钱明、董平、姚延福编校：《王阳明全集》，上海古籍出版社1992年版。

（清）黄宗羲著，沈芝盈点校：《明儒学案》，中华书局1985年版。

（清）黄宗羲：《宋元学案》，商务印书馆1993年版。

（清）王先谦撰，沈啸寰、王星贤整理：《荀子集解》，中华书局2012年版。

（清）章学诚撰，叶瑛校注：《文史通义》，中华书局1994年版。

（宋）程颢、程颐著，王孝鱼点校：《二程集》，中华书局1981年版。

（宋）陆九渊著，钟哲点校：《陆九渊集》，中华书局1980年版。

（宋）张载著，章锡琛点校：《张载集》，中华书局1978年版。

（宋）周敦颐著，周文英主编：《周敦颐全书》，江西教育出版社1993年版。

（宋）朱熹著，朱杰人、严佐之、刘永翔主编：《朱子全书》，上海古籍出版社、安徽教育出版社2002年版。

（宋）朱熹：《四书章句集注》，中华书局 1983 年版。

王国轩译注：《大学·中庸》，中华书局 2006 年版。

（西汉）司马迁撰：《史记》，中华书局 1959 年版。

杨伯峻译注：《论语译注》，中华书局 1980 年版。

杨伯峻译注：《孟子译注》，中华书局 1980 年版。

杨天宇：《礼记译注》，上海古籍出版社 2007 年版。

曾振宇、傅永聚注：《春秋繁露新注》，商务印书馆 2010 年版。

学术专著

蔡元培：《中国伦理学史》，商务印书馆 2010 年版。

陈根法：《德性论》，上海人民出版社 2004 年版。

陈来：《古代宗教与伦理——儒家思想的根源》，生活·读书·新知三联书店 1996 年版。

陈来：《宋明理学》，华东师范大学出版社 2003 年版。

陈来：《有无之境——王阳明哲学的精神》，人民出版社 1991 年版。

陈荣捷：《朱学论集》，华东师范大学出版社 2007 年版。

成中英：《世纪之交的抉择》，知识出版社 1991 年版。

程志华：《中国近现代儒学史》，人民出版社 2010 年版。

崔罡主编：《新世纪大陆新儒家研究》，安徽人民出版社 2012 年版。

杜维明：《二十一世纪的儒学》，中华书局 2014 年版。

杜维明：《儒学第三期发展的前景问题——大陆讲学、答疑和讨论》，生活·读书·新知三联书店 2013 年版。

杜维明：《现代精神与儒家传统》，生活·读书·新知三联书店 2013 年版。

杜维明著，郭齐勇、郑文龙编：《杜维明文集》，武汉出版社 2002 年版。

范瑞平：《当代儒家生命伦理学》，北京大学出版社 2011 年版。

冯耀明：《"超越内在"的迷思——从分析哲学观点看当代新儒学》，香港中文大学出版社 2003 年版。

冯友兰:《中国哲学史》,商务印书馆 2006 年版。

冯友兰:《中国哲学史新编》(第五册),人民出版社 1988 年版。

傅永聚主编:《生活中的儒家伦理》,山东文艺出版社 2010 年版。

高春花:《荀子礼学思想及其现代价值》,人民出版社 2004 年版。

龚建平:《意义的生成与实现——〈礼记〉哲学思想》,商务印书馆 2005 年版。

龚杰:《王艮评传》,南京大学出版社 2011 年版。

龚鹏程:《龚鹏程讲儒》(下册),东方出版社 2014 年版。

龚鹏程:《生活的儒学》,浙江大学出版社 2006 年版。

郭沂:《中国之路与儒学重建》,中国社会科学出版社 2013 年版。

黄玉顺:《爱与思——生活儒学的观念》,四川大学出版社 2006 年版。

黄玉顺:《面向生活本身的儒学——黄玉顺"生活儒学"自选集》,四川大学出版社 2006 年版。

黄玉顺:《儒家思想与当代生活——"生活儒学"论集》,光明日报出版社 2009 年版。

黄玉顺:《儒学与生活——"生活儒学"论稿》,四川大学出版社 2009 年版。

黄玉顺:《生活儒学——黄玉顺说儒》,孔学堂书局有限公司 2014 年版。

黄玉顺:《生活儒学讲录》,安徽人民出版社 2012 年版。

季芳桐:《泰州学派新论》,巴蜀书社 2005 年版。

蒋庆:《政治儒学——当代儒学的转向、特质与发展》,生活·读书·新知三联书店 2003 年版。

劳思光:《新编中国哲学史》(一),生活·读书·新知三联书店 2015 年版。

李明辉:《当代儒学的自我转化》,中国社会科学出版社 2011 年版。

梁启超:《论中国学术思想变迁之大势》,上海古籍出版社 2001 年版。

梁启超：《中国近三百年学术史》，天津古籍出版社 2004 年版。

梁漱溟：《东西文化及其哲学》，商务印书馆 2010 年版。

梁漱溟：《孔家思想史》，《梁漱溟全集》（卷七），山东人民出版社 2009 年版。

梁漱溟著，李渊庭、阎秉华整理：《梁漱溟先生讲孔孟》，商务印书馆 2011 年版。

梁漱溟：《乡村建设理论》，上海人民出版社 2011 年版。

梁漱溟：《中国文化的命运》，中信出版社 2013 年版。

梁漱溟：《中国文化要义》，上海人民出版社 2011 年版。

梁涛：《郭店竹简与思孟学派》，中国人民大学出版社 2008 年版。

梁涛：《儒家道统说新探》，华东师范大学出版社 2013 年版。

林安梧：《儒学革命——从"新儒学"到"后新儒学"》，商务印书馆 2011 年版。

林安梧：《儒学革命论——后新儒学哲学的问题向度》，学生书局 1998 年版。

林丹：《日用即道——王阳明哲学的现象学阐释》，光明日报出版社 2012 年版。

刘静：《走向民间生活的明代儒学教化》，上海教育出版社 2015 年版。

刘梦溪：《中国现代学术经典·廖平·蒙文通卷》，河北教育出版社 1996 年版。

刘述先著，东方朔编：《儒家哲学研究——问题、方法及未来开展》，上海古籍出版社 2010 年版。

刘述先：《理想与现实的纠结》，吉林出版集团有限责任公司 2011 年版。

刘述先：《论儒家哲学的三个大时代》，贵州人民出版社 2009 年版。

刘笑敢：《诠释与定向——中国哲学研究方法之探索》，商务印书馆 2009 年版。

柳诒徵：《中国文化史》，上海古籍出版社 2001 年版。

陆建华:《荀子礼学研究》,安徽大学出版社 2004 年版。

蒙培元:《心灵超越与境界》,人民出版社 1998 年版。

牟钟鉴:《新仁学构想——爱的追寻》,人民出版社 2013 年版。

牟宗三:《历史哲学》,吉林出版集团有限责任公司 2010 年版。

牟宗三:《名家与荀子》,学生书局 1979 年版。

牟宗三:《人文讲习录》,吉林出版集团有限责任公司 2010 年版。

牟宗三:《生命的学问》,三民书局 1970 年版。

牟宗三:《现象与物自身》,《牟宗三全集》(21),联经出版事业股份有限公司 2003 年版。

牟宗三:《心体与性体》(二),正中书局 1968 年版。

牟宗三:《心体与性体》(一),正中书局 1968 年版。

牟宗三:《中国哲学的特质》,学生书局 1974 年版。

牟宗三:《中国哲学十九讲》,吉林出版集团有限责任公司 2010 年版。

彭国翔:《儒家传统的诠释与思辨——从先秦儒学、宋明理学到现代新儒学》,武汉大学出版社 2012 年版。

彭国翔:《儒家传统——宗教和人文主义之间》,北京大学出版社 2007 年版。

彭国翔:《重建斯文——儒学与当今世界》,北京大学出版社 2013 年版。

钱穆:《宋明理学概述》,学生书局 1977 年版。

唐君毅:《中国哲学原论·原性篇》,中国社会科学出版社 2005 年版。

陶师承:《荀子研究》,大东书局 1936 年版。

王邦雄:《生命的学问十讲》,中国人民大学出版社 2008 年版。

王国银:《德性伦理研究》,吉林人民出版社 2006 年版。

吴震:《泰州学派研究》,中国人民大学出版社 2009 年版。

奚刘琴:《第三代新儒家的儒学诠释与创新》,中国社会科学出版社 2011 年版。

熊十力：《熊十力全集》，湖北教育出版社2001年版。
徐复观：《儒家思想与人文世界》，湖北人民出版社2009年版。
徐复观：《儒家思想与现代社会》，九州出版社2013年版。
徐复观：《文化与人生》，湖北人民出版社2009年版。
徐复观：《中国人性论史·先秦篇》，湖北人民出版社2009年版。
徐复观：《中国思想史论集》，九州出版社2013年版。
徐洪兴：《思想的转型——理学发生过程研究》，上海人民出版社1996年版。
宣朝庆：《泰州学派的精神世界与乡村建设》，中华书局2010年版。
杨国荣：《成己与成物——意义世界的生成》，人民出版社2010年版。
杨国荣：《道论》，人民出版社2011年版。
杨国荣：《伦理与存在——道德哲学研究》，华东师范大学出版社2009年版。
杨国荣：《思想的长河——文化与人生》，北京师范大学出版社2010年版。
杨国荣：《哲学的视域》，生活·读书·新知三联书店2014年版。
杨向奎：《宗周社会与礼乐文明》（下卷第一、二），人民出版社1992年版。
杨泽波：《孟子与中国文化》，贵州人民出版社2000年版。
姚淦铭、王燕编：《王国维文集》，中国文史出版社1997年版。
俞世伟、白燕：《规范·德性·德行——动态伦理道德体系的实践性研究》，商务印书馆2009年版。
张岱年：《中国哲学大纲》，中国社会科学出版社1982年版。
张灏：《张灏自选集》，上海教育出版社2002年版。
张立文：《宋明理学研究》，人民出版社2002年版。
张祥龙：《复见天地心——儒家再临的蕴意与道路》，东方出版社2013年版。
郑家栋：《断裂中的传统》，中国社会科学出版社2001年版。

［德］黑格尔：《哲学史讲演录》（第 1 卷），贺麟、王太庆译，商务印书馆 1996 年版。

［德］马克斯·韦伯：《中国的宗教——儒教与道教》，康乐、简惠美译，广西师范大学出版社 2010 年版。

［法］笛卡尔：《谈谈方法》，王太庆译，商务印书馆 2000 年版。

［古希腊］柏拉图：《理想国》，郭斌和、张竹明译，商务印书馆 2013 年版。

［美］艾恺：《最后的儒家——梁漱溟与中国现代化的两难》，王宗昱、冀建中译，江苏人民出版社 2003 年版。

［美］安乐哲：《和而不同——中西哲学的会通》，温海明等译，北京大学出版社 2009 年版。

［美］安乐哲、郝大维：《切中伦常——〈中庸〉的新诠与新译》，彭国翔译，中国社会科学出版社 2011 年版。

［美］白诗朗：《普天之下——儒耶对话中的典范转化》，彭国翔译，河北人民出版社 2006 年版。

［美］本杰明·史华兹：《古代中国的思想世界》，程钢译，江苏人民出版社 2008 年版。

［美］赫伯特·芬格莱特：《孔子——即凡而圣》，彭国翔、张华译，江苏人民出版社 2002 年版。

［美］孙隆基：《中国文化的深层结构》，广西师范大学出版社 2004 年版。

［日］岛田虔次：《中国思想史研究》，邓红译，上海古籍出版社 2009 年版。

［日］沟口雄三：《中国的思想》（修订版），赵士林译，中国财富出版社 2012 年版。

［日］沟口雄三：《中国前近代思想的屈折与展开》，龚颖译，生活·读书·新知三联书店 2011 年版。

［匈］阿格妮丝·赫勒：《日常生活》，衣俊卿译，重庆出版社 1990 年版。

［新加坡］赖蕴慧：《剑桥中国哲学导论》，刘梁剑译，世界图书出版公司北京公司2012年版。

［英］葛瑞汉：《论道者——中国古代哲学论辩》，张海晏译，中国社会科学出版社2003年版。

期刊论文

安乐哲：《孔子思想中宗教观的特色——天人合一》，《鹅湖月刊》1984年第108期。

安乐哲、孟巍隆：《儒家角色伦理》，《社会科学研究》2014年第5期。

安乐哲：《儒学与杜威的实用主义：一种对话》，郭沂编：《开新：当代儒学理论创构》，北京大学出版社2013年版。

安乐哲、王堃：《心场视域的主体——论儒家角色伦理的博大性》，《齐鲁学刊》2014年第2期。

蔡贞明：《从"自我实现"看孔孟人性论》，《玉溪师范学院学报》2006年第10期。

陈寒鸣、刘伟：《儒学的理论转向：现代平民儒学的建构》，《理论与现代化》2013年第1期。

陈寒鸣：《论明代中后叶的平民儒学》，《河北学刊》1993年第5期。

陈菁霞、赵法生：《乡村儒学才是儒家的根》，《中华读书报》2014年8月20日。

陈来：《孟子的德性论》，《哲学研究》2010年第5期。

陈来：《王阳明哲学的理解与诠释》，《哲学研究》1991年第1期。

陈少明：《"心外无物"——从存在论到意义建构》，《中国社会科学》2014年第1期。

成中英：《儒家哲学的理论重建及其五项实践》，尼山圣源书院编：《尼山铎声："当代儒学创新发展"专题》，人民出版社2013年版。

成中英：《知识与价值》，李翔海编：《成中英新儒学论著辑要》，中国广播电视出版社 1996 年版。

成中英：《中国哲学的现代化与世界化》，《时代与思潮》1989 年第 2 期。

成中英：《中国哲学的重建》，郭沂编：《开新：当代儒学理论创构》，北京大学出版社 2013 年版。

程志华：《道德的形而上学与"后形而上学时代"——牟宗三对传统形而上学困境的化解与超越》，《哲学研究》2009 年第 11 期。

程志华：《儒学之为"道德的宗教"——析牟宗三对宗教问题的论述》，《四川大学学报（哲学社会科学版）》2009 年第 4 期。

程志华、孙宁：《形而中学乃中国的人文精神》，《河北大学学报（哲学社会科学版）》2013 年第 1 期。

程志华：《由"一心开二门"到"存有三态论"——儒学之一个新的发展向度》，《哲学动态》2011 年第 6 期。

程志华：《"中断性"语境下的儒学发展"三期说"》，《学习论坛》2006 年第 10 期。

程志华：《中国哲学史研究的诠释理路》，《西南民族大学学报（人文社会科学版）》2008 年第 9 期。

崔大华：《论〈礼记〉的思想》，《中国哲学史》1996 年第 4 期。

戴吉亮、张殿朋、黄开国：《"性善论"与〈大学〉理路的契合》，《社会科学战线》2014 年第 8 期。

邓文涛：《儒学的三重向度及其现代价值》，《郑州航空工业管理学院学报（社会科学版）》2013 年第 3 期。

丁为祥：《从宋明人性论的演变看理学的总体走向及其内在张力》，《陕西师范大学学报（哲学社会科学版）》2006 年第 5 期。

段炼：《古代中国的自我认同——以"仁"为中心的考察》，《浙江学刊》2008 年第 2 期。

范玉秋：《当代儒教问题之争》，陈炎、颜炳罡主编：《国际儒学发展报告 2012》，北京大学出版社 2013 年版。

方朝晖：《法治中国同样需要礼教文明的重建——从中西方制度文明

的比较展开》，《人民论坛》2014 年第 21 期。

方朝晖：《人伦重建是儒学复兴必由之路——兼论中国文化的核心价值》，陈炎、黄玉顺主编：《当代儒学》（第二辑），广西师范大学出版社 2012 年版。

方朝晖：《人伦重建是中国文化复兴的必由之路》，《文史哲》2013 年第 3 期。

方克立等：《大陆新儒学思潮平议》，《中国社会科学报》2014 年 7 月 31 日。

方克立：《关于马克思主义的三点看法》，《红旗文稿》2009 年第 1 期。

方克立：《"马魂、中体、西用"是习近平文化思想的宗纲》，《思想理论教育导刊》2015 年第 5 期。

傅永聚、郑治文：《理一分殊与儒学重建——兼与蒋国保先生商榷》，《孔子研究》2014 年第 2 期。

傅永聚、郑治文：《形中"生活儒学"与儒学的重构》，《文史哲》2014 年第 3 期。

龚鹏程：《迈向生活儒学的重建——儒家饮馔政治学新探》，《杭州师范学院学报（社会科学版）》2002 年第 4 期。

龚鹏程：《生活儒学的新路向》，《社会科学战线》2008 年第 2 期。

郭继民：《回归哲学的"生活世界"——以孔子为例》，《中国社会科学院研究生院学报》2011 年第 5 期。

郭齐勇：《民间儒学的新开展》，《深圳大学学报（人文社会科学版）》2013 年第 3 期。

郭沂：《当代儒学范式——一个初步的儒学改革方案》，国际儒学联合会编《国际儒学研究》（第十六辑），九州出版社 2008 年版。

郭沂：《当代儒学十家撮要》，陈炎、黄俊杰主编：《当代儒学》（第一辑），广西师范大学出版社 2011 年版。

郭沂：《道统·经典·哲学——当代儒学范式初探》，尼山圣源书院编：《尼山铎声："当代儒学创新发展"专题》，人民出版社 2013

年版。

郭沂：《五经七典——儒家核心经典系统的之重构》，《人民政协报》2006年12月18日，2007年1月15日连载。

郝大维、安乐哲：《孔子思想中"义"概念涵义的再检讨》，《史学评论》1984年第8期。

郝大维、安乐哲：《殊途同归——诠释孔子思想的三项基本预设假定》，《大陆杂志》1984年第5期。

何萍：《从马克思主义哲学中国化的视角看马克思主义与儒学的关系》，《思想理论教育》2015年第1期。

黄熹：《略论徐复观"心的文化"》，《武汉大学学报（人文科学版）》2002年第1期。

黄宣民：《明代泰州学派的平民儒学特征》，《中国社会科学院研究生院学报》1999年第1期。

黄玉顺：《儒学与中国之命运——纪念五四运动90周年》，《学术界》2009年第3期。

黄玉顺：《生活儒学关键词语之诠释与翻译》，《现代哲学》2012年第1期。

黄玉顺、张杨：《儒学复兴的两条路线及其超越——儒家当代主义的若干思考》，《西南民族大学学报（人文社会科学版）》2009年第1期。

蒋国保：《儒学的民间化与世俗化——论泰州学派对"阳明学"的超越》，《南京大学学报（哲学社会科学版）》2007年第6期。

蒋国保：《消解"百姓之道"与"圣人之道"的对立——王艮儒学民间化蕲向之新探讨》，《石河子大学学报（哲学社会科学版）》2013年第2期。

蒋庆：《关于重建中国儒教的构想》，中国社会科学院世界宗教研究所儒教研究中心编：《中国儒教研究通讯》（第一期），2005年。

蒋庆：《王道政治是当今中国政治的发展方向》，陈明主编：《原道》（第十辑），北京大学出版社2005年版。

蒋孝军：《复古与现代性的纠结——评蒋庆的"政治儒学"》，陈炎、黄俊杰主编：《当代儒学》（第一辑），广西师范大学出版社2011年版。

景海峰：《从"理一分殊"看当代新儒学的发展》，《学术月刊》2012年7月。

景海峰：《儒家思想现代诠释的哲学化路径及其意义》，《中国社会科学》2005年第6期。

景海峰：《儒学在全球多元文化格局中的定位问题》，《天津社会科学》1999年第6期。

蓝法典：《中国近十年民间儒学发展述评》，陈炎、颜炳罡主编：《国际儒学发展报告2012》，北京大学出版社2013年版。

李承贵：《当代儒学的五种形态》，《天津社会科学》2008年第6期。

李承贵：《儒家思想的当代困境及其化解之道》，《中山大学学报（社会科学版）》2007年第6期。

李承贵：《儒家思想的生活特质》，《江南大学学报（人文社会科学版）》2010年第4期。

李承贵：《儒学当代开展的三个基本向度》，《光明日报》2005年7月12日。

李承贵：《生活儒学——当代儒学开展的基本方向》，《福建论坛（人文社会科学版）》2004年第8期。

李承贵：《现代背景下的儒学开展方向》，《江西社会科学》2005年第1期。

李革新：《止于至善——论柏拉图政治哲学中的善恶观》，《同济大学学报（社会科学版）》2012年第2期。

李景林：《儒学关联于民众生活的现实载体》，《河北学刊》2004年第6期。

李维武：《开辟现代新儒学走向生活世界之路——关于徐复观消解形而上学思想的再思考》，《孔子研究》2013年第2期。

李维武：《牟宗三对"存在"问题的探寻与未来中国哲学的发展》，

《孔子研究》1999 年第 1 期。

李维武：《儒学生存形态的历史形成与未来转化》，《中国哲学史》2000 年第 4 期。

李维武：《徐复观对中国道德精神的阐释》，《江海学刊》2002 年第 3 期。

李维武：《徐复观研究中国思想史的基本方法》，《思想与文化》2006 年第 1 期。

李翔海：《论后牟宗三时代新儒学的发展走势》，《孔子研究》2002 年第 3 期。

李渊庭整理：《梁漱溟谈孔孟（二）》，《文史知识》2000 年第 8 期。

李渊庭整理：《梁漱溟谈孔孟（十二）》，《文史知识》2001 年第 6 期。

李渊庭整理：《梁漱溟谈孔孟（一）》，《文史知识》2000 年第 7 期。

李泽厚：《荀易庸记要》，《文史哲》1985 年第 1 期。

梁漱溟：《重新认识孔子的学说》，《乡村建设（旬刊）》1934 年第 5 期。

梁涛：《回到"子思"去——儒家道统论的检讨与重构》，《学术月刊》2009 年第 2 期。

梁涛：《"新四书"与当代经学的重建》，《江苏行政学院学报》2014 年第 4 期。

梁涛：《"新四书"与"新道统"——当代儒学思想体系的重建》，《北京行政学院学报》2014 年第 3 期。

梁涛：《荀子对"孟子"性善论的批判》，《中国哲学史》2013 年第 4 期。

梁涛：《荀子人性论辨正——论荀子的性恶、心善说》，《哲学研究》2015 年第 5 期。

林安梧：《百年学术话语转换与儒学的命运——兼论"后新儒学"与 21 世纪多元文化的可能向度》，尼山圣源书院编：《尼山铎声："当代儒学创新发展"专题》，人民出版社 2013 年版。

林安梧：《从"心性修养"到"公民道德"——从"新儒学"到"后新儒学"的哲学反思》，《海峡两岸道德发展论》2008年11月6日。

林安梧：《关于经典诠释及中国哲学研究方法的一些省察》，《求是学刊》2009年第6期。

林安梧：《后新儒学及"公民儒学"相关问题之探讨》，《求是学刊》2008年第1期。

林安梧：《解开"道的错置"——兼及于"良知的自我坎陷"的一些思考》，《孔子研究》1999年第1期。

林安梧：《孔子思想与公民儒学》，《文史哲》2011年第6期。

林安梧：《论儒家的宗教精神及生活世界》，《儒教研究》2009年第1期。

林安梧：《"内圣""外王"之辩——一个"后新儒学"的反思》，《天府新论》2013年第4期。

林安梧：《说"儒学革命"的"三波"——"公民儒学"的诞生》，《社会科学报》2007年12月1日。

林安梧：《"新儒学""后新儒学""现代"与"后现代"——最近十余年来的省察与思考之一斑》，《中国文化研究》2007年第4期。

林安梧：《走向生活世界的儒学》，《国学论衡》1998年第1期。

林存光：《复兴儒教抑或回归孔子？——评蒋庆〈关于重建中国儒教的构想〉》，孔子2000网，http：//www.confucius2000.com/admin/list.asp?id=2192/，2005年12月28日。

林丹：《日用即道——王阳明思想中的"形而上"与"形而下"在生活中的贯通》，《中州学刊》2010年第2期。

林桂榛：《论荀子性朴论的思想体系及其意义》，《现代哲学》2012年第6期。

刘笑敢：《从注释到创构：两种定向、两个标准——以朱熹〈论语集注〉为例》，《南京大学学报（哲学·人文科学·社会科学）》

2007 年第 2 期。

刘笑敢：《"六经注我"还是"我注六经"：再论中国哲学研究中的两种定向》，刘笑敢主编：《中国哲学与文化》（第五辑），广西师范大学出版社 2009 年版。

刘笑敢：《诠释和定向——中国哲学方法论的思考》，《哲学动态》2008 年第 7 期。

刘学智：《善心、本心、善性的本体同一与直觉体悟——兼谈宋明诸儒解读孟子"性善论"的方法论启示》，《哲学研究》2011 年第 5 期。

刘毅青：《孔子思想的内在体系——徐复观〈论语〉研究的解释进路》，《孔子研究》2009 年第 3 期。

刘又铭：《当代新荀学的基本理念》，庞朴主编：《儒林》（第 4 辑），山东大学出版社 2008 年版。

刘又铭：《儒家哲学的重建——当代新荀学的进路》，汪文圣主编：《汉语哲学新视域》，学生书局 2011 年版。

刘子阳、朱寰：《以生命之学达宗教之用——梁漱溟儒学思想简析》，《聊城大学学报（社会科学版）》2006 年第 1 期。

罗勇、秦国柱：《梁漱溟与中国讲学传统》，《汕头大学学报（人文社会科学版）》2011 年第 2 期。

马寄：《"生活场域"——孔子"乐"思想探微》，《信阳师范学院学报》2011 年第 5 期。

马寄：《"生活儒家"——儒学未来发展路向》，《湖州师范学院学报》2013 年第 5 期。

马育良：《从孟子的"四端"说到朱熹的"四端皆情"说》，《朱子学刊》2005 年第 1 期。

梅荣政：《对当前几种错误观点的评析》，《红旗文稿》2015 年第 13 期。

聂民玉：《去"形而上学化"，回归生活儒学》，《河北大学学报（哲学社会科学版）》2011 年第 2 期。

彭国翔：《人文主义与宗教之间的儒家传统》，《读书》2007 年第 2 期。

彭国翔：《宗教对话——儒学第三期发展的核心课题》，《孔子研究》2006 年第 3 期。

任剑涛：《内在超越与外在超越——宗教信仰、道德信念与秩序问题》，《中国社会科学》2012 年第 7 期。

邵明：《孔子与人的形上自由》，杨永明主编：《当代儒学》（第七辑），广西师范大学出版社 2015 年版。

沈顺福：《德性伦理抑或角色伦理——试论儒家伦理精神》，《社会科学研究》2014 年第 5 期。

宋志明、许宁：《论荀子礼学的规范诉求》，《江西社会科学》2006 年第 1 期。

涂可国：《社会儒学建构——当代儒学创新发展的一种选择》，杨永明主编：《当代儒学》（第七辑），广西师范大学出版社 2015 年版。

王华：《孟子德性伦理的逻辑层次》，《西安石油大学学报（社会科学版）》2008 年第 2 期。

王金凤、李承贵：《中国诠释学的个案研究——20 年来中国诠释学研究述评》，《现代哲学》2014 年第 5 期。

王楷：《积善成德：荀子道德哲学的理性主义进路及其当代启示——一种德性伦理学的视角》，《北京师范大学学报（社会科学版）》2012 年第 6 期。

王其水：《鹅湖系：台湾新儒学的新趋向》，《孔子研究》1998 年第 2 期。

王启发：《〈礼记〉的礼治主义思想》，《孔子研究》1990 年第 1 期。

王政燃：《消解形而上学与"即自的超越"》，《河北大学学报（哲学社会科学版）》2013 年第 1 期。

王子仪：《黑格尔对孔子哲学的偏见》，《许昌学院学报（社会科学版）》1985 年第 4 期。

韦政通：《孔子成德之学及其前景》，李明辉主编《儒家思想的现代诠释》，台北"中央"研究院中国文哲研究所筹备处 1977 年版。

韦政通：《梁漱溟——一个为行动而思考的儒者》，《儒家与现代中国》，东大图书公司 1984 年版。

卫羚：《面向生活本身——"儒学生活向度"的另类阐释》，《江南大学学报（人文社会科学版）》2010 年第 4 期。

魏义霞：《仁——在孔子与孟子之间》，《社会科学战线》2005 年第 2 期。

奚刘琴：《杜维明论"内在超越"与儒学的宗教性》，《福建论坛（人文社会科学版）》2009 年第 8 期。

夏纪森：《论儒家视野里的个人与社群》，《社会科学》2013 年第 7 期。

夏乃儒：《儒学的现代重构——夏乃儒在文庙"与孔子对话"学术讲堂上的讲演》，《文汇报》2014 年 3 月 10 日。

谢永鑫：《徐复观的工夫理论》，《武汉大学学报（人文科学版）》2005 年第 3 期。

辛丽丽：《善的形上学追问——孟子善恶观的道德解析》，《齐鲁学刊》2006 年第 4 期。

徐春林、方桃华：《罗汝芳的儒学思想与生命精神》，《东华理工大学学报（社会科学版）》2009 年第 1 期。

徐春林：《儒学民间化的内在进路——以泰州学派"百姓日用即道"思想的演进为轴线》，《江西社会科学》2007 年第 2 期。

徐福来、林辉、李雪：《从孔子的"仁与天道"看儒家的"内在超越"精神》，《江西社会科学》2007 年第 9 期。

徐庆文：《应当严格区分"当代新儒学"与"现代新儒学"——评〈新世纪大陆新儒家研究〉》，杨永明主编：《当代儒学》（第四辑），广西师范大学出版社 2013 年版。

许家星：《朱子道统说新论——以孔颜"克复心法"说为中心》，《人文杂志》2013 年第 6 期。

许宁:《儒学的社会化与社会化的儒学——梁漱溟文化哲学简论》,《齐鲁学刊》2007年第5期。

薛涌:《什么是蒙昧,再评读经,兼答秋风》,《南方周末》2004年7月22日。

颜炳罡:《民间儒学何以可能?》,国际儒学联合会编:《国际儒学研究》(第十四辑),九州出版社2006年版。

颜炳罡:《由学术殿堂走向民间社会——2014年新儒学主流倾向显现》,《人民论坛》2015年1月21日。

颜世安:《荀子人性观非"性恶"说辨》,《历史研究》2013年第6期。

杨国荣、戴兆国:《哲学形上学的返本与开新——杨国荣教授学术访谈录》,《安徽师范大学学报(人文社会科学版)》2015年第1期。

杨国荣:《道德系统中的德性》,《中国社会科学》2000年第3期。

杨国荣:《儒学的形上意义》,《时代与思潮》1998年第1期。

杨国荣:《实践活动、交往行为与实践过程的合理性——兼议哈贝马斯的交往行动理论》,《复旦学报(社会科学版)》2013年第3期。

杨国荣:《现代视域中的儒学》,尼山圣源书院编《尼山铎声:"当代儒学创新发展"专题》,人民出版社2013年版。

杨国荣:《心学的理论走向与内在紧张》,《文史哲》1997年第4期。

杨国荣:《形上学·成人·规范·知识·价值——对"史与思"学术会议中若干问题的回应》,《哲学分析》2011年第5期。

杨国荣:《再思儒学——回归"仁"与"礼"的统一》,《文汇报》2015年7月31日。

杨国荣:《作为哲学的儒学》,《中国社会科学报》2010年3月16日。

杨海文:《略论牟宗三的儒家道统观》,《学术研究》1996年第6期。

杨洪林:《论民间草根儒学及其传播机制的当代价值》,《学习与实践》2012 年第 1 期。

杨虎：《别具一格的"非人的生活"——评生活儒学对"生活"与"人的生活"的区分》，杨永明主编：《当代儒学》（第四辑），广西师范大学出版社 2013 年版。

杨生照：《儒学平民化的一次尝试——论泰州学派王艮的"百姓日用之学"》，《盐城工学院学报（社会科学版）》2008 年第 4 期。

杨泽波：《儒家天人合一思想的道德底蕴——以孟子为中心》，《天津社会科学》2006 年第 2 期。

俞世伟、刘晞平：《规范·德性·德行》，《道德与文明》2007 年第 4 期。

曾振宇：《"遇人便道性善"——孟子"性善说"献疑》，《文史哲》2014 年第 3 期。

詹世友：《先秦儒家道德教化的不同范型分析》，《哲学研究》2008 年第 2 期。

张广生：《周公、孔子与"文明化成"——章学诚的儒学之道》，《清史研究》2006 年第 1 期。

张钦：《先秦儒家角色伦理架构分析》，《道德与文明》2012 年第 4 期。

张世保：《评崇儒反马的大陆新儒学思潮》，《思想理论教育导刊》2010 年第 6 期。

张世英：《程朱陆王哲学与西方近现代哲学》，《文史哲》1992 年第 5 期。

张树业：《礼乐政教的心性论奠基——孟子礼乐论及其思想史效应》，《中国哲学史》2012 年第 3 期。

张文浩：《宋儒"道德文章"的研究路向》，《兰州学刊》2011 年第 10 期。

赵法生：《孟子性善论的多维解读》，《孔子研究》2007 年第 6 期。

赵法生：《荀子人性论辩证》，《哲学研究》2014 年第 6 期。

赵吉惠、刘东超：《中国哲学的重建——成中英新儒学述评》，《人文杂志》1993年第4期。

赵晶、王达三：《重建儒教：情怀、态度与可行性——庞朴先生访谈录》，陈明主编：《原道》（第十三辑），首都师范大学出版社2007年版。

赵亮：《在乡土人情的寻常中唤起文化良俗——山东泗水"乡村儒学现象"探寻》，《工人日报》2014年10月20日。

赵清文：《儒家伦理是"角色伦理"吗？》，《学术界》2012年第12期。

郑晨寅：《"周孔"与"周孔之道"述论》，《孔子研究》2014年第4期。

郑家栋：《当代新儒家的道统论》，陈明主编：《原道》（第1辑），中国社会科学出版社1994年版。

郑家栋：《儒家思想的宗教性问题（下）》，《孔子研究》1996年第3期。

郑维伟：《政治儒学——缘起、困境和出路》，《阳明学刊》2009年第1期。

郑治文、傅永聚：《董仲舒与儒家政治理论的建构》，贾磊磊、杨朝明主编：《第四届世界儒学大会学术论文集》，文化艺术出版社2012年版，第357—364页。

郑治文：《孔子言说的"道"》，《光明日报》2014年8月26日。

郑治文：《孔子之"道"与儒学重构——从朱熹、牟宗三的道统论说开去》，《湖南大学学报（社会科学版）》2014年第6期。

周炽成：《逆性与顺性——荀子人性论的内在紧张》，《孔子研究》2003年第1期。

周炽成：《荀子乃性朴论者，非性恶论者》，《邯郸学院学报》2012年第4期。

周浩翔：《从更广阔视域理解中国哲学》，《社会科学报》2010年8月5日。

朱承：《生活政治化与政治生活化——以〈礼记〉为中心的考察》，

《上海大学学报（社会科学版）》2013年第6期。

朱理鸿、张梦飞：《刍议形而上学的消解》，《湘潭大学学报（哲学社会科学版）》2005年第1期。

朱青青、陈静：《从"以德配天"到"以仁释礼"——周公、孔子在儒学史上的地位考析》，《南京政治学院学报》2010年第6期。

朱青青、陈静：《从"以德配天"到"以仁释礼"——周公、孔子在儒学史上的地位考析》，《南京政治学院学报》2010年第6期。

朱叶楠：《"道统"在近现代学术体系中的失落与重生》，《五邑大学学报（社会科学版）》2012年第3期。

博士学位论文

陈奇娟：《梁漱溟"内圣外王"思想研究》，南京理工大学，2012年。

陈屹：《王夫之人性生成哲学研究》，武汉大学，2012年。

方世忠：《儒家传统与现代性——杜维明新儒学思想研究》，华东师范大学，2004年。

林存光：《儒学的意识形态化——一项政治文化研究》，南开大学，1997年。

林丹：《王阳明哲学的现象学解读》，北京大学，2005年。

刘芳：《论德性养成》，东北师范大学，2013年。

乔安水：《荀子礼论研究》，华东师范大学，2004年。

王国银：《德性伦理研究》，苏州大学，2006年。

魏彩霞：《全球化时代中的儒学创新——杜维明的现代新儒学思想》，浙江大学，2003年。

肖剑平：《王船山人格思想研究》，湘潭大学，2012年。

张晚林：《徐复观艺术诠释体系研究》，武汉大学，2005年。

周红：《儒学宗教性问题研究》，黑龙江大学，2010年。

后 记

　　本书是在博士学位论文的基础上修订而成，在此书即将出版之际，我要衷心感谢我的博士导师傅永聚教授。傅师是我学术的引路人，我一切学术成就的取得都离不开恩师的关怀与指点。自2010年拜入傅师门下攻读硕士研究生开始，至今已经十余载，十余年来恩师诲我良多，师恩深厚，难于报答。弟子有幸能够成为一名小有成绩的大学教师，离不开恩师的教导与提携。无奈，弟子愚钝、力有不及，一直没有做出令老师骄傲的成绩，十分惭愧！唯愿，不负师恩，奋力前行；且待日后，增辉师门！

　　另外，趁此机会，我还要衷心感谢对本研究提出过宝贵意见，为本书的出版发行付出辛劳的诸位领导和师友们。

　　首先，我要感谢山东大学儒学高等研究院、山东大学儒家文明省部共建协同创新中心的各位领导、老师。拙作成功获批儒家文明省部共建协同创新中心的后期资助出版项目，感谢评审专家的认可与肯定，感谢中心提供的出版资助。拙作能够忝列儒家文明省部共建协同创新中心研究成果，十分荣幸！这里还要特别感谢山东大学儒家文明省部共建协同创新中心的张笑函老师，出版事宜的协商、出版合同的拟定、出版经费的划拨等工作都离不开张老师的耐心指教和辛苦付出，十分感谢！

　　学术之路不易，一路走来还要感谢众多前辈学人的赐教、鼓励和扶持。感谢复旦大学哲学学院杨泽波教授、林宏星教授，中国人民大学国学院梁涛教授、宋洪兵教授，厦门大学哲学系乐爱国教授，湖南大学岳麓书院朱汉民教授，中山大学哲学系杨海文教授，浙江大学哲学系董平教授，四川师范大学政教学院蔡方鹿教授，东北师范大学哲学院荆雨教授，黑龙江大学哲学学院柴文华教授、魏义霞教授，曲阜师范大学荀子研究中心主任廖名春教授，曲阜师范大学乡村儒学研究院院长颜炳罡教授，山东大学儒学高等研究院黄玉顺教授、徐庆文教授，上饶师范学院朱子学研究所徐公喜教授，天津工会管理干部学院陈寒鸣教授，济宁政德教育干部学院李敬学教授，曲阜师范大学期刊中心赵昆教授、张方玉教授，曲阜师范大学文学院曹春茹教授，曲阜师范大学马克思主义学院李兆祥教授、刘宝杰教授，曲阜师范大学书法学院李建教授，曲阜师范大学政治与公共管理学院刘伟教授，曲阜师范大学历史文化学院成积春教授、吴佩林教授、王京传教授、刘伟教授，曲阜师范大学孔子文化研究院王钧林教授、郭沂教授、修建军教授、涂可国教授、林桂榛教授、王曰美教授等前辈老师对我学术研究的引导和帮助，正是因为有他们的关照和提携，才能让我在学术道路上取得一点小小的成绩。

感谢曲阜师范大学社会科学处的各位领导、老师对我学术研究提供的支持和保障。感谢曲阜师范大学孔子文化研究院各位领导、老师多年以来的关照和爱护。

感谢山东省泰山学者工程（tsqn201812060）专项经费对本书予以的奖励支持。

感谢我的研究生李超恒、乔安冉、王嘉政、焦珂琦、陈圣喆等在最后校定审阅方面付出的努力。

这里，我还要特别感谢中国社会科学出版社的宋燕鹏编审以及相关工作人员，正是他们的辛劳才最终促成了本书的面世。

最后，我要借此机会，感谢我的岳母、爱人，以及远在云南腾冲老家的父母、家人和亲戚朋友。感谢我的岳母和爱人对我无微不至的关心和照顾，她们为家庭默默付出让我免去了很多后顾之忧，给我带来了许多温暖和感动。本书也要献给我的爱子哲哲小朋友，他的到来为我们家庭增添了太多欢声笑语，十分幸福！